혼자서 따라하기 쉬운 모든 업무 3

한권으로

끝장내자

계정과목

재무제표

회계원리

실무설명서

손원준 지음

중소기업회계에서 IFRS까지 한 권으로 해결
직접 척척하는 회계업무 매뉴얼!

전산회계 자격증 믿고 시작한 경리
처음부터 체계적으로 실무를 배우자!
계정과목을 모르면 회계하지 마라!

전표 발행에서부터 재무제표 작성까지
척척하는 프로직장인의 실무설명서

이지경리
(www.ezkyungli.com)
2개월
무료이용권
(2만원 상당)
증정

K.G.B
지식만들기

이론과 실무가 만나 새로운 지식을 창조하는 곳

머리말..

회계는 수험생뿐만 아니라 경리실무자 등 누구나 몰라서는 안 되는 부분이지만 쉽게 다가가기에는 초보자에게 부담스러운 분야이다.

중소기업은 중소기업대로 K-IFRS(한국채택 국제회계기준)에 따라 회계처리를 해야 하는 상장기업 실무자도 나름대로 어려움을 느끼고 있다. 또한 자격증을 따기 위해 막연하게 공부했던 회계가 실무와 접했을 때 다가오는 두려움은 초보자에게 훨씬 큰 것 같다.

본서는 회계의 기본개념에서부터 출발해 계정과목 파악을 통해 재무제표를 작성하고, 일정 시점의 재무상태와 일정 기간의 경영성과를 파악 분석할 수 있는 능력을 갖추도록 다음의 내용으로 구성을 했다.

• **회계원리 : 제1장 회계가 이렇게 쉬운 거였나?**

복식부기의 기본원리를 익히고, 회계를 이해하는데, 필요한 기본개념을 가르쳐 준다.

• **계정과목 : 제2장 어떤 계정과목일까?(재무상태표)**
  제3장 어떤 계정과목일까?((포괄)손익계산서)

계정과목을 모르면 회계하지 마라!

회계를 기록하는 최소단위가 계정과목이고, 모든 회계가 전산으로 이루어진다고 해도 계정과목은 한글의 자음과 모음, 영어의 알파벳과 같이 회계의 핵심 언어이다. 따라서 회계언어를 모르고 회계를 한다는 것은 말이 안 된다.

- **전표분개, 경리장부 : 제4장 전표발행과 장부작성**

회계의 기본개념을 이해한 후, 계정과목을 활용해 실무상 회계를 하는 최소단위가 전표발행과 장부작성이다.

실무에서는 계정과목을 활용해 매일매일 발생하는 거래에 대해 전표작성과 장부작성의 과정을 거친다.

- **연말결산 : 제5장 손쉽고 확실한 결산업무**

매일 작성한 전표와 장부를 기초로 1년에 한 번(월말, 분기말, 반기말도 가능) 재무제표작성을 위한 결산 과정을 거치게 된다.

- **재무제표 : 제6장 프로직장인의 재무제표분석**

계정과목에 따른 전표발행, 장부작성 후 결산과정을 거친 후에는 최종적으로 재무제표가 작성된다.

작성된 재무제표를 기반으로 경영자, 투자자, 세무당국은 그 목적에 맞게 재무제표를 분석하게 된다.

- **특수회계 : 제7장 특수 사례별 회계처리**

회계는 기업에서도 필수교육으로 채택할 정도로 중요시되고 있다. 따라서 꼭 업무 목적이 아니라 하더라도 알아두면 유익한 분야이므로 공부를 해두면 사회생활에 많은 도움이 될 것이다.

끝으로 오랜 시간 원고작업으로 인해 많은 시간을 같이 해주지 못한 사랑하는 아내와 두 딸 예영, 예서에게 사랑한다는 말을 전하고 싶다.

손원준 올림

차례

제1장 | 회계가 이렇게 쉬운 거였나? ■

■ 제2장 ㅣ 어떤 계정과목일까?(재무상태표)

제3장 | 어떤 계정과목일까?(포괄손익계산서)

제4장 | 전표발행과 장부작성

제5장 | 손쉽고 확실한 결산업무

제6장 | 프로직장인의 재무제표 분석

제7장 | 특수한 사례별 회계처리

이 국고보조금(정부보조금)의 회계처리 / 432

회계용어 찾아보기

차

카

차
례

회계는 이해관계자에게 합리적인 의사결정에 유용한 정보를 제공

1 회계란 기업과 관련된 이해관계자의 합리적 의사결정에 유용한 정보를 제공하는 것

회계는 회계팀에서 장부를 적는 담당자나 우리 장부를 보고 투자하려는 투자자, 그리고 경영실적을 분석하려는 대표이사, 세금을 부과하는 국세청 등이 서로 알아볼 수 있도록 장부를 기록하는 약속이라고 보면 된다. 즉 회계는 작성자와 이해관계가 있는 모든 사람이 손쉽게 기업의 재무상태와 경영성과를 파악할 수 있도록 약속된 규칙에 따라 기록하는 것이라고 보면 된다.

회계	담당자 : 장부를 적는 사람은 장부를 적고 ↓ 투자자, 사장님, 국세청 등 : 이해관계자는 합리적인 의사결정을 위해 재무정보를 활용하기 위한 **약속**

회계의 이론적 정의	회계정보이용자(이해관계자)에게 합리적 의사결정에 유용한 정보를 제공하기 위해서 경제적 사건을 식별, 측정, 전달하는 일련의 정보시스템을 말한다.

💬 회계를 하면 알 수 있는 것 💬

기업의 자산, 부채, 자본 등 재무상태를 한 눈에 볼 수 있다.

기업의 수익과 비용 및 이익 등 경영성과를 파악할 수 있다.

기업의 재무상태를 한 눈에 볼 수 있다.

재테크를 하다 보면 가만히 내 재산을 계산해 볼 때가 있다. 예를 들어
내가 가진 재산이

은행예금이 1억원

사는 집이 6억원

주식 투자액이 1억원

자동차가 3천만원

그리고 집을 사면서 우리은행 대출 2억원이라고 가정을 하면

일상용어
총재산 : 8억 3천만원
빚(가계부채) : 2억원
순수 내 재산(총재산 - 빚) : 6억 3천만원

회계용어
자산 : 8억 3천만원
부채 : 2억원
자본(자산 - 부채) : 6억 3천만원

이와 같은 재산내역 분석을 통해 내 재산목록과 빚 내역 그리고 순수재
산을 한눈에 볼 수 있다.

개인의 재산내역을 손쉽게 파악·분석해 보는 것과 같이 기업의 재산내역도 쉽게 분석해 볼 수 있다. 즉, 개인의 재산내역 분석과 별반 차이가 없다.

앞서 설명한 재산은 회계에서는 자산이라고 하고 빚은 부채, 순수재산은 자본이다. 즉 회계에서 말하는 자산은 기업의 총재산을 말하고, 부채는 총재산 중 기업이 제3자에게 갚아야 하는 채무를 자본은 자산에서 부채를 차감한 기업의 순수재산을 말한다. 따라서 자본이 건실한 기업은 내 돈을 많이 가지고 있는 회사이므로 튼튼한 기업인 것이다. 또한, 개인의 재산은 관심이 있다면 개개인이 재산목록표를 만들어 분석해 볼 수 있는 데 기업의 재산목록은 재무제표 중 재무상태표에 나타난다.

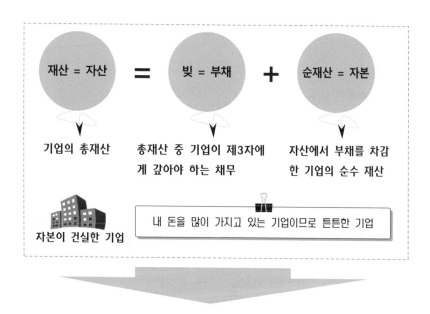

[기업의 재산목록은 재무상태표에 나타남]

재무상태표

제1기 12월 31일까지 현재

구 분	금액	
Ⅰ. 자산		
유동자산(현금, 예금 등)	×××	
비유동자산(건물, 토지 등)	×××	×××
Ⅱ. 부채		
유동부채(외상매입금, 단기차입금 등)	×××	
비유동부채(사채, 장기차입금 등)	×××	×××
Ⅲ. 자본		
자본금	×××	
이익잉여금	×××	×××
기타자본구성요소	×××	

기업의 수익과 비용 및 이익을 파악할 수 있다.

일반 가정에서 아버지가 회사를 나가 본인의 용역을 제공하고, 받는 급여가 가정의 수입인 것과 같이 회사는 제품이나 상품을 팔아 다른 회사나 소비자로부터 받는 판매금액이 수익이다.

그리고 개인은 월급(수입)을 받기 위해서는 매일매일 출근해야 하고 출근으로 인해 교통비나 주유비, 밥값 등 돈이 나가게(지출) 되며, 회사에서도 제품을 팔아 수익을 얻기 위해 원재료를 구입하거나 급여, 임차료 등 각종 현금을 지출하게 되는 데 이를 비용이라고 한다.

결론적으로 회사는 물건을 팔거나 용역을 팔아서 상대방으로부터 받는 대가인 수익을 얻고, 수익을 얻기 위해서 다른 상대방에게 지불하는 대가를 비용이라고 한다. 이와 같은 수익과 지출내역은 기업 재무제표 중

(포괄)손익계산서에 그 내역이 나오게 된다. 따라서 회계를 알면 (포괄)손익계산서를 통해 회사의 수익과 비용내역을 알 수 있다.

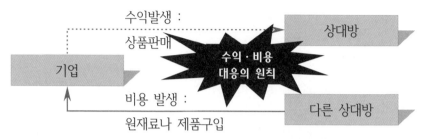

일상용어	회계용어
수입 (월급 등 가정에 들어오는 돈)	→ 수익(회사에서 제품이나 상품을 팔아 받는 돈)
지출 (관리비, 교육비 등 나가는 돈)	→ 비용(교통비, 주유비, 밥값, 원재료 구입, 급여, 임차료 등)

(포괄)손익계산서
제1기 01월 01일부터 12월 31일까지

	차변(비용)	대변(수익)
Ⅰ. 매출액		××××
Ⅱ. 매출원가	××××	
Ⅲ. 매출총이익		××××
Ⅳ. 판매비와관리비(급여, 광고선전비 등)	××××	
Ⅴ. 기타수익(유형자산처분이익 등)		××××
Ⅵ. 금융수익(이자수익 등)		××××
Ⅶ. 기타비용(유형자산처분손실 등)	××××	
Ⅷ. 금융비용(이자비용 등)	××××	
Ⅸ. 법인세비용차감전순이익		××××
Ⅹ. 법인세비용	××××	
ⅩⅠ. 당기순이익		××××

우선 (포괄)손익계산서 양식을 보면 제1기 01월 01일부터 12월 31일까지라는 날짜가 나오는 데 이는 회사가 설립한 지 1년이 되는 해의 1월 1일부터 12월 31일까지의 수익과 비용을 기록한 것이라는 손익계산기간을 나타낸 것이다. 따라서 제2기 01월 01일부터 12월 31일이라고 표현이 되었다면 2년째 되는 해의 1월 1일부터 12월 31일까지의 수익과 비용을 기록한 것이라고 보면 된다. 보기의 양식은 실제 공시하는 정형화된 양식은 아니며, 회사의 사정에 따라 조정이 가능하다. 여기서는 비용은 차변, 수익은 대변이라는 것을 나타내주기 위해 차변과 대변으로 구분해서 양식을 만들어 본 것이니 참고하기 바란다.

다음으로 (포괄)손익계산서의 구성항목에 대해 살펴보면 매출액은 제품이나 상품을 판매하는 것을 말하며, 매출원가는 제품이나 상품을 판매하는데 소요된 원가를 말한다. 매출액에서 매출원가를 차감한 금액이 매출총이익이 되는 것이다.

그리고 판매비와 관리비는 제품이나 상품을 판매하는 과정에서 발생하는 종업원 인건비나 광고선전비용, 포장비용, 택배비용 등을 말하며, 기타수익은 제품이나 상품의 판매와 관련 없이 회사에서 발생하는 건물, 토지 등 유형자산의 처분이익이나 타사 주식의 처분이익 등을 말하며, 금융수익은 이자수익 등을 말한다. 반면 기타비용은 기타수익의 반대적 개념으로 제품이나 상품의 판매와 관련 없이 회사에서 발생하는 건물, 토지 등 유형자산의 처분손실이나 타사 주식의 처분손실 등을 말하며, 금융비용은 차입금에 대한 이자비용을 말한다.

III. 매출총이익에서 V. 기타수익과 VI. 금융수익을 가산하고, IV. 판매비와 관리비 VII. 기타비용 VIII. 금융비용을 차감하면 IX. 법인세비용차감전순이익이 되고 여기서 세금인 법인세비용을 차감하면 XI. 당기순이익이 된다.

회사에서 물건을 팔거나 용역을 팔아서 상대방으로부터 받는 대가를 수익이라고 하고, 수익을 얻기 위해 또 다른 상대방에게 주는 대가를 비용이라고 한다.

예를 들어 제품을 100만원에 파는 경우 100만원은 수익이 되고, 이 제품을 만들거나 팔기위해 90만원이 지출된 경우 90만원이 비용이 되는 것이다.

반면 이익은 수익이 비용보다 큰 경우를 말하고, 손실은 수익보다 비용이 큰 경우를 말한다. 즉, 제품을 100만원에 파는 경우 100만원은 수익이 되고, 이 제품을 만들거나 팔기위해 90만원이 지출된 경우 90만원이 비용이 되는 것이며, 100만원 - 90만원 = 10만원이 이익이 되는 것이다. 만일 90만원을 들여 만든 제품을 80만원에 팔았다면 80만원 - 90만원 = △10만원의 손실이 되는 것이다.

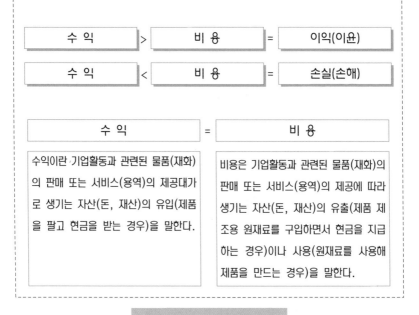

| 수 익 | > | 비 용 | = | 이익(이윤) |

| 수 익 | < | 비 용 | = | 손실(손해) |

| 수 익 | = | 비 용 |

| 수익이란 기업활동과 관련된 물품(재화)의 판매 또는 서비스(용역)의 제공대가로 생기는 자산(돈, 재산)의 유입(제품을 팔고 현금을 받는 경우)을 말한다. | 비용은 기업활동과 관련된 물품(재화)의 판매 또는 서비스(용역)의 제공에 따라 생기는 자산(돈, 재산)의 유출(제품 제조용 원재료를 구입하면서 현금을 지급하는 경우)이나 사용(원재료를 사용해 제품을 만드는 경우)을 말한다. |

[기업의 경영성과는 손익계산서에 나타남]

3 이해관계자 집단에 따른 다양한 회계 분야

여러분의 회사는 단순히 남이 만든 물건만을 파는 도소매 회사도 있을 수 있고, 제품을 직접 만들어 판매를 하는 회사도 있을 것이다. 이런 분들은 회사업무를 위해 회계를 알아야 하고, 혹시 주식투자를 한 경우에도 회계를 공부해야 한다. 또한, 세무서 직원들도 회계를 알아야 한다.

이같이 서로 회계를 공부하는 목적이 다른데 그에 맞는 회계를 배워야 하지 않을까? 즉, 도소매업만 하는 경우는 재무회계와 세무회계를, 제조와 판매를 동시에 하는 회사는 재무회계와 원가회계, 세무회계를, 주식투자를 하는 투자자는 재무회계를 세무서 직원은 재무회계와 원가회계, 세무회계를 모두 공부해야 하겠지요. 물론 사장님 이하 관리자는 회사 관리와 의사결정을 위해 관리회계를 별도로 공부해야 한다. 이같이 회계는 각각의 이해관계에 따라 얻고자 하는 정보가 달라지며, 이와 같은 목적을 충족하고자 재무회계, 원가회계, 관리회계, 세무회계로 나누어 정보를 제공하고 있다.

분류	이용 집단과 분야
일반적인 회계 : 재무회계	외부 이해관계자(주주나 종업원, 과세당국, 경영자 등)가 합리적인 의사결정을 할 수 있도록 유용한 정보를 제공하기 위해 기업의 경영활동을 화폐단위인 숫자로 기록해서 전달하는 회계이다. 즉, 분개에서부터 출발해서 재무제표 작성까지의 모든 회계를 지칭한다.
	분개, 전표 등 각종 장부작성, (연결)재무제표작성, 경영분석의 기초자료 제공, 세금납부의 기초자료 제공

분류	이용 집단과 분야
경영 · 관리자 회계 : 관리회계	기업의 경영자가 경영 의사결정을 하는데 필요한 재무정보를 제공하는 회계를 말한다. 즉, 기업의 활동 중 관리자에게 유용한 정보만을 선별해서 화폐단위로 표현한 회계를 말한다.
	내부 이해관계자의 경영 의사결정 수치 제공, 회폐의 시간가치, 의사결정회계, 예산관리 등이 여기에 속한다.
원가계산회계 : 원가회계	제품의 원가를 계산하기 위한 회계로써 주로 제조업에서 사용하는 회계이다. 원가계산도 일종의 관리목적의 성격이 강하므로 관리회계에 포함시킨다.
	제품의 원가계산, 원가기획, 원가절감, 내부 이해관계자에게 원가정보를 제공한다.
국세청 세금계산 회계 : 세무회계	세무회계는 국세청이 세금을 부과하기 위한 회계로서 재무회계를 세금부과의 기준이 되는 세법에 맞게 조정하는 회계를 말한다.
	재무회계 데이터를 개인은 (사업)소득세법, 법인은 법인세법에 맞게 조정할 때 활용한다.

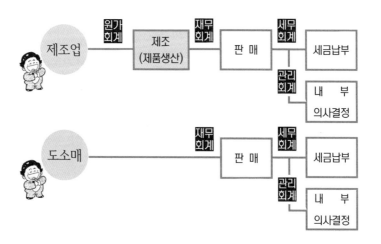

Q. 회계는 재무회계, 관리회계, 원가회계, 세무회계로 나누어지는 것 같은데, 단계별로 어떻게 접근하는 것이 올바른 방법이 되겠습니까?

가장 좋은 것은 열심히 하는 것이겠지요? 하지만 체계적인 지식습득을 위해 단계를 가르쳐드리면 재무회계를 한 후 세무회계를 하는 것이 좋으며, 재무회계와 원가회계를 같이 해도 연관성이 미미해 별문제는 없습니다. 그리고 관리회계는 원가회계를 알고 학습하는 것이 좋습니다.

회계는 무엇을 기록해야 하나?
(회계에서 말하는 거래)

회계는 회사의 거래내역을 숫자로 적는 것에서부터 출발한다. 따라서 어떤 것을 숫자로 적어야 하는지 결정하는 것이 중요한데, 그 적는 대상을 거래라고 하고, 적는 금액을 결정하는 것을 측정이라고 한다.

그럼 우리가 생활 속에서 말하는 거래가 곧 회계에서 말하는 거래가 될까?

큰 원칙은 그렇다고 보면 된다. 즉, 회계에서 말하는 거래는 일상에서 물건을 사고팔면서 돈이 오가는 것과 같다고 보면 된다. 다만, 일부 일상적 거래와 회계상 거래는 차이가 있을 수 있다.

예를 들어 이사 간다고 여기저기 집을 알아보다가 마음에 드는 집이 있어 집주인과 내일 계약서를 쓰기로 하고 집에 온 경우 일상에서는 매매거래가 성사되었다고 부른다.

이같이 구두계약도 일상에서는 거래라는 표현을 쓰기도 하는데 회계에서는 이를 거래라고 하지 않는다. 반면 집에서 쓰던 가전제품이 망가져서 가전제품에 딱지를 붙여 버리는 경우 일상에서는 거래라고 하지 않고 그냥 버렸다고 표현하지만 회계에서는 거래라고 한다.

- 일상적으로는 매매(거래)가 이루어짐
- 회계상으로는 금액 측정은 가능하나
  재산상태의 변동이 없으므로 거래라고 할 수 없음

개념상으로는 이해가 가는데, 더욱더 손쉽게 구분하는 방법은 없나?

회계상 거래는 자산, 부채, 자본, 수익, 비용 항목 금액의 변동을 가져오는 것을 거래로 보면 된다. 즉, 다음의 요건을 동시에 충족시켜야 한다.

· 회사의 재산상태 및 손익의 변화가 있어야 하고,

· 확정된 돈으로 표시(측정)가 가능해야 한다.

예를 들어 '갑'이라는 문방구에서 7만 원을 주고 사무용품을 구입하였다고 가정하면

7만 원이라는 현금(자산)이 지갑에서 나가고 사무용품이라는 소모품(자산)이 들어옴으로써 재무상태에 변동이 이루어졌고 7만 원이라는 돈으로 측정할 수 있으므로 이를 회계에서는 거래라고 한다.

이와 같은 일상적인 거래와 회계와의 거래의 차이 부분을 예를 들어 보면 다음과 같다.

일상적 거래이나
회계상 거래가 아닌 경우

 차이점

회계상 거래이나
일상적 거래가 아닌 경우

- 구두계약(약속, 주문)의 체결 및 상품주문의 접수. 단, 계약금의 지급이 있는 경우는 거래이다.
- 종업원 채용 계약

↓

→ 서로 간의 약속을 하는 모든 것을 말함

- 인건비 지급 및 미지급
- 차입금 및 상품판매(단순한 상품 주문만은 거래가 아님) 등
- 도난, 화재, 보유자산 사용 및 파손

↓

→ 구체적으로 돈이 오고 가는 재상상태의 변화 발생
→ 정확한 금액이 측정 가능해야 함

자산 처분한 그 기업이 수상하다?

자산을 처분하는 상장법인에 대한 관리가 강화된다. 유형자산을 처분하는 기업들의 부실위험이 큰 것으로 나타났기 때문이다.

24일 한국거래소와 금융감독원 전자 공시시스템에 따르면 유형자산 처분 결정 공시를 분석한 결과 공시를 낸 47개사 중 31개사가 적자인 것으로 조사됐다. 이중 2년 이상 적자를 지속한 기업은 19개사로 40.4%에 달했으며 10개사(21.3%)는 자본잠식 상태였다.

유형자산 처분 공시 이후 상장폐지 또는 회생절차 개시 등이 발생한 기업들은 공통된 특징을 가지고 있었다. 사업보고서상 당기순손실 발생 또는 자본잠식 상태였고 최대주주가 지분을 처분하거나 지분율이 20% 이하였다. 이와 함께 수 차례의 주식 관련 사채를 발행하거나 유상증자를 추진해 자금을 조달했다.

이에 따라 거래소는 유형자산 처분 결정 공시를 제출한 기업 중 이와 비슷한 재무구조나 자금조달을 진행한 곳에 대해 주기적인 모니터링을 실시하는 등 관리를 강화할 예정이다.

거래소 관계자는 "유형자산 처분은 일시에 운영자금 등 보유현금을 증가시켜 관련 기업의 재무구조가 개선되는 장점이 있지만, 일부 상장법인의 경우 자본시장을 통한 운영자금 확보가 어려운 재정 상황을 반증한다."면서 "관련 공시는 계속기업으로서의 불확실성을 예측하는 지표로 활용할 수 있다."고 말했다.

거래는 언제 기록해야 하나?

1 거래를 장부에 기록하는 기준시점

거래가 발생하면 장부에 거래내역을 적게 되는데, 장부에 적는 기준시점이 있다. 즉, 회계는 일반적으로 1년 단위로 순환을 하게 되는데, 거래내역을 올해 장부에 기록하느냐 내년 장부에 기록하느냐에 따라 기업의 경영성과가 달라질 수 있다. 따라서 거래를 기록하는 기준시점에 대해 일정한 기준을 정해두고 있다.

그 대표적인 것이 발생주의와 현금주의다.

발생주의

발생주의란 현금의 수입이나 지출과 관계없이 기업의 재무상태나 경영성과에 영향을 끼치는 거래가 발생하면, 그 발생 시점에 장부에 기록하는 것을 말한다. 즉, 물건을 팔고 대가로 주고받는 현금의 지출이나 수입이 없을 경우라도 자산이나 부채, 자본, 수익, 비용의 변동을 가져오는 거래가 발생한 시점에 장부에 기록한다.

현금주의

현금주의는 장부의 기록을 자산이나 부채, 자본, 수익, 비용의 변동을 가져오는 거래가 발생한 시점과 관계없이 실제 현금이 들어오고 나갈 때를 기준으로 기록하는 것을 말한다. 따라서 현금주의에 따라 장부를 기록하는 경우 선수, 선급 등 이연 항목과 미수, 미지급 등의 발생 항목, 대손충당금 등 추정 항목도 기록될 수 없다.

발생주의와 현금주의 차이 조정

실무상으로는 발생주의보다 현금주의가 편리하므로 현금이 들어오고 나가는 시점에 장부처리를 하는 경우가 많다.

그러나 회계를 규율하는 회계기준에서는 발생주의에 따라 장부 처리를 하도록 규정하고 있으므로 실무상 편의적 처리와 규율상의 처리가 차이를 발생하게 되며, 연말에 이를 조정해주는 절차를 거치게 되는 데 결산 절차가 이를 위한 절차라고 보면 된다.

현금주의와 발생주의의 차이점

현금주의와 발생주의는 다음과 같은 차이점을 보인다.

- 현금주의는 현금 수불의 측면에서 거래를 해석 및 분류하는 반면, 발생주의는 차변과 대변 쌍방 흐름 측면에서 거래를 해석 및 분류한다.
- 현금주의는 현금의 수취와 지출을 통해 수익과 비용을 인식하는 반면 발생주의는 수익의 획득과 비용의 발생을 통해 수익과 비용을 인식한다.
- 현금주의에서는 선급비용과 선수수익이 수익과 비용으로 인식되지만,

발생주의에서는 자산과 부채로 인식된다.

- 현금주의에서는 미지급비용과 미수수익이 비용과 수익으로 인식되지 않지만, 발생주의에서는 부채와 자산으로 인식된다.
- 감가상각, 대손상각, 제품보증비, 퇴직급여충당부채는 현금주의에서는 인식되지 않는데, 반해 발생주의에서는 비용으로 인식된다.
- 상환이자 지급액은 현금주의에서는 지급시기에 비용으로 인식하지만, 발생주의에서는 기간별로 인식한다.
- 현금주의에서는 무상거래가 인식되지 않지만, 발생주의에서는 이중거래로 인식된다.

현금주의와 발생주의의 이러한 특징 차이에 의해 현금주의는 보통 가계부나 비영리 공공부문에서 사용되는 반면, 발생주의는 기업이나 일부 비영리 부문에서 사용된다는 차이점이 있다.

이러한 차이들로 인해 현금주의는 현금수지와 같이 단일 항목의 증감을 중심으로 기록하는 방식으로 거래의 영향을 단 한 가지 측면에서 수입과 지출로만 파악해서 기록하는 단식부기에서 채택되며, 발생주의는 경제의 일반 현상인 거래의 이중성을 회계처리에 반영해 기록하는 방식으로 자산, 부채, 자본을 인식해 거래의 이중성에 따라 차변과 대변을 계상하고, 그 결과 차변의 합계와 대변의 합계가 반드시 일치하는 대차평균의 원리를 통해 자기검증 기능을 갖는 복식부기에서 채택된다.

❝ 거래를 장부에 기록하는 기준시점 ❞

거래내역을 올해 장부에 기록하느냐?

거래내역을 내년 장부에 기록하느냐?

기업의 경영성과가 달라질 수 있음

발생주의

현금주의

 자산 부채 자본 수익 비용

선수, 선급 등 이연 항목과 미수, 미지급 등의 발생 항목, 대손충당금 등 추정 항목은 기록될 수 없음

변동을 가져오는 거래가 발생한 시점에 장부 기록 : 회계기준

차이

실제 현금이 들어오고 나갈 때를 기준으로 기록 : 실무상 선호

차이 조정 : 결산

회계에서 발생주의와 현금주의에 차이가 발생하는 경우

- 거래가 먼저 발생하고 나중에 현금거래가 있는 경우 : 이 경우는 미수금, 미지급금 항목이 발생하게 된다.
- 현금거래가 먼저 발생하고, 나중에 사건이 생긴 경우 : 먼저 돈을 주고받았기에 선급금, 선수금 항목이 생기게 된다.
- 배분 : 감가상각의 경우에도 발생주의에 따라 일정한 기간동안 금액을 배분하는 과정에 해당한다.

현금주의와 발생주의의 차이점

현금주의

- 단일 항목의 증감을 중심으로 기록하는 방식
- 거래의 영향을 수입과 지출로만 파악해서 기록하는 **단식부기**에서 채택

발생주의

- 경제의 일반 현상인 **거래의 이중성**을 회계처리에 반영해 기록
- 자산, 부채, 자본을 인식해 거래의 이중성에 따라 차변과 대변으로 계상
- 차변의 합계와 대변의 합계가 반드시 일치하는 **대차평균의 원리**를 통해 **자기 검증 기능**을 갖는 **복식부기**에서 채택

필수 용어

1. 인식

인식(認識)은 회계상의 거래를 자산·부채·자본 및 수익·비용 등의 재무제표항목으로 구분해서 기록하거나 포함시키는 과정을 말한다. 인식할 때는 해당 항목에 대해서 계정과목과 금액을 기술해야 하며, 각 계정의 종액으로 재무제표의 항목을 보고해야 한다. 인식은 회계상의 거래를 최초로 인식하는 것뿐만 아니라 이미 인식한 항목에 대한 변화나 제거를 인식하는 것도 포함한 개념이다.

2. 거래의 이중성

거래는 반드시 자산, 부채, 자본의 증감과 수익, 비용의 발생이 차변과 대변의 결합 관계로 나타나며, 각각 동일 금액이 기록된다.

2 수익과 비용은 언제 장부에 반영하나?

실현주의

발생한 모든 거래를 어느 시점에 수익으로 볼 것인가는 회계에 있어 매우 중요한 기준이다. 실무적으로 발생한 모든 거래를 아무 때나 수익으로 인식한다면 수익의 측정이 객관적으로 잘 될 것인가 하는 복잡한 문제가 발생하므로 "실현주의"를 그 인식의 기준으로 삼고 있다.

- 실현되었거나 실현 가능해야 하고
- 가득 되어야 수익으로 인식한다는 것이다.

즉

- 판매 대가로서 현금 또는 현금 청구권을 얻어야 함
- 생산물이 안정된 가격으로 용이하게 판매될 수 있는 상태에 있어야 함
- 수익창출을 위한 결정적이며, 대부분의 노력이 발생해야 함

이러한 기준을 현실적으로 적용함이 매우 까다로우므로 회사별로 거래 유형에 맞는 인식기준을 기업회계기준에 맞게 구체적으로 정하는 것이 회계 관리자 임무이다

수익·비용의 대응

비용의 인식은 수익이 인식된 시점에 그 수익과 관련한 비용을 인식한다. 그러나 현실적으로 매출액과 매출원가와 같이 모든 비용을 수익과 직접 대응시키는 것은 매우 복잡하고 어려운 작업일 것이다.

그리고 현실적으로도 그러한 대응 관계를 체계적으로 설명하기 불가능한 것들도 있다. 이런 경우 사용하는 두 가지 방법이 있다.

첫 번째, 체계적이고 합리적인 배분이다. 유형자산을 취득하게 되면 우선 이를 자산으로 인식한 후 일정기간동안 감가상각방법에 따라 비용을 나누어 인식하는 것이다. 언뜻 보기에는 수익·비용의 대응처럼 생각될 수도 있지만, 이는 비용을 사용기간에 대해 적절히 배분하는 절차이다.

그리고 즉시 인식의 방법이다. 이는 광고선전비처럼 판매와관리에 지출되는 비용을 말한다. 이는 분명 현재와 미래의 수익 창출을 위해 쓰인 비용임에도 불구하고 그 대응 관계라든지 미래의 경제적 효익을 합리적으로 측정할 수 없는 경우 사용하는 방법이다. 이 경우에는 발생 비용을 전액 당기 비용 처리한다.

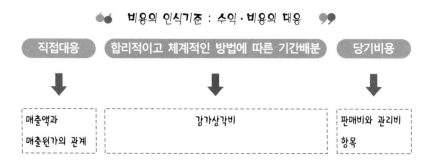

■ 직접대응

매출액에 대한 매출원가와 같이 직접적으로 대응될 수 있는 비용은 수익이 실현되는 시점에 바로 비용처리 한다.

■ 합리적이고 체계적인 방법에 의한 기간배분

감가상각비와 같이 직접적인 인과관계가 없는 비용은 수익 활동에 기여한 것으로 판단되는 해당 기간동안 합리적으로 배분해서 비용처리 한다.

■ 당기에 즉시 인식(당기비용)

판매비와관리비와 같이 발생 원가가 미래 경제적 효익의 가능성이 불확실한 경우 발생 즉시 비용처리 한다.

발생주의 회계는 거래나 사건 그리고 환경이 기업에 미치는 재무적 효과를 현금이 수취 되거나, 지급되는 기간에 기록하는 것이 아니라, 그 거래가 발생한 기간에 기록하는 것을 말한다.

발생주의 회계는 현금의 수취나 지급과 분리하여 거래의 발생시점에서 기록하므로 영업활동과 관련된 기록과 현금의 유출입과는 보통 일치하지 않는다.

발생주의 회계의 도입 목적은 수익 · 비용 원칙에 보다 합리적 대응을 가져와 그 기간의 경영성과를 더욱 정확히 나타내는 데 있다.

현금주의 회계는 현금을 수취하였을 때 수익(매출)으로 인식하고 현금을 지출하였을 때 비용으로 인식하는 회계처리 제도이다.

발생주의 회계와는 달리 재화나 용역의 인수나 인도의 시점은 중요하지 않고 현금의 수취와 지급의 시점만이 기준이 된다.

발생주의	현금주의
거래 또는 사건 발생 시점에 기록	**현금의 유 · 출입 시점에만 회계처리**
현금출납이 없어도 거래발생 시 기록	현금의 출납이 있어야 기록
경제적 실질 가치로 자산 · 부채 표시	취득원가로 기록 후 가액불변

현금주의 회계는 현금수입액의 합계에서 현금지출액의 합계를 차감하여 당기의 순이익을 계산하는 방법으로서 이 제도하에서는 수익과 비용을 대응시키지 못한다는 큰 결점을 갖고 있다. 현금주의 회계는 소기업이나 의사 · 회계사 · 변호사 등과 같은 직종에 쓰인다.

현재 우리나라 기업회계기준상 기본적 원칙은 발생주의를 근간으로 하고 있다. 미래의 현금 흐름을 더욱 정확히 예측할 수 있으며, 실질적인 경제적 거래가 발생하는 시점을 기준으로 회계처리를 함으로써 사업 성과를 그때그때 잘 나타내주는 장점을 지니고 있기 때문이다.

반면 정부회계는 세입·세출 원인 발생 시기에 구애됨이 없이 현실적으로 현금의 수입, 지출이 행하여진 날이 속한 연도를 기준으로 회계처리가 이루어지는 현금주의를 채택하고 있다.

그러나 정부는 회계정보의 객관성과 투명성을 높이려는 시도의 일환으로 2005년부터 정부회계에 발생주의를 도입하여 시행하였다.

이렇게 되면 현재 시점의 국가자산과 부채를 좀 더 투명하게 파악할 수 있게 된다. 지급 시점이 미래라는 이유로 현금주의 회계에서는 드러나지 않은 부채가 발생주의 회계에서는 보이기 때문이다. 정부가 지급 책임을 지는 공무원연금, 군인연금 같은 연금의 미래 지급액이 대표적이다.

자산도 마찬가지다. 현금주의는 건설 중인 도로, 철도, 항만이나 소유권 이전 등기가 안 된 자산 등은 국가자산으로 인식하지 않는다. 아직 거래가 완료되지 않았기 때문이다. 하지만 발생주의는 건설 중인 사회기반시설도 공정률에 따라 국가자산으로 인식해야 한다. 또 등기가 이뤄지지 않는 도로나 각종 구축물도 별도의 평가를 통해 자산에 반영된다. 장부가로만 평가하던 자산가치도 감가상각하게 된다.

거래내역에 대한
약속된 언어 계정과목

우선 장부를 기록하기 위해서는 회계하는 사람끼리 거래내역을 어떤 용어로 기록하겠다고 약속한 계정과목이라는 것을 알아야 한다. 즉 계정과목은 어떤 거래가 발생하면 어떤 용어로 기록하겠다고 약속한 명칭을 말한다.

회계에서 거래내역을 기록할 경우 무엇을 얼마 주고 사고, 어디서 얼마 들어오고 나가고 등등 수없이 많은 거래내용을 일일이 나열해서 장부에 적어야 하나?

만일 그렇게 한다면 그거 다 쓰느라 팔 아프고 그것을 보는 상대방도 많은 시간을 투자해 일일이 읽고 정리해야 할 것이다.

예를 들어 우리가 문서작업을 하고 메일을 보내는 장비라고 나열해 쓰는 것보다 컴퓨터라는 한 단어로

작성한 문서를 출력하는 장비라고 나열해 쓰는 것보다 프린터라고

한 단어로 표현하면 쓰는 사람도 편하고 보는 사람도 한눈에 들어온다.

이같이 회계도 거래내역을 한 단어로 표현가능하도록 용어를 만들어 두었는데, 이를 회계하는 사람들은 계정과목이라고 부른다. 즉 계정과목은 많은 거래내역을 특정 단어로 함축해 사용할 수 있도록 정해둔 용어이

다.

그리고 동일한 계정과목이라도 들어오고 나가는 거래에 따라 자산, 부채, 자본, 수익, 비용 항목으로 묶어서 차변과 대변에 나누어 적도록 규칙을 정해두었다. 따라서 모든 거래는 계정과목과 금액만 정해지면 장부에 적을 수 있고 대차평균의 원리에 따라 항상 차변과 대변의 금액이 일치하게 된다.

예를 들어 앞서 말한 컴퓨터와 프린터 등 사무용 집기는 비품이라는 계정과목을 정해두고 이것을 자산으로 분류해 구입하는 경우에는 차변에 적고, 파는 경우는 대변에 적도록 규칙을 정해두고 있다.

따라서 거래마다 해당 거래가 어떤 계정과목으로써 자산, 부채, 자본, 수익, 비용 중 어디에 속하고, 차변에 적을지 대변에 적을지 그 규칙을 알고 있어야 한다.

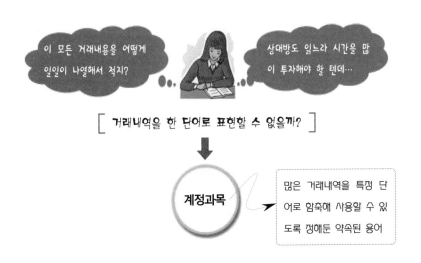

거래를 얼마로 기록해야 하는가?

거래가 발생한 경우 해당 거래가 회계상 거래에 해당한다면 이를 금액적으로 계산해서 장부에 기록해야 한다.

그리고 기록하는 사람마다 그 금액을 임의로 정해서 기록한다면, 동일한 거래에 대해서도 서로 다른 금액을 장부에 기록하는 오류가 발생할 수 있으므로 회계기준에서는 금액을 정하는 일정한 기준을 정해두고 있는데, 이를 측정방법이라고 한다. 또한, 거래에 대해서 금액 측정을 1월 1일날 하느냐 5월 10일 날 하느냐, 12월 31일 날 하느냐에 따라 시간의 흐름에 따라 가치가 계속적으로 변화함으로 인해 동일한 측정방법을 사용해도 금액이 달라질 수 있으므로, 재무제표 작성 시에는 12월 31일이라는 일정한 측정기준시점도 약속해두고 있다.

결과적으로 회계상 장부는 측정시점에 측정방법에 따라 숫자를 적는 것이다. 아무리 재무제표를 작성하고 너희들 보라고 던져놓아도 그 수치가 객관적으로 정확하지 않은 수치라면 누가 그 데이터를 믿겠는가?

또한, 수치를 뽑아내는 시점을 자기가 유리한 시점에서 마음대로 뽑아낸다면 그 데이터를 누가 신뢰할 수 있으며, 각 기업 간 경영성과를 비교·평가하기조차 힘들 것이다.

따라서 회계에서는 측정이라고 해서 그 가치를 측정하기 곤란한 것은 일정한 기준에 의해 수치를 메기도록 정하고 있으며, 그 측정의 시기도 일정시점 또는 일정기간을 단위로 해서 몇일 날짜로 계산해 내도록 하고 있다. 그 예가 취득원가니, 공정가액이니 하는 자산평가의 기준(= 측정기준)이며, 결산일이라고 하는 측정시점인 것이다.

이를 통해 기업의 이해관계자가 객관적으로 기업에 수치를 신뢰할 수 있도록 해주고 특정 시점을 기준으로 산업간, 경쟁기업 간 비교·평가가 가능하도록 하고 있다.

그러나 객관적인 측정방법과 측정기준에 따라 아무리 장부를 잘 작성해 놓으면 뭐 하겠는가? 보는 사람이 까막눈이면? 그래서 실무자들은 물론 사업주들도 최소한의 회계지식은 가지고 있어야 서로 의사소통이 가능한 것이다.

회계에서는 처음 자산을 취득하는 경우 취득원가로 장부에 기록하도록 하고 있으며, 결산 시에는 취득원가와 공정가액과의 차이를 비교해서 평가손익으로 처리하도록 하고 있다. 취득가액은 최초로 물건 즉, 기업이 자산을 취득할 때의 가격을 말한다. 따라서 자산의 취득 시점에서는 취득가액과 공정가액이 같다.

그러나 세월이 흐르면 자산의 가치가 감소하기도 하고 자산의 가액이 오르기도 한다. 가치감소분을 자산손상 또는 감가상각이라고 하는데, 최초 취득시점의 가액에서 자산손상 또는 감가상각액을 차감하면 장부가액이 되는 것이다. 즉 장부가액은 취득가액에서 자산손상 또는 감가상각비를 차감한 금액을 말한다.

장부가액 그 말의 의미를 보면 장부상의 가격이라는 뜻인데 이는 장부상에 기록되어 있는 가액으로 현시점이나 일정기간이 지난 시점에 팔수 있는 가격을 나타내는 것은 아니다. 단지 처음 구입시점에서 사용이나 마모 등으로 그 가치가 감소하는 부분을 일정한 방법으로 측정해서 대충 이 정도 가격이 맞는다고 산정한 이론상 가격이다.

그러나 현실적으로 자산의 가치는 장부가액으로 가치를 매기는 것이 아니라 현재 해당 자산을 판다고 했을 때 고객이 구매하고자 하는 가치 즉 시장의 가치인 시가(공정가액)로 가치를 측정하게 된다. 또한, 기업의 재무정보를 원하는 소비자 즉 이해관계자들이 보았을 때는 이론상의 가격인 장부가격보다는 알고자 하는 시점의 해당 자산의 공정가액을 알고자 할 것이다. 그러나 공정가액을 제공하는 기업은 이해관계자가 원하는 자산의 공정가액을 알지 못할 수도 있고 연월일 시간까지 맞추면서 지속적으로 공정가액을 제공하다가 보면 일의 효율이 떨어지게 된다. 따라서 일정시점을 기준으로 측정 가능한 자산을 공정가액으로 재무제표에 공시하게 되는 데 그 측정 시점이 12월 31일인 결산 시점인 것이다.

결산 시점에는 기업의 전 자산을 측정하는 것이 아니라 공정가액의 변동에 민감한 중요한 특정 자산만을 측정하게 되며, 그 대표적인 자산이 유가증권, 재고자산, 유형자산, 투자부동산, 무형자산 등이다.

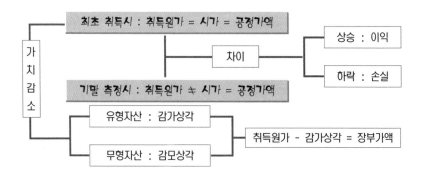

[회계상 거래가 발생하면?]

⬇

금액적으로 계산해서 장부에 기록

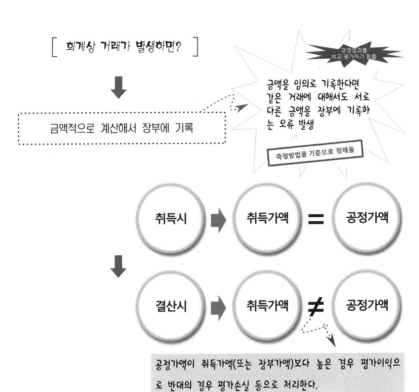

금액을 임의로 기록한다면 같은 거래에 대해서도 서로 다른 금액을 장부에 기록하는 오류 발생

측정방법을 기준으로 정해둠

취득시 ➡ 취득가액 = 공정가액

결산시 ➡ 취득가액 ≠ 공정가액

공정가액이 취득가액(또는 장부가액)보다 높은 경우 평가이익으로 반대의 경우 평가손실 등으로 처리한다.

시간이 흐름에 따른 가치가 변화를 분기, 반기 또는 12월 31일 등 일정한 날짜를 기준(결산기)으로 정해진 방법에 따라 측정

감소 또는 증가함 : 감소의 대표적인 경우는 자산손상과 감가상각이 있으며, 증가의 대표적인 것은 자산재평가가 있다.

➡ 감소시 장부가액 = 최초 취득시점의 가액 – 자산손상과 감가상각비

➡ 증가시 장부가액은 = 자산재평가액

➡ 기업의 이해관계자가 객관적으로 기업에 수치를 신뢰

➡ 특정 시점을 기준으로 산업간, 경쟁기업 간 비교·평가 가능

감가상각

감가상각은 사용함으로써 일시에 그 가치가 급속도로 소멸하는 자산이 아닌 건물, 기계장치, 컴퓨터 등 몇 년에 걸쳐 가치가 감소하는 자산을 한순간에 비용으로 처리하지 않고, 사용기간 동안 나누어서 비용으로 처리하는 것을 말한다. 이를 유형자산은 감가상각, 무형자산은 감모상각이라고 말한다.

예를 들어 1억 원 하는 건물의 내용연수가 10년인 경우 구입한 연도에 1억 원을 모두 비용 처리하는 것이 아니라 10년에 걸쳐 1천만 원씩 비용 처리하는 것을 말한다.

💕 회계에서 인정하는 측정방법 💬

측정은 재무상태표와 포괄손익계산서에 인식되고 평가되어야 할 재무제표 요소의 화폐 금액을 결정하는 과정으로, 측정기준의 예로는 역사적 원가, 현행원가, 실현가능가치 및 현재가치가 있다. 여기서 인식(認識)은 회계상의 거래를 자산·부채·자본 및 수익·비용 등의 재무제표 항목으로 구분해서 기록하거나 포함시키는 과정을 말한다. 인식할 때는 해당 항목에 대해서 계정과목과 금액을 기술해야 하며, 각 계정의 총액으로 재무제표 항목을 보고해야 한다. 인식은 회계상의 거래를 최초로 인식하는 것뿐만 아니라 이미 인식한 항목에 대한 변화(평가손익)나 제거(처분손익)를 인식하는 것도 포함한 개념이다.

구 분	측정방법
단기매매증권 등 유가증권	공정가치로 평가
대여금과 수취채권(받을어음 등)	대손충당금으로 인식
금융부채	상각후원가로 평가
재고자산	공정가치로 평가
투자부동산	원가모형 또는 공정가치모형

구 분	측정방법
유형자산	원가모형 또는 재평가모형
무형자산	원가모형 또는 재평가모형

1. 공정가치(시가)

일반적으로 시가를 말하는 것으로 합리적인 판단력과 거래의사가 있는 독립된 당사자 간의 거래에서 자산이 매각 또는 구매하거나 부채가 결제 또는 이전될 수 있는 교환가치를 말한다. 해당 자산에 대한 시장가격이 존재하면 이 시장가격은 당해 자산에 대한 공정가치가 된다. 예를 들어 상장주식의 경우 해당 주식의 시가가 공정가치가 된다.

2. 상각후가치

상각후가치는 유효이자율을 이용해서 당해 자산 또는 부채에 대한 현재의 가액으로 측정한 가치를 말한다. 여기서 유효이자율이란 일반적으로 사채발행 당시의 시장이자율을 말하는데, 이는 사채의 발행가액과 사채의 미래현금흐름의 현재가치를 일치시켜 주는 이자율이다. 유효이자율은 투자자 측면에서 보면 사채에 투자함으로써 얻으려고 하는 기대수익률을 의미하며, 발행자입장에서 보면 사채를 발행함으로써 부담하게 되는 실질이자율을 의미한다.

3. 원가모형

원가모형은 유형자산을 취득원가 - 감가상각누계액 - 손상차손누계액 = 장부가액으로 처리하는 방법을 말한다. 즉, 취득원가에 의해 측정하는 방법을 말한다.

4. 공정가치모형

공정가치모형은 공정가치를 신뢰성 있게 측정할 수 없는 경우를 제외하고 공정가치로 투자부동산을 평가하는 방법을 말한다.

5. 재평가모형

재평가모형은 유형자산을 취득한 후의 공정가치를 신뢰성 있게 측정할 수 있는 유형자산은 공정가치로 유형자산을 재평가한 후 재평가금액 – 감가상각누계액 – 손상차손누계액 = 장부가액으로 처리하는 방법을 말한다.

- 보고 기간 말에 자산의 장부가액이 공정가치와 별로 차이가 나지 않는 경우 매년 재평가를 하지 않아도 된다.
- 재평가로 인해 자산의 장부가액이 증가한 경우 그 증가액은 기타포괄손익으로 처리한다.

~~~~~~

사례연구 **'암호화폐 투자 기업' 야릇한 회계**

국내 상장회사와 금융회사 등에 적용하는 국제회계기준은 기업이 보유한 암호화폐가 판매 목적이면 재고자산, 그 외의 경우에는 모두 무형자산으로 처리하도록 규정하고 있다. 지난 2019년 국제회계기준 해석위원회와 한국의 회계기준원이 이같이 방침을 정해서다. 이는 암호화폐를 현금으로 볼 수 없고, 주식처럼 지분을 가진 것도 아닌 데다, 거래 상대방으로부터 금융자산이나 부채 등을 넘겨받을 계약상 권리도 존재하지 않는다고 판단한 데 따른 것이다. 쉽게 말해 암호화폐를 일반 주식이나 채권 같은 금융투자자산으로 인정하지 않겠다는 의미다. 이에 따라 국제회계기준을 따르는 대다수 기업은 보유 중인 암호화폐를 회계 장부에 물리적 실체가 없는 무형자산으로 반영하고 있다.

대표적인 예가 카카오가 2대 주주인 두나무다. 암호화폐 거래소 업비트 운용사인 두나무는 비트코인 등 보유 중인 463억원 규모 암호화폐를 '기타 무형자산'으로 분류하고 있다.

문제는 이처럼 암호화폐를 기업의 무형자산으로 간주하면 암호화폐의 가치변동을 제대로 반영하기 어렵다는 점이다. 무형자산은 그 가치가 장부가격보다 낮아지면 차액을 평가손실로 반영하지만, 반대로 가치가 올라갈 경우 증가액은 기업의 손익에 포함하지 않기 때문이다. 다만 기업이 암호화폐를 실제로 처분해 이익이 발생할 때만 영업 외 이익으로 반영할 수 있다.

왕초보 차·대변도
못 가리나?

회계상 거래가 발생하면 이를 장부에 기록해야 하는 곳이 필요한 데 그 장소가 장부이다.

그리고 장부를 적을 때는 항상 차변과 대변으로 나누어 적도록 회계를 하는 사람끼리 약속을 했다.

여기서 차변은 왼쪽 대변은 오른쪽을 말하며, 차변의 금액합계와 대변의 금액의 합은 항상 일치해야 한다.

따라서 거래를 차변과 대변으로 구분해서 장부에 기록하기 위해서는 장부의 차변 요소와 대변 요소를 구분해서 기록할 계정과목과 금액을 결정해야 하는데, 이를 분개(실무상 전표에 한다.)라고 한다.

앞서 설명한 바와 같이 계정과목이란 장부를 적을 때 거래내역을 길게 풀어서 쓸 수 없으므로 거래의 성격을 간단·명료하게 처리할 수 있도록 사전에 정해놓은 거래내역에 대한 용어라고 보면 된다. 즉 사람에게 붙여진 명칭이 이름인 것과 같이 각 거래 성격에 따라 붙여진 거래내역 명칭이 계정과목이다. 따라서 계정과목만 보면 회계를 하는 사람들끼리는 대충 무엇을 뜻하는지 알 수 있다.

기록자	거래 발생 ⊢→ 계정과목 선별 ⊢→ 장부기록 ⊢→ 재무제표 작성

의사소통

상대방	재무제표 및 장부 검토 ⊢→ 계정과목 파악 ⊢→ 거래내역 확인

예를 들어 상품을 200만 원에 현금을 주고 구입했다고 가정하면 다음의 순서에 따라 장부에 기록한다.

거래 발생 : 상품과 현금이라는 자산 항목 간의 변동이 생겼으므로 회계상 거래에 해당

계정과목 선별 및 금액 결정 : 상품과 현금이라는 계정과목 및 200만원이라는 금액 결정

자산, 부채, 자본, 수익, 비용 항목 중 하나로 분류 : 상품과 현금 모두 자산 항목

차 변	대 변
• 자산 계정과목의 증가 • 부채 계정과목의 감소 • 자본 계정과목의 감소 • 비용 계정과목의 발생	• 자산 계정과목의 감소 • 부채 계정과목의 증가 • 자본 계정과목의 증가 • 수익 계정과목의 발생

상품이라는 자산 200만 원이 들어온 대신 200만 원이라는 현금이 나가게 되는데, 이때 차변에는 상품, 대변에는 현금이라는 계정과목과 금액이 확정된다.

즉 상품은 자산의 증가이므로 차변에 현금은 자산의 감소이므로 대변으로 나누어 다음과 같이 기록하게 된다. 이같이 차변과 대변으로 나누어 기록하는 것을 회계용어로 **분개**라고 한다.

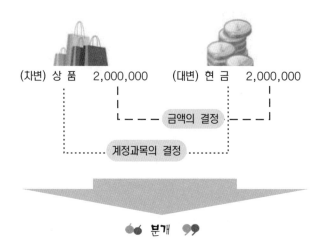

(차변) 상 품   2,000,000   (대변) 현 금   2,000,000

금액의 결정

계정과목의 결정

❝ 분개 ❞

연결재무제표 IFRS 의무화에 따른 우량회사

국제회계기준(IFRS)에서 연결 기준 재무제표 발표가 의무화되면서 우량 자회사를 가진 상장사들이 재평가받는다.

모든 보고서를 연결재무제표 기준으로 공시하게 되면 우량 자회사들을 보유한 기업의 실적이 부각될 것이다.

별도 재무제표에는 연결재무제표나 한국기업회계기준(K-GAAP)과 달리 지분법을 적용하지 않아 자회사의 경영성과가 직접 반영되지 않는다. 별도 재무제표는 자회사가 이익을 얼마 냈는지와 관계없이, 배당받았을 때만 배당금을 당기순이익에 포함시키는 원가법을 사용하기 때문이다.

반면 연결재무제표에서는 종속기업 등 연결 대상 기업의 순이익을 모두 모회사 실적(연결재무제표)에 포함시키게 된다. 관계기업의 경우 보유 지분에 따라 순이익 연동 정도가 달라진다.
별도 순이익 대비 지분법 적용 순이익의 비율이 높은 회사가 우량한 회사이다.

복식부기와
대차평균의 원리

복식부기는 회계상 거래가 발생했을 때 동일한 거래내용을 차변과 대변으로 나누어 적는 것을 말한다.

예를 들어 사무용품을 10만 원에 현금으로 구입한 경우, 사무용품 10만원 구입거래에 대해서

❶ 계정과목을 비품과 현금으로 정해서

❷ 분개는 비품 100,000 / 현금 100,000으로 차변과 대변으로 나누어 적는다. 이는 결과적으로 동일한 거래내용을 서로 다른 계정과목을 사용해서 차변과 대변으로 나누어 적은 것이 된다.

그럼 왜 이리 불편하게 동일한 1건에 대해 2번을 기록하는 것일까?

이같이 동일한 1건에 대해 차변과 대변으로 나누어 적게 되면 차변과 대변의 계정과목은 서로 다르더라도 금액의 합은 일치하게 되며(이를 대차평균의 원리라고 한다.), 금액의 합이 일치하지 않는 경우 오류가 있다는 것을 나타내므로 자체적으로 검증해볼 수 있다(이를 자기검증기능이라고 한다.).

결론적으로 복식부기로 기장을 하는 경우 기장의 오류를 자체적으로 검증할 수 있는 자체 검증기능을 갖는다는 장점이 있다.

👀 복식부기의 흐름 👀

{사무용품이 10만원 늘고 현금이 10만원 줄다}

단식부기 : 사무용품 구입 10만원

복식부기 : 사무용품이 10만원 늘고 현금이 10만원 줄다

⬇   ⬇

계정과목 :   비품   현금

거래요소 : 자산의 증가   자산의 감소

차·대변 :   차변   대변

최종분개 : 비품 100,000 / 현금 100,000

복식부기의 특징 : • 대차평균의 원리 • 자기검증기능

필수 용어 ✏

~~~~~~

대차 평균의 원리

대변 금액과 차변 금액의 합은 항상 일치해야 한다는 원리를 말한다. 즉 거래내역을 복식부기에 의해 장부에 기록하는 경우 정확히 장부 기록을 했다면 대변과 차변의 합계금액이 항상 일치해야 한다는 원리를 말한다.

~~~~~~

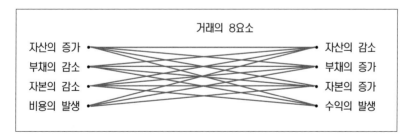

거래의 8요소

자산의 증가		자산의 감소
부채의 감소		부채의 증가
자본의 감소		자본의 증가
비용의 발생		수익의 발생

재무제표

차변	대변
❶ 자산이 증가하는 거래	❶ 자산이 감소하는 거래
❷ 부채가 감소하는 거래	❷ 부채가 증가하는 거래
❸ 자본이 감소하는 거래	❸ 자본이 증가하는 거래
❹ 비용이 발생하는 거래	❹ 수익이 발생하는 거래
(비용의 소멸은 (-)비용)	

차변 합계와 대변 합계가 항상 일치

대차평균의 원리

일치하지 않는 경우 장부 상 오류가 있는 것이다.

어떤 계정과목일까?
(재무상태표)

기업의 현재 재무상태를
나타내는 재무상태표

1 회계기준에서 규정하는 재무제표

재무제표란 기업의 재무상태와 경영성과를 나타내는 보고서로써 회사의
살림살이와 경영성적, 그리고 누적된 잉여금을 보여준다.

K-IFRS 상 재무제표의 종류는 재무상태표, (포괄)손익계산서, 현금흐름
표, 자본변동표, 주석 등이 있다.

중소기업회계기준	일반기업회계기준	K-IFRS
❶ 대차대조표(= 재무상태표)	❶ 재무상태표	❶ 재무상태표
❷ 손익계산서	❷ 손익계산서	❷ 포괄손익계산서
❸ 이익잉여금처분계산서 또는 결손금처리	❸ 현금흐름표	❸ 현금흐름표
계산서	❹ 자본변동표	❹ 자본변동표
❹ 주석	❺ 주석	❺ 주석

일반기업회계기준에서는 손익계산서라고 하는데, 반해 K-IFRS에서는 포
괄손익계산서라고 하는 점이 차이가 있다.

그리고 일반기업회계기준에서는 기타포괄손익을 주석으로만 공시했으나 K-IFRS에서는 이를 손익계산서에 포함해서 나타낸다.

1. 재무상태표

재무상태표(= 종전 대차대조표)는 일정시점의 회사의 재무상태를 나타내는 보고서이다.

2. (포괄)손익계산서

(포괄)손익계산서는 결산 기간(= 회계연도, 통상 1년) 동안의 회사의 모든 수입 및 지출 그리고 이에 관련된 결과인 이익을 나타낸다. 즉 경영성적이 나타난다.

(포괄)손익계산서에서는 현금으로 수입, 지출된 것뿐만 아니라 발생주의 회계를 따져 현금으로 수입 및 지출될 것들도 포함한다.

3. 현금흐름표

현금흐름표는 전기(전년도)와 당기(이번 연도) 사이에 재무상태표에 현금이 얼마나 증가하고, 감소하였으며, 어떠한 원인이 작용하였는지 보여준다.

현금흐름표에서는 실제 현금과 예금, 즉 들어오고 나간 현금을 중심으로 나타낸다.

4. 자본변동표

자본변동표는 주주의 몫인 자본이 전기와 당기 사이에 얼마나 증가, 감소하였는지를 보여준다. 즉 회사 자본에 대한 구성 항목들의 증감을 나타낸다.

5. 주석

주석은 재무제표에 표시할 수 없는 정보들을 별도의 항목으로 두어 더욱 이해하기 쉽게 설명해주는 것을 말한다.

6. 이익잉여금처분계산서

이익잉여금처분계산서는 기업의 이익잉여금의 처분사항을 명확히 보고하기 위해서 이익잉여금의 변동사항을 표시한 회계보고서로써 기본재무제표의 일종이다. 상법에 따르면 주식회사의 이사는 매 결산기에 이익잉여금처분계산서(또는 결손금처리계산서)를 작성하여, 이를 이사회에 제출한 후 승인을 받도록 하고 있다.

과거 기업회계기준에서는 연결 대상이 있는 종속회사를 보유한 기업들은 두 가지 종류의 재무제표를 공시해야 했다. 연결재무제표와 개별재무제표이다. 연결재무제표는 종속회사의 영업까지 포함해서 작성하는 재무제표이고, 개별재무제표는 종속회사의 영업을 배제하고 작성하는 재무제표이다. 물론 종속회사가 없는 기업들은 연결재무제표를 작성할 수 없으니 개별재무제표 하나만 작성해서 공시하면 된다.

K-IFRS에서는 연결회사의 유무 여부에 따라 작성해야 하는 재무제표는 달라진 것이 없다. 종속회사가 없는 기업들은 여전히 개별재무제표만을 작성하면 되고, 종속회사가 있는 기업들은 연결재무제표와 개별재무제표 두 가지 종류의 재무제표를 작성하면 된다. 연결재무제표를 작성하는 기업이 함께 작성해야 하는 개별재무제표는 종전의 기업회계기준에서 와는 다른 방식으로 작성해야 한다. 즉, 연결재무제표를 작성함으로써 종속회사 또는 관계회사와 관련된 이익의 영향까지 알 수 있으니, 종속회사 또는 관계회사로 인한 이익은 전부 배제하고 모회사만의 실적을 나타내는 재무제표가 필요하다는 것이 K-IFRS의 기본 입장이다. 이것이 k-IFRS에서의 개별재무제표인데 일반적으로 이러한 재무제표를 별도 재무제표라고 부른다.

구 분	해 설
연결재무제표	지배회사와 종속회사를 하나의 회사로 간주해서 작성한 재무제표를 말한다. 즉 종속회사를 지배회사의 하나의 사업부 또는 지점으로 보고 이들 둘 이상의 회사의 재무제표를 합산해서 한 회사의 재무제표로 작성한 것이다. 종속회사가 있는 지배회사의 경우 연결재무제표와 지배회사 자체의 개별재무제표도 작성해야 한다.
별도재무제표	지배회사가 종속회사나 관계회사가 벌어들인 이익(지분법 이익)을 반영하지 않은 방식을 말한다. 지배회사가 작성하는 개별재무제표로써 지배회사가 종속회사나 관계회사의 지분을 표시할 때 지분법이 아닌 원가법이나 공정가치로 평가하는 방법을 의미한다.

구 분	해 설
개별재무제표	지배회사가 종속회사나 관계회사가 벌어들인 이익을 반영한 재무제표를 말한다. 애초에 종속회사가 없는 등의 사유로 연결재무제표를 작성하지 않는 개별회사가 작성한다.

2 재무상태표

재무상태표는 일정시점의 기업의 재무상태 즉, 기업이 영업활동을 위해 보유하고 있는 자산의 총규모와 종류 및 자산취득을 위해 타인으로부터 빌린 자본의 규모와 소유주의 투자액 및 그동안 발생한 이익의 규모와 그 보유 형태를 보여주는 보고서이다.

K-IFRS에서 그 명칭을 대차대조표에서 재무상태표로 변경해서 사용한다.

재무상태표에는 왼쪽(차변)에는 자산을 표시하고, 오른쪽(대변)에는 부채와 자본을 표시한다.

부채는 다른 사람의 돈을 자본은 자기 돈을 나타내며, 자산은 부채와 자본의 합으로 이러한 돈을 어떻게 운영하고 사용했는지 결과를 나타낸다.

즉, 부채와 자본은 돈의 조달 측면을 자산은 돈의 사용(운용) 측면을 나타냄으로써 결국 돈이 어디서 나서 어디에 사용했는지를 나타낸다.

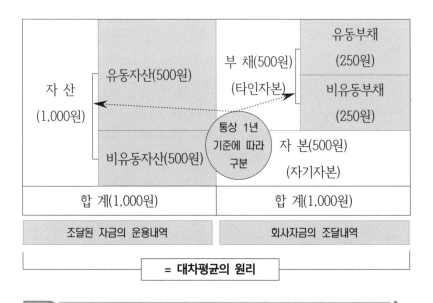

자 산 (1,000원)	유동자산(500원)	부 채(500원) (타인자본)	유동부채 (250원)
			비유동부채 (250원)
	비유동자산(500원)	통상 1년 기준에 따라 구분	자 본(500원) (자기자본)
합 계(1,000원)		합 계(1,000원)	
조달된 자금의 운용내역		회사자금의 조달내역	

= 대차평균의 원리

---

3 재무상태표의 구성요소

재무상태표도 자산, 부채, 자본으로 구성이 된다.

기업의 자산(asset)은 기업이 소유하고 있는 자원으로 재무상태표 왼쪽 (차변)에 위치하며, 자산은 크게 유동자산과 비유동자산으로 구분한다.

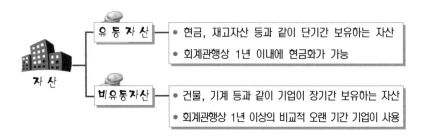

자 산

유 동 자 산
- 현금, 재고자산 등과 같이 단기간 보유하는 자산
- 회계관행상 1년 이내에 현금화가 가능

비유동자산
- 건물, 기계 등과 같이 기업이 장기간 보유하는 자산
- 회계관행상 1년 이상의 비교적 오랜 기간 기업이 사용

유동자산은 현금, 재고자산 등과 같이 단기간 보유하는 자산이며, 회계 관행상 1년 이내에 현금화가 가능한 자산이다. 반면, 비유동자산은 건

물, 기계 등과 같이 기업이 장기간 보유하는 자산이며, 회계 관행상 1년 이상의 비교적 오랜 기간 기업이 사용하는 자산이다.

●● 유동자산의 요건 ●●

자산은 다음의 경우 유동자산으로 분류한다. 나머지 자산은 비유동자산으로 분류한다.

❶ 기업의 정상영업 주기 (통상 12개월) 내에 실현될 것으로 예상되거나, 정상영업주기 내에 판매하거나 소비할 의도가 있다. 여기서 영업주기는 영업활동을 위해 자산을 취득한 시점부터 그 자산이 현금이나 현금성 자산으로 실현되는 시점까지 소요된 기간으로 정상영업주기를 정확히 식별하기 곤란한 경우에는 그 기간을 12개월로 가정한다.

❷ 주로 단기 매매목적으로 보유하고 있다.

❸ 보고기간 후 12개월 이내에 실현될 것으로 예상된다.

❹ 현금이나 현금성 자산으로서, 교환이나 부채상환목적으로의 사용에 대한 제한 기간이 보고기간 후 12개월 이상이 아니다.

자산을 구입하기 위해서는 자금이 필요하겠지요?

이 필요한 자금이 어떻게 조달되었는가가 오른쪽(대변)에 나타나며, 조달된 자금은 크게 남에게 빌리는 부채(Liability)와 자기 또는 주주의 돈인 자기자본(Equity)으로 구분된다. 부채는 기업이 필요한 자금을 외부 채권자로부터 조달한 자금으로 타인자본이라고도 하며, 유동부채와 비유동부채로 구분된다. 자산과 마찬가지로 회계 관행상 1년을 기준으로 삼으며, 1년 이내에 갚아야 할 부채를 유동부채, 1년 이내에 갚을 필요가 없는 부채를 비유동부채라고 한다.

❝ 유동부채의 요건 ❞

부채는 다음은 유동부채로 분류한다. 나머지 부채는 비유동부채로 분류한다.

❶ 정상 영업주가 이내에 결제될 것으로 예상한다.

❷ 주로 단기 매매목적으로 보유하고 있다.

❸ 보고기간 후 12개월 이내에 결제하기로 되어있다.

❹ 보고기간 후 12개월 이상 부채의 결제를 연기할 수 있는 무조건의 권리를 가지고 있지 않다.

한편 자기자본은 기업의 소유주인 주주로부터 조달한 자금으로, 주식을 발행해서 조달한 자금과 과거 기업활동에서 벌어들이고 유보한 이익금이므로, 특정한 기한 내에 갚아야 할 의무가 없는 자금이다.

중소기업회계기준	일반기업회계기준	K-IFRS
❶ 자본금	❶ 자본금	❶ 비지배지분
❷ 자본잉여금	❷ 자본잉여금	자본금
❸ 자본조정	❸ 자본조정	이익잉여금
❹ 이익잉여금	❹ 기타포괄손익누계액	기타적립금
	❺ 이익잉여금	❷ 지배기업의 소유주에게 귀속되는 납입자본과 적립금

1. 자본조정

자본조정이란 당해 항목의 특성상 소유주 지분에서 가감되어야 하거나, 아직 최종결과가 미확정 상태여서 자본의 구성항목 중 어느 것에 가감해야 하는지 알 수 없어서 회계상 자본총계에 가감하는 형식으로 기재하는 항목을 말한다. 자본조정항목으로는 주식할인발행차금, 배당건설이자, 자기주식, 주식매수선택권, 출자전환채무, 자기주식처분손실, 감자차손 등이 있다.

자본조정항목 중 주식할인발행차금을 예로 설명하면 주식할인발행은 회사와 주주 간의 거래로 자본이 줄어든 금액에 해당한다.

예를 들어, 주식을 1주당 5,000원으로 거래되어야 했는데, 4,000원으로 싸게 판매해서 1,000원의 공백이 생긴 경우이다.

1,000원의 공백은 회사가 손익거래(상거래)에서 발생한 것이 아니라, 자본거래로 발생한 것이기 때문에, 당기손익이나 포괄손익을 구성해서는 안 된다. 이 금액을 자본조정으로 처리한다.

2. 기타포괄손익

기타포괄손익이란 기업 실체가 일정기간동안 소유주와의 자본거래를 제외한 모든 거래나 사건에서 인식한 자본의 변동액으로서 당기순이익에 기타포괄손익을 가감해서 산출한 포괄손익의 내용을 주석으로 기재한다. 여기서 기타포괄손익의 항목은 법인세비용을 차감한 순액으로 표시한다. 기타포괄손익의 항목에는 매도가능증권평가손익, 해외사업환산손익, 연금흐름위험외피 파생상품평가손익 등의 과목이 있다.

매도가능증권을 예로 들어 설명하면 매도가능증권을 판매(사고파는 행위)하고 얻는 이익은 당기순이익을 구성한다. 다만, 회사가 매도가능증권을 판매하지 않고 회계연도 말(12월 31일 현재)에 계속 그 증권을 보유하고 있다면 매도가능증권을 공정가액으로 평가하게 된다.

내가 구입한 매도가능증권이 2,000원이었고, 회계연도 말에 그 가치가 증가해서 공정가액이 2,500원이었을 경우 500원만큼을 매도가능증권평가이익으로 계상을 한다. 이 500원은 증권을 아직 판매하지 않았으므로 매각에서 얻은 이익은 아니고, 회사와 주주 간의 거래인 자본거래에도 해당하지 않는다.

잠재적으로 내가 이 증권을 판매하였을 때 한해서 얻을 수 있는 이익이다. 그러므로 당기순이익으로는 분류할 수 없으나 포괄이익으로는 잡을 수 있는 계정이다.

~~~~~~

4 재무상태표의 계정과목 배열과 금액결정

재무상태표의 형식

종전기준에서는 재무상태표의 형식을 제시하고 그 항목을 상세하게 예를 들어 보여주고 있으나 K-IFRS 상으로는 재무상태표의 형식을 제시하지 않고 포함될 최소한의 항목만을 대분류 수준에서 언급하고 있다.

종전 및 중소기업회계기준	차이	국제회계기준
재무상태표의 형식을 제시하고 그 항목을 상세하게 예를 들어 보여 줌		재무상태표의 형식을 제시하지 않고 포함될 최소한의 항목만을 대분류 수준에서 언급

계정과목의 배열 방법

계정과목을 재무상태표에 배열하는 기준으로 종전에는 유동성/비유동성 구분법과 유동성 순서에 따른 표시 방법의 두 가지 방법을 함께 고려해서 재무제표를 표시하도록 하고 있으나 K-IFRS에서는 유동성/비유동성 구분법과 유동성 순서에 따른 표시 방법을 각각 구분해서 두 가지의 다른 재무상태표 작성 방법에 따라 작성하도록 하고 있다.

종전 및 중소기업회계기준	차이	국제회계기준
유동성/비유동성 구분법과 유동성 순서에 따른 표시방법의 두 가지 방법을 함께 고려해서 작성		유동성/비유동성 구분법과 유동성 순서에 따른 표시방법을 각각 구분해서 두 가지의 다른 방법으로 작성

(연결)재무상태표

제43기말 20×2. 12. 31 현재

제42기말 20×1. 12. 31 현재

(단위 : 백만원)

	제43기	제42기
자산		
유동자산	60,957,076	61,402,589
현금및현금성자산	11,709,152	9,791,419
단기금융상품	9,826,551	11,529,392
단기매도가능증권	805,077	1,159,152
매출채권	17,743,307	19,153,114
미수금	2,217,167	2,155,720
선급금	1,298,447	1,302,428
선급비용	2,395,364	2,200,739
재고자산	14,176,330	13,364,524
기타유동자산	785,681	746,101
비유동자산	75,575,079	72,886,155
장기매도가능증권	3,025,544	3,040,206
관계회사 및 조인트벤처 투자	8,663,075	8,335,290
유형자산	55,182,116	52,964,594
무형자산	2,871,403	2,779,439
보증금	680,033	655,662
장기선급비용	3,451,869	3,544,572
이연법인세자산	1,194,209	1,124,009
기타비유동자산	506,830	442,383
자산총계	136,532,155	134,288,744
부채		
유동부채	38,036,580	39,944,721
매입채무	9,702,650	9,148,661
단기차입금	7,925,482	8,429,721
미지급금	6,956,567	6,901,139
선수금	882,677	883,585

예수금	1,378,211	1,052,555
미지급비용	4,696,615	7,102,427
미지급법인세	1,683,882	2,051,452
유동성장기부채	531,138	1,123,934
충당부채	3,973,190	2,917,919
기타비유동부채	306,168	333,328
비유동부채	6,996,821	4,994,932
사채	584,991	587,338
장기차입금	2,506,179	634,381
장기미지급금	972,398	1,072,661
장기미지급비용	110,934	123,513
퇴직급여채무	694,802	597,829
이연법인세부채	1,737,112	1,652,667
장기충당부채	346,325	295,356
기타비유동부채	44,080	31,187
부채총계	45,033,401	44,939,653
자본		
지배기업 소유주지분	87,302,752	85,589,559
자본금	897,514	897,514
우선주자본금	119,467	119,467
보통주자본금	778,047	778,047
주식발행초과금	4,403,893	4,403,893
이익잉여금(결손금)	86,972,979	85,014,550
기타자본항목	(4,971,634)	(4,726,398)
비지배지분	4,196,002	3,759,532
자본총계	91,498,754	89,349,091
자본과부채총계	136,532,155	134,288,744

1. 원칙

유동성/비유동성 구분법 : 영업주기 내에 재화와 용역을 제공하는 경우

유동성/비유동성 구분법은 유동자산과 비유동자산, 유동부채와 비유동부채로 구분하여 표시하는 것인데 이러한 유동항목과 비유동항목으로 구분해서 표시하는 경우라면 굳이 유동자산/유동부채를 비유동자산/비유동부채보다 앞에 표시하지 않아도 된다.

실제로 IFRS 재무상태표를 보면 일부기업들은 비유동자산을 유동자산보다 앞에 표시하고 있다. 이 경우 이연법인세자산(부채)은 비유동자산(부채)으로 분류한다.

2. 예외

❶ 유동성배열법 : 유동성/비유동성 구분법보다 신뢰성 있고 더욱 목적적합한 정보를 제공하는 경우 : 금융업

유동성배열법은 재무상태표의 계정과목 배열을 유동성이 높은 것부터 차례로 열거하는 방법을 말한다. 따라서 유동 항목으로부터 비유동 항목으로 환금성이 빠른 것부터 먼저 재무상태표에 기입하게 된다.

❷ 혼합표시방법의 허용 : 혼합표시가 신뢰성 있고, 더욱 목적적합한 정보를 제공하는 경우 유동성/비유동성 구분법과 유동성배열법을 혼합해서 사용할 수 있다. 즉, 자산·부채의 일부는 유동성/비유동성 구분법으로 나머지는 유동성 순서에 따른 표시 방법으로 표시하는 것이 허용된다. : 기업이 다양한 업종을 영위하는 경우 필요하다.

일반기업회계기준

유동성/비유동성 구분법 및 유동성배열법(K-IFRS : 유동성/비유동성 구분법과 유동성배열법 중 선택)

계정과목의 금액 결정(자산과 부채의 측정)

국제회계기준의 핵심 내용은 자본시장의 투자자에게 기업의 재무상태 및 내재가치에 대한 의미 있는 투자정보를 제공하는 것이다. 이를 위해

국제회계기준은 금융자산·부채와 유·무형자산 및 투자부동산에까지 공정 가치 측정을 의무화 또는 선택 적용할 수 있도록 하고 있다. 즉, 모든 자산과 부채에 대해 공정가치를 적용하는 것은 아니다.

구 분	측정방법
단기매매증권 등 유가증권	공정가치로 평가
대여금과 수취채권(받을어음 등)	대손충당금으로 인식
금융부채	상각후원가로 평가
재고자산	공정가치로 평가
투자부동산	원가모형 또는 공정가치모형
유형자산	원가모형 또는 재평가모형
무형자산	원가모형 또는 재평가모형

자산가치의 변화

■ 자산손상

자산손상은 자산의 급격한 시가 하락이나 내·외부적인 원인에 의해 자산의 장부금액만큼 회수할 수 없는 경우 장부금액이 회수가능금액보다 크게 표시되지 않게 하도록 손상차손을 인식한다. 즉, 회수가능금액이 150원인데 장부가액이 200원인 경우 장부가액을 200원으로 표시되지 않고 150원으로 맞추기 위한 것이다.

매 보고기간 말 손상을 시사하는 징후가 있는지를 검토해서 그러한 징후가 있으면 회수가능액을 추정해야 한다. 하지만 손상을 시사하는 징후가 없으면 회수가능액을 추정할 필요가 없다.

■ 자산재평가

자산재평가란 기업자산이 물가상승 등의 요인으로 장부가액과 현실 가액에 크게 차이가 생길 때 자산을 재평가해서 장부가액을 현실화하는 것을 말한다. 예를 들어 장부가액이 150원인 유형자산이 현실적으로 200원인 경우 자산재평가를 해서 200원을 장부가액으로 잡는 경우를 말한다.

■ 감가상각

구입한 자산을 사용함에 따라 진부화, 생산능력의 감소, 마모 등의 원인으로 그 가치가 지속적으로 감소하게 되는데 이를 가치가 감해진다고 해서 감가라고 한다.

예를 들어 올해 초에 1억 원에 구입한 건물을 20년간 사용할 수 있다고 가정하자

그러면 이 건물은 특수한 원인(시세 변동)으로 가격변동이 없다면 건물의 노후로 인해 매년 그 가치는 조금씩 감소할 것이며, 결국 20년 후에는 철거해야 할 것이다. 결국, 철거 시점에 구입비용 1억원이 모두 없어지는 것이다.

그러나 건물은 20년간 계속적으로 사용한 것이고 사용으로 인한 노후로 철거에 이르게 된 것(20년 되는 시점 건물이 갑자기 가치가 없어진 것이 아니다.)이므로 계속 사용한 기간동안 매년 분할해서 가치감소분을 계산해야 하는 데 이를 감가상각이라고 한다. 즉 매년 가치의 감소분을 합리적으로 계산해서 장부에 반영하는 것을 감가상각이라고 한다. 따라서 장부상 건물의 가액은 건물 - 감가상각비로 표시가 된다.

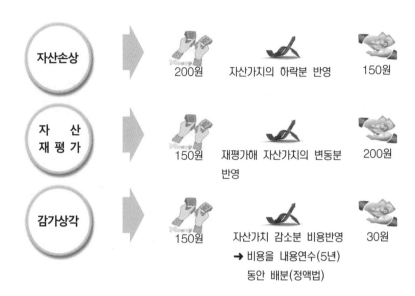

자산손상	자산재평가	감가상각
❶ 자산의 실제 가치가 기록된 장부금액보다 낮아지게 되는 것 ❷ 기록되어 있는 자산의 금액을 실제 가치로 낮추고 그 차이만큼을 비용으로 기록	❶ 기업의 선택에 따라 자산 취득 이후에 공정가치로 자산을 다시 평가해서 기록하는 것 ❷ 기업이 반드시 해야 하는 것은 아님 ❸ 일반적으로 우리나라는 토지에 대한 자산재평가는 선호하지만, 기계장치의 재평가는 선호하지 않음 ➜ 재평가는 기업의 선택사항 ➜ 증가 : 기타포괄이익 ➜ 감소 : 당기비용	시간의 흐름에 따른 자산의 가치감소를 회계에 반영하는 것 ➜ 감가상각의 방법은 다양한 방법이 있다. ➜ 해당 자산의 가치감소에 가장 타당한 방법을 기업이 선택해서 일관성 있게 적용 ➜ 자산에 차감 표시되는 감가상각누계액으로 반영

2008회계연도부터 기업들에 허용된 유형자산에 대한 재평가는 2000년 말까지만 한시적으로 적용돼 지난 2001년 이후 허용되지 않아 왔던 회계기준이다.

2011년 모든 상장사에 의무적으로 도입되는 국제회계기준(IFRS)의 `목적 적합성 원칙`에 따라 자산·부채를 취득원가 외에 공정가치로 평가할 수 있도록 회계 처리기준을 금융위기에 따른 기업회계 부담 완화 차원에서 조기 도입했다.

종전 회계기준에서는 토지·건물·기계장치 등 영업을 하기 위해 취득한 유형자산에 대해 원가법(취득 장부가)만으로 평가하도록 하고 있다. 투자수익이나 임대목적으로 취득한 투자부동산에 대해서도 마찬가지다.

하지만 기업들은 2008년도 재무제표에 보유한 부동산, 항공기, 선박 등의 유형자산을 살 때 가격이 아니라 현재 시가로 재평가해 과거 10년간 자산가치 상승분을 반영할 수 있게 됐다.

유형자산 재평가는 그만큼 부채비율 감소 등 재무 지표개선 효과를 가져오게 된다. 최근 증시에서 토지, 건물 등 부동산을 보유한 자산주들이 주목받고 있는 것도 같은 맥락이다.

가령 기업이 자본금 1,000원과 부채 1,000원을 합해 2,000원을 주고 산 토지의 가격이 3,000원으로 올랐다고 가정할 때 기존 회계제도에서는 재무상태표상에 자산 2,000원, 부채 1,000원, 자본금 1,000원으로 기록돼 부채비율(부채총액/자기자본)이 100%가 된다. 반면 재평가를 했을 때는 자산 3,000원, 부채 1,000원, 자본금 1,000원 외에 자본 항목의 기타포괄손익 1,000원이 더 생겨 부채비율은 50%로 낮아진다. 당기순이익에는 변화가 없다.

다만 국제회계기준에서 도입된 유형자산 재평가 제도는 과거 제도와는 다른 유의할 점들이 있다.

자산재평가는 과거 자산가치가 증가하는 때에만 허용됐지만 이번에는 감소하는 때도 재평가를 해야 한다.

모든 기업이 반드시 의무적으로 시행해야 하는 것은 아니지만 기업이 일단 개정 기준에 맞춰 재평가했다면 정당한 사유가 없는 한 다시 원가방식으로 전환할 수 없다.

재평가 실시 뒤에는 1년, 3년, 5년 등 주기적으로 재평가를 반복 실시해야 하는 것도 과거와는 달라진 내용이다.

토지, 건물, 기계장치 등 유형자산의 그룹별로 재평가할 것을 선택할 수는 있지만 같은 그룹 내에서 일부만 재평가할 수는 없다. 일부 자산만 상승했을 때 가격이 상승한 자산에 대해서만 재평가할 수는 없고 그룹 내 모든 자산을 재평가해야 한다.

예를 들어 토지 10필지를 보유하고 있는데, 가치가 증가한 1필지만 재평가하고, 공정가액이 감소한 나머지 9필지는 재평가하지 않는 방법은 인정되지 않는다.

2008년도에 토지만 재평가 방식을 선택하고, 건물은 원가방식을 선택했다가 이후 회계연도에 건물도 재평가를 선택할 수는 있다.

공정가액이 장부가액에 비해 낮을 때가 있을 수 있다. 이때도 재평가액으로 장부에 반영해야 한다. 이는 증액만 인정하던 과거의 재평가제도와 달라진 내용이다.

공정가액이 장부가액보다 낮아 발생한 재평가 감소액은 재평가 증가액(자본 항목처리)과는 달리 재평가시점에 당기순손실로 인식된다. 다만 과거 재평가 증가로 인해 인식한 기타포괄손익(자본 항목)의 잔액이 있는 경우에는 기타포괄손익에서 차감한다.

유형자산을 재평가한다고 해서 법인세 등 세금이 증가하거나 감소하는 등의 영향은 없다. 법인세법에 따르면 법인이 보유하는 유형자산을 재평가한 경우 당해 자산의 장부가액은 평가하기 전의 가액으로 하도록 하고 있으므로 재평가로 인해 법인세가 달라지지는 않는다.

자산 계정과목과 분개사례

자산은 앞서 설명한 바와 같이 유동자산과 비유동자산으로 구분된다.

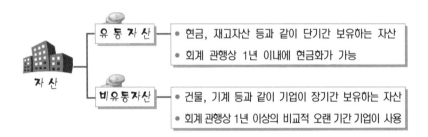

유동자산
- 현금, 재고자산 등과 같이 단기간 보유하는 자산
- 회계 관행상 1년 이내에 현금화가 가능

비유동자산
- 건물, 기계 등과 같이 기업이 장기간 보유하는 자산
- 회계 관행상 1년 이상의 비교적 오랜 기간 기업이 사용

1 유동자산

유동자산은 앞서 설명한 바와 같이 1년 이내에 현금화가 가능한 자산으로 상품, 제품, 원재료 등의 재고자산과 재고자산을 제외한 1년 이내에 현금화가 가능한 자산(당좌자산)으로 나누어 볼 수 있다.

당좌자산에 속하는 계정과목은 현금및현금등가물, 단기매매증권, 매출채권(외상매출금, 받을어음), 단기대여금, 미수금, 미수수익, 선급금, 선급비용, 부가가치세대급금, 선납 세금 등이 있으며, 재고자산은 원재료, 상품, 제품, 소모품, 재공품, 저장품, 미착품 등이 있다.

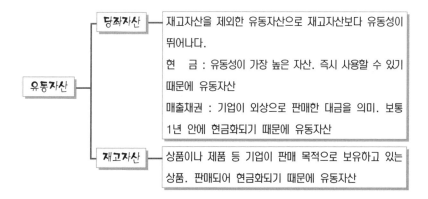

당좌자산

현금및현금성자산

현금 및 현금성자산은 통화 및 타인발행수표 등 통화대용증권과 당좌예금, 보통예금 및 큰 거래비용 없이 현금으로 전환이 쉽고 이자율 변동에 따른 가치변동의 위험이 중요하지 않은 금융상품으로서 취득 당시 만기일(또는 상환일)이 3개월 이내인 것을 말한다.

❶ 취득 당시 만기가 3개월 이내에 도래하는 채무증권
❷ 취득 당시 상환일까지의 기간이 3개월 이내인 상환우선주
❸ 3개월 이내의 환매조건인 환매채

사 례

통화 및 타인발행수표, 보통예금, 당좌예금, 우편환증서, 기일도래공사채 이자표, 배당금지급통지표, 지점전도금, 가계수표, 송금환, 자기앞수표, 타인이 발행한 당좌수표

구 분	계정과목 해설
보통예금	보통예금은 가장 일반적인 예금으로서 예입과 인출을 자유로이 할 수 있는 수시입출금식 은행예금이다. 기업은 영업상의 입금이나 소액자금의 거래계좌로 이용한다.
	사례 보통예금 통장에서의 입출금, 받을어음 만기나 할인시 보통구좌 입금액, 보통예금 통장에서의 이자수익 발생액
당좌예금	당좌예금은 운영자금을 은행에 예입하고, 은행이 영업상의 지급을 맡게 해서 현금 지급의 착오나 도난을 방지하기 위한 예금으로써 이자가 붙지 않는 것이 특징이다. 즉, 은행과의 당좌약정계약에 따라 당좌차월약정액 범위 내에서 당좌수표 또는 어음을 발행하고, 수표·어음의 대금은 은행이 지급하게 되는 예금이다.
	사례 당좌예금 통장에서의 입출금, 당좌수표 결제(당좌차월 약정이 없는 경우)
외화예금	외화예금은 자국통화 이외의 외국통화를 대상으로 하는 외국환거래를 처리하기 위해서 설정하는 계정이다. 즉 자국통화에 의한 예금을 처리하는 계정으로서 주로 외국과의 무역거래에 대한 지급수단으로 이용되고 있다. 외화통화에도 당좌예금, 보통예금 등 여러 종류의 예금이 있으므로 외국 화폐 별로 계정과목을 설정해도 된다. 그리고 회계처리에 있어서는 일반적인 당좌예금 또는 보통예금과 같이 앞에 외화자만 붙여서 외화보통예금/수출매출 등으로 분개를 하면 된다.

📖 분개 사례 ···

🗂 현금및현금성자산의 분개 사례

(주)지식이 부품 5백만 원(부가세 별도)어치를 (주)만들기에 판매하고 대금을 현금으로 받았다.

현금	5,500,000	/ 원재료	5,000,000
		부가가치세예수금	500,000

📂 보통예금 분개 사례

❶ 보통예금 통장으로 200만원을 국민은행에 입금하였다.

보통예금	2,000,000	/	현금	2,000,000

❷ 예금정산 일에 예금이자 10만원이 발생해서 원천징수액 15,400원을 제외한 84,600원이 입금되었다.

보통예금	84,600	/	이자수익	100,000
선납세금	15,400			

📂 당좌예금 분개 사례

❶ 당좌예금 계정에 20만 원을 입금하였다.

당좌예금	200,000	/	현금	200,000

❷ (주)이지의 외상매입금 30만원을 수표를 발행해서 지급하였다. 단, 당좌차월 한도액은 80만 원이며, 당좌예금 잔액은 20만 원이다.

외상매입금	300,000	/	당좌예금	200,000
			당좌차월	100,000

❸ 상품 50만 원을 판매하고, 대금은 현금으로 받아 당좌예금계정에 입금하였다.

당좌예금	450,000	/	상품	500,000
당좌차월(단기차입금)	100,000		부가가치세예수금	50,000

㊚ 당좌차월은 은행과 당좌차월계약을 맺고 당좌예금 잔액을 초과해서 수표를 발행할 때 처리하는 부채계정으로써 결산시 단기차입금으로 대체한다.

....

🐻 단기금융상품

단기금융상품은 기업이 여유자금의 활용 목적으로 보유하는 단기예금을 말한다. 즉, 정기예금·정기적금·사용이 제한되어있는 예금 및 기타 정형화된 금융기관의 상품으로 단기적 자금 운용 목적으로 취득하거나 기한이 보고기한 말로부터 1년 이내에 도래하는 금융상품 중 현금자산에 속하지 않는 금융상품을 말한다. 반면 금융상품 중 보고기간 말로부터 1년 이후에 만기가 도래하는 금융상품은 장기금융상품으로 비유동자산으로 분류한다.

구 분	계정과목 해설		
금융상품	정기예금, 정기적금, 양도성 예금증서(CD), 예금관리계좌(CRM), 기업어음(CP), 환매체(RP), 사용이 제한 되어 있는 예금	취득일로부터 3개월 이내 만기도래	현금 및 현금성자산
		보고기간 말로부터 1년 이내 만기도래	단기금융상품
		보고기간 말로부터 1년 이후 만기도래	장기금융상품
기타 항목	선일자수표(매출채권), 직원 가불금 및 차용증서(단기대여금), 우표 및 수입인지(선급비용 또는 소모품), 당좌개설보증금(장기금융상품), 당좌차월(단기차입금)		
정기예금	정기예금은 일정기간 예를 들어 6개월, 1년, 2년 단위로 예금자의 희망에 따라 미리 정해서 예금하고 해당 기간 중에는 지급하지 않는다는 내용의 예금이다. 이는 은행 측에서 안심하고 해당 기간 동안에 자금을 운영할 수 있으므로 대체로 다른 예금에 비해서 이자율이 높다.		
정기적금	정기적금은 예금주가 일정한 기간을 정해서 매월 납입하기로 계약하고 일정한 금액을 예금하는 것을 말한다.		

🔘 분개 사례 ···

📒 정기예금 분개 사례

❶ (주)이지는 1년 만기 4,000만 원, 이자율 5%의 정기예금에 가입하였다.

정기예금	40,000,000	/ 현금	40,000,000

❷ 만기가 되어 이자소득 200만원에 대한 원천징수액 30만 8천원을 차감한 잔액을 지불받았다.

현금	41,692,000	/	정기예금	40,000,000
선납세금	308,000		이자수익	2,000,000

주 선납세금은 이자수익의 수취시 납부하는 원천징수액으로 미리 낸 세금을 말한다.

정기적금 분개 사례

(주)이지는 월 5백만원씩 불입하는 1년 만기 정기적금에 가입하였다.

정기적금	5,000,000	/	현금	5,000,000

단기매매증권

단기매매증권은 단기적인 매매차익을 목적으로 매수와 매도가 적극적이고 빈번하게 이루어지는 유가증권을 말한다.

> **사례**
>
> 유가증권 : 주식, 국·공채, 사채 매입대금 및 수수료, 수익증권, MMF

분개 사례

단기매매증권의 분개 사례

❶ 10월 15일 (주)이지주식을 주당 2만 원(액면가 1만 원)에 50주를 단기보유 목적으로 현금 취득하였다.

단기매매증권	1,000,000	/	현금	1,000,000

주 취득원가 = 공정가액 + 거래수수료(거래수수료 등 취득부대비용은 당기 비용(K-IFRS)), 취득단가는 개별법, 평균법, 이동평균법 또는 기타 합리적인 방법을 사용해서 종목별로 적용한다.

❷ 12월 31일 (주)이지주식 공정가액 105만원

단기매매증권	50,000 / 단기매매증권평가이익	50,000

주 재무상태표일 현재의 공정가액과 장부가액을 비교해서 차액을 단기매매증권평가손익 계정으로 당기손익에 반영한다.

가. 장부가액 〉 공정가액

단기매매증권평가손실	××× / 단기매매증권	×××

나. 장부가액 〈 공정가액

단기매매증권	××× / 단기매매증권평가이익	×××

❸ 05월 30일 (주)이지주식 배당금 수입 5만원

현금	50,000 / 배당금수익	50,000

주 주식의 경우 현금배당금 수령 시 배당금 수익을 금융수익으로 인식한다. 채권 등에 대해서 이자를 받았을 경우는 이자수익 계정 대변에 기장한다.

❹ 06월 30일 (주)이지주식 102만원에 처분하고 수수료 3천원을 제외하고 현금으로 받았다.

현금	1,017,000 / 단기매매증권	1,050,000
단기매매증권처분손실	33,000	

주 처분금액과 장부가액의 차액을 단기매매증권처분손익으로 해서 당기손익에 반영한다.
주 단기매매증권 처분 시 지급하는 수수료 등의 비용은 단기매매증권처분이익(손실)에 그대로 반영한다.

🗄 지역개발공채 등 매입즉시 매각 시 분개 사례

㈜이지는 법인차량을 구입하면서 공채를 매입했으며 매입 즉시 매도하였는데 그 내역은 공채매입금액 1,455,000원, 선급이자 6,000원, 수수료 9,000원, 총수납금액은 209,120원이다.

❶ 회계처리 원칙

가. 매입 시

| 단기매매증권 | 1,455,000 | / 현금 | 1,449,000 |
| | | 이자수익 | 6,000 |

나. 매각 시

현금	1,239,880	/ 단기매매증권	1,455,000
지급수수료	9,000		
단기매매증권처분손실	209,120		

주 현금 1,239,880원 = 현금(1,449,000원) - 총수납금액(209,120원)

❷ 실무상 회계처리

| 지급수수료 | 209,120 | / 현금 | 209,120 |

주 공채매입에 대한 별도의 회계처리 없이 총수납금액 209,120원을 지급수수료로 처리한다(차량구입 시 부대비용으로 차량운반구에 포함시켜 감가상각한다.).

🗂 공채 할인 매각 시 분개 사례

㈜이지는 증권회사에 공채 500만원을 할인하고 공채할인액 20만원, 수수료 10만원, 이자소득세 10만원, 이자수익 5만원(공채보유기간에 대한 이자)을 차감한 후 4백 65만원을 현금으로 받았다.

현금	4,650,000	/ 단기매매증권	5,000,000
지급수수료	100,000	이자수익	50,000
단기매매증권처분손실	200,000		
선납세금	100,000		

🕰 단기대여금

단기대여금은 상대방에게 차용증서나 어음을 받고 돈을 빌려준 경우로서 그 회수가 1년 이내에 가능한 경우를 말한다.

사 례

주주·종업원·임원 단기대여금, 주택자금 단기융자

(주)이지는 (주)경리에 300(대여기간 1년, 이자율 12%)만 원을 대여하며, 이자
를 5월 1일 대여 시점에 선수하였다.

❶ 5월 1일

단기대여금	3,000,000 / 현금	3,000,000
현금	360,000 이자수익	360,000

🔑 300만 원 × 12% × 12/12 = 36만원

❷ 12월 31일

이자수익	120,000 / 선수수익	120,000

🔑 36만 원× 4/12 = 12만 원

🐚 매출채권(외상매출금+받을어음)

매출채권은 외상매출금과 받을어음을 말한다. 실무에서는 일반적으로 외
상매출금과 받을어음을 별도로 설정해서 회계처리하고, 재무제표 작성
시 이를 합해서 매출채권으로 공시한다.

외상매출금이란 거래처와의 일반적 상거래에서 발생한 영업상의 미수금
을 처리하는 계정이다.

받을어음이란 일반적 상거래에서 발생한 채권을 (전자)어음으로 받고 차
후에 동 (전자)어음으로 재화나 용역을 수취할 수 있는 권리를 나타내기
위한 계정이다.

🗃 신용카드 매출 시 분개 사례

❶ 옥션에 물건을 올려 100만 원어치를 팔고 신용카드 결제를 받은 경우

| 외상매출금 | 1,100,000 | / | 매출 | 1,000,000 |
| | | | 부가가치세예수금 | 100,000 |

❷ 옥션으로부터 수수료 3만 원(부가가치세 별도)을 차감하고 받으면서 세금계산서 수취

보통예금	1,067,000	/	외상매출금	1,100,000
지급수수료	30,000			
부가가치세대급금	3,000			

🗂 일반적인 어음거래 분개 사례

지난달 외상매출금 110만 원에 대하여 어음을 받은 경우

| 받을어음 | 1,100,000 | / | 외상매출금 | 1,100,000 |

🗂 어음할인 시 분개 사례

(주)이지는 소유하고 있는 약속어음 1,200만 원을 은행에서 할인받고 할인료를 차감한 실수금을 당좌예입(할인 일수 120일, 할인율 연 12% 가정)했다고 가정을 하면

| 당좌예금 | 11,526,575 | / | 받을어음 | 12,000,000 |
| 매출채권처분손실 | 473.425 | | | |

🈁 1,200만 원 × 0.12 × 120/365 = 473,425원

🗂 어음부도 시 분개 사례

어음을 받아서 할인해서 사용한 100만 원이 부도처리 되어 상환청구를 받았다.

| 장기성매출채권(부도어음) | 1,000,000 | / | 현금 | 1,000,000 |

만일 할인을 하지 않고 본인이 갖고 있던 중 부도가 발생한 경우(지급거절증서 작성 비용 1,200원)

| 장기성매출채권(부도어음) | 1,001,200 | / | 받을어음 | 1,000,000 |
| | | | 현금 | 1,200 |

🐷 미수금

미수금은 기업의 고유한 사업 이외의 사업에서 발생하는 미수채권을 말한다(비교 : 기업 고유의 사업에서 발생하는 미수채권은 매출채권으로 처리한다.).

사례

근로소득세(환급받을 근로소득세·연말정산 환급액 등), 건강보험료 환급액, 건물의 처분 후 대금 미수취액, 계약 파기 후 반환받지 못한 계약금, 부가가치세 환급액, 공사대금 미수액(공사미수금)

🔵 분개 사례 ⋯⋯⋯⋯⋯⋯⋯⋯⋯⋯⋯⋯⋯⋯⋯⋯⋯⋯⋯⋯⋯⋯

🗑 연말정산 환급액 발생 시 분개 사례

연말정산 결과 100만 원의 환급액이 발생하여 2월분 급여지급시 회계처리(급여 200만원 예수금 10만 원인 경우)

❶ 급여지급시

급여	2,000,000	/ 현금	2,900,000
미수금	1,000,000	예수금	100,000

❷ 납부시

예수금	100,000	/ 미수금	100,000

주 연말정산 환급액은 다음 달 납부할 예수금에서 차감하고, 남는 금액은 환급신청을 해서 환급을 받는다.

⋯⋯⋯⋯⋯⋯⋯⋯⋯⋯⋯⋯⋯⋯⋯⋯⋯⋯⋯⋯⋯⋯⋯⋯⋯⋯⋯⋯⋯⋯⋯

🐷 미수수익

미수수익은 기업이 외부에 용역을 제공하고 그 대가를 당기에 받아야 하는데 아직 받지 못한 수익을 말한다.

국·공채이자 미수, 국·공채의 보유로 인한 기간경과 이자, 사채이자 미수, 예금·적금 이자 미수, 임대료 미수, 정기예금 기간경과로 발생한 이자, 정기적금 기간이자로 발생한 이자

🔷 분개 사례

전년도 귀속분이자 2,000만 원을 받지 못한 경우

| 미수수익 | 20,000,000 | / 이자수익 | 20,000,000 |

으로 처리를 하고, 이자 2,000만 원을 받은 경우(원천징수세 308만 원 차감)

| 현금 | 16,920,000 | / 미수수익 | 20,000,000 |
| 선납세금 | 3,080,000 | | |

으로 처리한다.

🐷 선급금

선급금은 상품이나 제품 등의 재고자산 구입 시 납품에 앞서 대금의 일부 또는 전부를 지급하는 금액을 말한다.

계약금, 수입부담금, 임차 계약금

❶ (주)지식은 (주)만들기에 100만 원의 원재료(면세) 구입 계약을 체결하고
계약금 50만 원을 지급하였다.

선급금	500,000 / 현금	500,000

❷ 원재료를 공급받고 나머지 잔금 50만원을 지급하였다.

원재료	1,000,000 / 선급금	500,000
	현금	500,000

🐷 선급비용

선급비용은 아직 제공되지 않은 용역에 대해서 지급된 대가로서 일정
기간 동안 특정 서비스를 받을 수 있는 권리 또는 청구권을 말한다.

사 례

고용보험료 · 광고료 · 보증금 · 보험료 · 산재보험료 · 임차료 · 지급이자 기간 미경과분, 임
차자산 도시가스 설치비용과 인테리어(임차인이 부담 시)비용은 장기선급비용으로 처리
후 임차 기간 동안 나누어서 임차료로 대체 처리한다.

● 분개 사례 ···

(주)지식은 3월 1일 회사업무용 차를 구입한 후 종합보험에 가입하면서 1년
치 보험료로 72만 원을 납부하였다.

❶ 지출 시 자산처리 후 결산 시 비용으로 수정하는 방법

선급비용	720,000 / 현금	720,000

결산 시에는

보험료	600,000	/ 선급비용	600,000

🅙 72만원 × 10/12 = 60만 원

❷ 비용으로 처리한 후 결산 시 자산으로 수정하는 방법

보험료	720,000	/ 현금	720,000

으로 보험료 납부 시 처리한 후 결산 시 다음 연도 분 2개월 치를 선급비용으로 처리한다.

선급비용	120,000	/ 보험료	120,000

🅙 72만원 × 2/12 = 12만원

📷 부가가치세대급금

부가가치세대급금은 부가가치세를 부담하는 일반과세자의 경우 물건이나 용역을 구입할 때 상대방에게 지불하는 부가가치세 부담분을 처리하는 계정과목이다.

📖 분개 사례

부가가치세 1기 예정신고기간 매출에 대한 세금계산서 교부분이 부가가치세 11,840,000원이며, 기타매출이 7,372,822원으로 장부상 부가가치세예수금 계정상의 금액이다.

그리고 세금계산서 수취 분은 2,200만원이나 이중 공제받지 못할 매입세액 10,709,804원이 포함되어 있어 실질적으로 장부상 부가가치세대급금 계정상의 금액은 11,290,196원이다.

따라서 기타공제세액 20만원이 있어서 이를 고려하여 이번에 납부하는 부가가치세가 7,722,626원이다.

부가가치세예수금	19,212,822	/	부가가치세대급금	11,290,196
			현금	7,722,626
			잡이익	200,000

㊟ 세금계산서 미발행에 대한 기타매출에 대해서 부가가치세 부담분 7,372,822원을 장부상 부가가치세예수금으로 잡아두지 않은 경우 위와 같이 분개를 하는 경우 예수금이 마이너스가 발생한다. 따라서 이를 조정하기 위해서는 원칙적으로 기타매출분에 대한 장부상의 수정이 있어야 한다.

㊟ 위의 예에서 세금계산서 수취 분은 2,200만원에 대해서 공제받지 못할 매입세액 10,709,804원을 포함해 전액 장부상 부가가치세대급금으로 처리를 해 둔 경우 장부상 부가가치세대급금이 과다하게 잡혀있을 것이므로 공제받지 못할 매입세액에 대해서 본래의 항목인 접대비나 차량유지비 등으로의 장부상의 수정이 필요하다.

🐷 선납세금

선납세금은 주로 소득세나 법인세의 중간예납세액, 원천징수 당한 세액 등 미리 낸 세금을 처리하는 계정과목이다.

> **사 례**
>
> 상대방에게 원천징수 당한 금액, 법인세 중간예납액

🖐 분개 사례

📁 법인세 중간예납세액 66만 원을 납부한 경우

| 선납세금 | 660,000 | / | 현금 | 660,000 |

📁 결산시 법인세 계상

| 법인세비용 | 1,320,000 | / | 선납세금 | 660,000 |
| | | | 미지급법인세 | 660,000 |

📥 법인세 납부시

미지급법인세	660,000	/ 현금	660,000

주 참고로 소득세 중간예납 세액은 인출금 처리 후 결산 시 자본에서 차감한다.

··

🐨 대손충당금

대손충당금은 채권 중 회수가 불가능하다고 판단되는 부분에 대해 손실 가능성을 추정해서 자산에서 차감해 비용으로 계상하는 평가성충당금의 일종이다.

대손충당금은 기말에 채권에 대해서 개별적으로 대손추산액을 산출하는 방법이나 과거의 대손경험률에 의해서 산출하는 방법 등 일정한 방법으로 산출한 대손추산액에 대해서 대손충당금을 설정한 후 대손이 발생하면 대손충당금과 상계한다. 대손충당금이 부족하면 그 부족액을 대손상각비로 계상한다. 세법에서는 대손 추산의 자의성을 배제하기 위해서 기말의 매출채권, 부가가치세 매출세액 미수금, 정상적인 영업과 관련된 선급금·미수금, 수익과 직접 관련된 대여금의 합계액에 대해서 1%에 상당하는 금액과 채권잔액에 대손실적률을 곱해서 계산한 금액 중 큰 금액을 한도로 하는 대손충당금을 손금(또는 필요경비)으로 인정한다.

채권 등에 대한 대손추산액은 당해 채권에 대한 대손충당금으로 해서 그 채권과목에서 차감하는 형식으로 기재하거나 이를 일괄해서 유동자산 및 투자자산의 합계액에서 각각 차감하는 형식으로 기재할 수 있으며, 대손충당금을 일괄해서 표시하는 경우는 그 내용을 주석으로 기재하도록 하고 있다.

분개 사례 ···

(주)지식만들기의 결산 전 당기 말 현재 대손충당금 잔액은 100만 원이었으며, 대손추산액은 120만 원이었다.

보충법

| 대손상각비 | 200,000 | / | 대손충당금 | 200,000 |

주 1,200,000원 - 1,000,000원 = 200,000원

총액법

| 대손충당금 | 1,000,000 | / | 대손충당금환입 | 1,000,000 |
| 대손상각비 | 1,200,000 | | 대손충당금 | 1,200,000 |

···

구 분	회계처리
설 정 시	대손상각비　　　　　×××　/　　대손충당금　　　×× ×
결 산 시	1. 회수불능채권 ❶ 대손액 < 대손충당금 잔액 대손충당금　　　　　×××　/　　매출채권　　　　×× × ❷ 대손액 > 대손충당금 잔액 대손충당금　　　　　×××　/　　매출채권　　　　×× × 대손상각비　　　　　×× × 2. 대손추산액 ❶ 대손추산액 > 대손충당금 잔액 대손상각비　　　　　×××　/　　대손충당금　　　×× × ❷ 대손액 < 대손충당금 잔액 대손충당금　　　　　×××　/　　대손충당금환입　×× ×

구 분	회계처리
대 손 시	1. 대손액 < 대손충당금 잔액
	대손충당금 ××× / 매출채권 ×××
	2. 대손액 > 대손충당금 잔액
	대손충당금 ××× / 매출채권 ×××
	대손상각비 ×××
대손채권 회수시	매출채권 ××× / 대손충당금 ×××
	현금 ××× / 매출채권 ×××

재고자산

■ 재고자산의 종류

재고자산은 기업의 정상적인 영업 과정에서 판매를 위해서 보유(상품과 제품)하거나 생산과정에 있는 자산(재공품) 및 생산 또는 서비스 제공과정에 투입될 원재료나 소모품의 형태로 존재하는 자산을 말한다.

구 분	계정과목 해설
상품	상품은 판매를 목적으로 구입한 상품·적송품 등을 말하며, 부동산매매업자가 판매를 목적으로 소유하는 토지·건물 기타 이와 유사한 부동산
제품	제품은 제조업의 완성제품을 말한다(미완성품은 재공품).
원재료	원재료는 원료·재료·매입부분품·미착원재료 등을 말한다. 여기서 매입부분품은 타 기업으로부터 구입한 부품을 가공하지 않고 구입한 상태 그대로 제품 또는 반제품에 부착하는 물품을 말한다.
저장품	저장품(또는 소모품)은 생산과정이나 서비스를 제공하는데, 사용될 소모품, 소모공구기구, 비품 및 수선용 부분품 등의 보관 물품을 말한다.

구 분	계정과목 해설
재공품	재공품은 제품 또는 반제품의 제조를 위해서 가공과정에 있는 것을 말한다.
미착품	미착품은 외국 등 먼 곳에서 상품을 매입해서 수송과정 중에 있는 상품을 말하며, 현재 회사 창고에 보관 중인 상품과 구별하기 위해 사용하는 계정과목으로 주로 무역업에서 사용하는 계정과목이다.
반제품	반제품은 자가 제조한 중간제품과 부분품 등을 말한다. 즉, 반제품은 제품이 2개 이상의 공정을 거쳐서 완성되는 경우 1개 또는 수 개의 공정을 종료하였으나 아직 미완성제품의 단계에 있는 중간생산물을 처리하는 계정이다. 완성품은 아니지만 그대로 매각(= 부분품)되든지 또는 다음의 공정에 투입할 수 있는 물품(= 중간제품)을 처리하는 계정과목이다.

▣ 취득원가

취득원가란 해당 자산을 사용 목적에 맞게 사용가능하도록 만드는 데까지 소요되는 모든 지출을 말한다.

상품매매기업의 취득원가(총매입액) = 매입가액 + 매입부대비용 – 매입할인

제조기업의 취득원가 = 직접재료원가 + 간접재료원가 + 변동제조간접원가 + 고정제조간접원가 배부액

용역제공기업 = 노무원가 및 기타원가 + 관련된 간접원가

· 취득원가에 포함되는 항목 : 매입운임, 통관비용, 관세, 하역료 등의 취득가액에서 발생한 부대비용
· 다음의 매입부대비용

구 분	처 리
D/A 이자	매입부대비용
Shippens 이자	매입부대비용
Bankers 이자	금융비용
할부연불이자	금융비용

· 취득원가에서 제외되는 항목

가. 매입환출, 매입에누리, 매입할인, 리베이트 등의 매입 차감 항목

나. 취득완료 후의 보관료, 보험료 등

3. 기말재고금액의 결정

기말재고금액 = 기말재고수량(재고수량의 파악방법) × 단위당 원가(원가흐름의 가정)

구 분	처 리
수량결정	계속기록법과 실제재고조사법
단가결정	개별법, 이동평균법, 총평균법, 선입선출법, 후입선출법(인정 안 됨)

재고수량의 파악방법(계속기록법과 실제재고조사법)

■ 계속기록법

계속기록법은 재고자산의 입고와 출고를 재고수불부에 계속적으로 기록해서 판매량과 기말재고수량을 파악하는 방법이다.

계속기록법을 사용하면 필요에 따라 기말재고수량을 파악하기는 용이하나, 회계기간 중에 도난이나 파손 등으로 인해 발생한 감모수량이 있는 경우에는 실제수량과 기말재고수량이 일치하지 않는 문제가 발생한다.

또한, 계속기록법은 상품의 거래내역을 장부에 기록해야 하므로 많은 노력과 비용이 들었으나, 최근에는 많은 기업이 프로그램을 활용해서 회계처리를 하므로 계속기록법이 실무적으로 자주 사용되고 있다.

[기초재고수량 + 당기매입수량](= 판매가능수량) - 당기판매수량 = 기말재고수량

■ 실제재고조사법

실제재고조사법은 기말 실제재고조사를 통해서 재고수량을 확정하는 방법으로 재고실사법이라고도 한다. 따라서 재고자산을 구입할 때는 그 내역을 재고수불부에 기록을 하지만 판매하는 시점에는 매출만을 기록하고 판매수량을 별도로 재고수불부에 기록하지 않는다.

이 방법은 주로 소액, 다품종 취급점에서 유용하게 사용된다.

실제재고조사법을 사용하는 경우 재고수불부만 가지고 기말재고수량과 당기판매수량을 알 수 없다. 따라서 다음과 같은 방법으로 당기 판매수량을 산정한다.

[기초재고수량 + 당기매입수량](= 판매가능수량) - 기말재고수량 = 당기판매수량

이 방법은 재고자산의 판매시점마다 판매수량을 재고수불부에 기록할 필요가 없어 편리하나, 도난이나 파손으로 발생한 감모수량이 당기판매량에 모두 포함되어 버리는 단점이 있다. 또한 실제재고조사법에서는 매출가능수량 가운데 기말상품재고수량을 제외한 나머지가 당해 기간동안에 판매된 것이라는 가정을 하므로 장부상의 매출 수량과 실제 매출 수량이 다를 수 있다.

실무상으로는 두 방법 모두 재고감모수량을 정확히 파악할 수 없으므로 병용해서 사용한다. 즉, 당해 기간 중에는 장부를 통해 재고관리를 하다가 결산 기말에 실제재고조사를 통해 나타난 실제 재고내용을 장부 내용과 대조해서 그 차이에 대해서는 원인을 분석한다.

예를 들어, 이지는 전구만을 전문적으로 판매하는 도매상이고, 매월 말에 결산하는데, 회계자료는 다음과 같다고 가정하자.

기초재고수량	1,000개
당기매입수량	10,000개
계속기록법에 의한 장부상의 매출수량	9,000개
실제재고조사법에 의한 수량	1,500개

계속기록법에 의해서 계산되는 기말재고수량은 2,000개(1,000개 + 10,000개 - 9,000개)로 실제재고수량과 500개의 차이가 발생한다. 그러나 계속기록법에서는 감모수량 500개를 파악하지 못하고 기말재고수량을 2,000개로 인식한다. 실제재고조사법에서는 (기초재고수량 + 당기매입수량 - 기말재고수량)의 공식을 이용하여 판매된 수량을 계산하기 때문에 9,500개(1,000개 + 10,000개 - 1,500개)가 판매된 것으로 계산된다. 이는 실제 판매수량 9,000개보다 500개가 많은 수량이다.

이같이 특정 방법만을 사용하여 재고자산을 평가하면 감모수량 500개를 적절하게 파악할 수 없다. 따라서 양 방법을 병행할 때만 9,000개에 대한 금액을 매출원가로, 1,500개를 기말재고수량으로, 나머지 500개를 재고자산감모손실로 인식할 수 있다.

기말재고자산의 단가결정방법(원가흐름의 가정)

■ 개별법

개별법이란 개개의 상품 또는 제품에 대해서 개별적인 원가를 부여하는 방법을 말한다. 즉, 갑이라는 상품을 1월 1일 100원에 구입하고, 동일한 상품을 1월 1일 200원에 구입하였다고 가정하면 두 상품에 대한 원가를 평균하여 150원으로 한다거나 다른 가격으로 정하지 않고 두 상품의 원가를 각각 100원과 200원으로 정해서 적용하는 방법(본래의 가격대로, 실물흐름에 따른 단가 결정방법)을 말한다.

■ 총평균법

총평균법은 「기초원가 + 당기 매입원가」를 「기초재고수량 + 당기 매입수량」으로 나누어 단위당 평균원가를 계산하는 방법으로 이는 실제재고조사법에서만 사용할 수 있다.

1. 단위당 평균원가 = $\dfrac{\text{기초재고원가 + 당기매입원가}}{\text{기초재고수량 + 당기매입수량}}$

2. 기말재고원가 = 단위당 평균원가 × 기말재고수량

3. 매출원가 = 단위당 평균원가 × 매출 수량

■ 이동평균법

이동평균법은 재고자산을 취득할 때마다 취득가액과 재고액(당기 보유액)의 합계액을 취득수량과 재고수량의 합계액으로 나누어 단위당 원가를 계산하는 방법으로 계속기록법에서 주로 사용된다.

장 점	단 점
• 적용하기 쉽고 객관적이어서 경영자가 이익을 조작할 가능성이 가장 작다. • 재고자산이 상대적으로 동질적인 항목들로 구성된 경우 가장 타당한 방법이다.	• 실제물량흐름은 전혀 고려하지 않는다. • 총평균법의 경우, 기말이 되기 이전에는 매출원가를 알 수 없다 • 거래가 빈번한 업종의 경우, 이동평균법은 가중평균단가의 계산 절차가 복잡하다.

■ 선입선출법

선입선출법은 품목이 같은 것은 먼저 취득한 것부터 먼저 처분한다는 가정하에 계산하는 방법이다. 따라서 먼저 입고된 재고자산의 순서로 매출원가가 계산되고, 가장 나중에 입고된 재고자산이 기말재고자산으로 남는다.

장 점	단 점
• 원가흐름가정이 실제물량흐름과 일치하므로 비교적 정확하고 객관적이다. • 기말재고자산이 가장 최근의 현행원가로 평가된다(가장 나중에 입고된 재고자산이 기말재고자산이 되므로).	• 물가상승 시에는 재고자산이 과대평가되는 반면에 매출원가는 과소평가되어 당기순이익이 과대계상 된다. 이것은 곧 법인세의 과다로 현금유출이 증가하여 자본잠식을 초래할 수 있다. • 최근의 시가로 평가된 매출액에 오래 전의 낮은 취득원가로 평가된 매출원가가 대응되어 수익·비용 대응의 원칙에 맞지 않는다.

■ 후입선출법(K-IFRS에서는 불인정, 일반기업회계기준은 인정)

후입선출법은 품목이 같은 것은 나중에 취득한 것부터 먼저 처분한다는 가정 하에 계산하는 방법이다. 따라서 가장 오래된 매입가격으로 기말재고자산을 평가하고, 매출원가의 산정에는 가장 최근의 매입가격이 적용된다. 기업이 후입선출법을 사용하는 주된 목적은 일반적으로 물가가 상승하고 재고수량이 증가할 때 법인세를 적게 부담하기 위해서이다.

장 점	단 점
• 매출원가가 현행원가로 평가되어 수익 · 비용의 대응이 적절히 이루어진다. • 물가상승 시에는 당기순이익이 적게 계상되는데, 이는 법인세 절감 효과를 가져와 기업의 자본잠식을 방지할 수 있다.	• 후입선출법은 재고자산의 물량흐름에 역행하는 방법으로 물가상승 시에 순이익이 과소평가되기 때문에 경영자가 이익을 낮게 조작할 가능성이 있다. • 재무상태표상의 재고자산이 현행원가를 반영하지 못하기 때문에 재무 정보이용자들에게 잘못된 정보를 전달할 가능성이 있다.

🐣 분개 사례 ···

다음과 같은 (주)이지의 10월 한 달 동안의 자료를 이용하여 기말재고액과 매출원가를 산출하시오.

일자	적 요	수 량	취득단가	금 액
1일	기초재고	100개	200원	20,000원
5일	매 입	400개	250원	100,000원
10일	매 출	400개		
25일	매 입	100개	300원	30,000원
31일	기말재고	200개		

🗑 선입선출법

재고수불부

일자	적 요	입 고			출 고			잔 고		
		수량	단가	금 액	수량	단가	금 액	수량	단가	금 액
1	기초재고	100	200	20,000				100	200	20,000
5	매 입	400	250	100,000				100	200	20,000
								400	250	100,000
10	매 출				100	200	20,000	100	250	25,000
					300	250	75,000			
25	매 입	100	300	30,000				100	250	25,000
								100	300	30,000
31	기말재고				100	250	25,000			
					100	300	30,000			
합계		600		150,000	600		150,000			

❶ 기말상품재고액 : 100개 × @₩250 = 25,000원
　　　　　　　　　100개 × @₩300 = 30,000원 = 55,000원
❷ 매출원가 : 150,000원 - 55,000원 = 95,000원

🗑 후입선출법

재고수불부

일자	적 요	입 고			출 고			잔 고		
		수량	단가	금 액	수량	단가	금 액	수량	단가	금 액
1	기초재고	100	200	20,000				100	200	20,000
5	매 입	400	250	100,000				100	200	20,000
								400	250	100,000
10	매 출				400	250	100,000	100	200	20,000
25	매 입	100	300	30,000				100	200	20,000
								100	300	30,000
31	기말재고				100	200	20,000			
					100	300	30,000			
합계		600		150,000	600		150,000			

❶ 기말상품재고액 : 100개 × @₩200 = 20,000원

100개 × @₩300 = 30,000원

= 50,000원

❷ 매출원가 : 150,000원 - 50,000원 = 100,000원

📥 이동평균법

재고수불부

일자	적요	입고			출고			잔고		
		수량	단가	금액	수량	단가	금액	수량	단가	금액
1	기초재고	100	200	20,000				100	200	20,000
5	매 입	400	250	100,000				500	240*	120,000
10	매 출				400	240	96,000	100	240	24,000
25	매 입	100	300	30,000				200	270**	54,000
31	기말재고				200	270	54,000			
합계		600		150,000	600		150,000			

* (20,000원 + 100,000원) ÷ (100개 + 400개)

** (24,000원 + 30,000원) ÷ (100개 + 100개)

❶ 기말상품재고액 : 200개 × @₩270 = 54,000원

❷ 매출원가 : 150,000원 - 54,000원 = 96,000원

📥 총평균법

❶ 평균단가 : 150,000원 ÷ 600개 = @₩250

❷ 기말상품재고액 : 200개 × @₩250 = 50,000원

❸ 매출원가 : 150,000원 - 50,000원 = 100,000원

....

🔲 재고자산의 평가(저가법)

저가법은 취득원가와 순실현가능가치(또는 현행대체원가)를 비교해서 그
가운데 낮은 가액으로 평가하는 방법이다. 여기서 순실현가능가치는 추

정 판매가액에서 판매 시까지 정상적으로 발생하는 추정 비용을 차감한 가액이다.

저가법에서는 재고자산의 순실현가능가치가 취득원가 이하로 하락하는 경우 재고자산평가손실을 인정함으로써 취득원가주의의 결점을 보완하려는 보수주의적 사고(보수주의의 대표적인 사례)가 내포되어 있다. 다만, 이 방법은 순실현가능가치가 하락할 경우는 평가손실을 인식하지만 순실현가능가치가 회복되는 경우는 평가이익을 인식하지 않기 때문에 일관성이 없다.

만일 재고자산의 순실현가능가치가 취득원가보다 낮은데도 불구하고 저가법을 사용하지 않고 취득원가에 의해 계속 평가한다면 재고자산 금액이 과대평가 되어 이익이 과대계상 된다. 따라서 순실현가능가치가 하락하고 그 하락이 계속될 것으로 판단되면, 저가법을 적용해야 한다.

저가법은 재고자산의 개별종목에 대해서 적용될 수 있고(종목별 기준), 유사한 재고자산집단(조별기준)이나 전체 재고자산(총계기준)에 대해서도 적용될 수 있다. 저가기준이 개별항목에서 집단별 또는 전체 재고자산으로 확대 적용되면 재고자산의 평가액은 증가하게 된다. 왜냐하면, 재고자산들이 집단이나 전체 재고자산에 포함됨에 따라 시가가 원가보다 낮은 항목과 높은 항목이 서로 상쇄됨으로써 재고자산평가손실이 감소하기 때문이다. 따라서 저가법을 재고자산의 종목별로 적용할 경우 재고자산이 재무상태표상에 가장 낮은 금액으로 표시된다.

기업회계기준에서는 종목별 기준을 적용하도록 하고 있다.

🔖 분개 사례 ···

다음 자료를 보고 저가법에 의해 재고자산평가금액과 재고자산평가손실금액을 계산

구 분	수 량	취득단가	추정판매가	예상판매비
갑 상품	100개	100원	150원	20원
을 상품	200개	150원	180원	60원
병 상품	300개	200원	250원	70원

📂 종목별 기준(기준인정)

구 분	원 가	순실현가치	손 실
갑 상품	100원	130원	-
을 상품	150원	120원	30원
병 상품	200원	180원	20원

* 총취득원가 : (100×100원) + (200×150원) + (300×200원) = 100,000원
* 저 가 : (100×100원) + (200×120원) + (300×180원) = 88,000원
* 재고자산평가금액 : 88,000원
* 재고자산평가손실 : 12,000원(10만원 - 88,000원) 또는 (200 × 30원) + (300 × 20원)

📂 총계기준

구 분	원 가	순실현가치
갑 상품	10,000원	13,000(@130 ×100)원
을 상품	30,000원	24,000(@120 ×200)원
병 상품	60,000원	54,000(@180 ×300)원
총 액	100,000원	91,000원

* 재고자산평가금액 : 91,000원
* 재고자산평가손실 : (100,000원 - 91,000원) = 9,000원

···

■ 재고자산평가손실과 재고자산감모손실의 처리

구 분		기업회계기준서의 적용
시가 적용	제품, 상품, 재공품, 반제품	순실현가능가치
	원재료	현행대체원가
저가평가시 평가방법		• 종목별 평가원칙
		• 유사 항목 조별 평가 가능
재고감모손실	정상적인 발생	매출원가에 가산
	비정상적인 발생	영업외비용 처리
재고평가손실	평가손실 발생 시	매출원가에 가산
		취득원가에서 차감(간접법) 표시
	평가손실 환입 시	매출원가에서 차감

재고자산과 관련해서 나타나는 손실에는 재고자산감모손실과 재고자산 평가손실이 있으며, 둘의 관계를 살펴보면 다음과 같다.

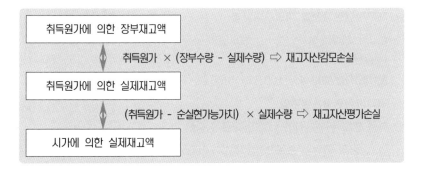

재고자산평가손실은 기말 순실현가능가치가 장부가액보다 하락한 경우 발 생하며, 현행 기업회계기준에서는 재고자산평가손실을 매출원가에 가산하 도록 규정하고 있으나 한국채택국제회계기준에서는 이에 대한 특별한 규

정을 두고 있지 않다. 또한, 순실현가능가치로 재고자산을 평가한 후 재고
자산의 순실현가능가치가 상승한 경우는 본래의 장부가액을 한도로 해서
재고자산 금액을 증가시키고 재고자산평가손실환입으로 인식한다.

🅐 분개 사례

다음 상품 관련 자료를 보고 (주)이지의 기말수정분개와 기타 회계처리를 해보면 다음과
같다.

구 분	수 량	취득단가	금 액	판매비	판매 추가비용
기 초			100,000원		
당기매입			600,000원		
기 말	100개	800원	80,000원	650원	100원

📁 재고자산의 기말수정분개

상품(기말)	80,000	/ 상품(기초)	100,000
매출원가	620,000	매입	600,000

📁 재고자산평가손실 기말수정분개

재고자산평가손실	25,000	/ 재고자산평가충당금	25,000
(매출원가)		(재고자산 차감계정)	

주 재고자산평가손실 = 100개 × (800원 - (650원 - 100원)) = 25,000원

📁 재고자산평가손실환입

다음 연도 판매가격이 1,000원으로 상승한 경우

가. 상품의 단위당 순실현가능가치 : 1,000원 - 100원 = 900원

나. 단위당 재고자산평가손실환입액 :

800원(본래 장부상 한도) - 550원 = 250원

재고자산평가충당금	25,000	/ 재고자산평가충당금환입	25,000
		(매출원가에서 차감)	

숨겨진 재고를 관리하자

글로벌 경제가 갈수록 침체되고, 기업 간 경쟁은 더욱 심화되고 있으며 제품의 생명주기(Life Cycle)가 급속하게 빨라짐에 따라, 기업에서는 더욱더 정확한 수요예측과 최적의 재고관리 필요성이 요구되고 있다.

하지만 많은 기업이 재고관리의 중요성은 인식하면서도 공장이나 물류센터 내 재고만을 관리하는데, 집중하고 있으며, 출고 후 고객에게 도착해 인수되기 전까지의 적송 재고는 관리하지 않거나 관리하는 방법을 찾지 못해 방치하고 있는 실정이다.

적송 재고란 주문을 통해 회사 창고를 떠난 시점부터 최종 거래선에 도착해 정식 인수되기 전까지의 운송 중이거나, 인수거부 등으로 되돌아오고 있는 모든 재고를 말한다.

즉 출하돼 회사 재고에서는 빠져나갔지만, 아직 고객 인수전이기 때문에 회사의 재고자산으로 인식하고 관리돼야 하는 재고를 일컫는다. 많은 기업은 출고가 되면 매출이 확정된 것으로 판단하고 출고 시점을 매출 인식 시점으로 관리하고 있으며, 출고 후 거래선 인수까지의 재고 및 물류 상황은 관리하지 않고 있다. 적송재고를 관리하지 않는다면 다음과 같은 문제에 부딪히게 된다.

첫째, 적송 재고를 포함한 실물과 시스템 정보의 불일치로 실제 재고가 존재함에도 잘못된 정보에 따라 추가 생산 등으로 재고가 불필요하게 과다해지게 된다.

둘째, 거래선 인수기준으로 매출인식을 하지 않으므로 일별 또는 월말에 정확한 매출이 확정되지 못하고, 매출 조정 등으로 인해 결산 일정이 지연되게 된다.

셋째, 인수거부 등의 원인을 관리하지 않으므로 근본적인 개선이 어렵고 이로 인해 거래선과의 신뢰도가 떨어지는 악순환으로 이어져 기업의 경쟁력은 악화되게 된다.

출고가 반드시 인수로, 매출로 이어지진 않는다. 여러 사유로 인수거부가 되면 신속하게 회수된 재고정보를 생산에 반영해 추가적인 생산을 줄이고, 빠르게 재판매 될 수 있도록 해야만 한다. 유효기간에 민감한 제품은 물론 하이엔드 리딩 제품도 월평균 10% 내외의 가격상승이 이루어지는 현실에서 신속하고 정확하게 상황을 인지하지 못하고 의사결정 스피드가 떨어진다면 이는 또 다른 판매기회를 잃게 만들어 경영에 치명적인 타격을 줄 수가 있다.

최근 국제회계기준(IFRS) 도입과 더불어 국내 선도기업들은 이미 매출 인식을 기존 출고 시점에서 거래선 인수시점으로 전환하고 새로운 프로세스와 시스템 적용을 통해 적송재고를 주요 자산으로 관리하고 운영함으로써, 재고 비용의 1~2%를 줄여 이익을 높이는 효과를 보고 있다.

적송재고관리를 위해서는 출고시점과 인수시점에 대한 2단계 재고관리 기능이 필수적이다. 전사적자원관리(ERP) 솔루션은 최근 SiT (Stock in Transit)라는 기능을 표준으로 제공하고 있으며, 적송 재고에 대한 수량관리뿐만 아니라 해당 적송 재고자산에 대해 별도의 계정으로 관리할 수 있어 쉽고 정확한 재고자산 관리를 가능하게 하고 있다.

적송재고 관리가 제대로 이루어지기 위해서는 솔루션 기능 이외에 거래선과의 이해와 협조, 실제 적송 재고를 관리하는 물류업체와의 연계 및 협업을 통해 정확한 정보관리와 물류 전반의 가시성이 확보돼야만 가능하므로 철저한 준비와 변화관리가 반드시 수반돼야만 한다.

새로운 제품을 만들어 매출을 높이는 것도 중요하지만, 숨겨진 재고 자산을 제대로 알고 관리한다면 부진 재고를 줄이고 불필요한 비용을 낮출 수가 있다. 현장 영업사원이 재고에 대한 책임과 고객 만족에 최선을 다하게 됨으로써 기업 경쟁력은 한 단계 향상되게 될 것이다.

2 \ 비유동자산

비유동자산은 앞서 설명한 바와 같이 1년 이내에 현금화가 불가능한 자산으로 투자자산, 유형자산, 무형자산, 기타비유동자산으로 크게 나누어진다.

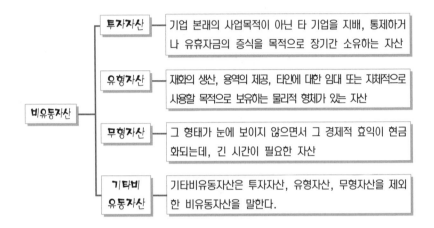

투자자산

투자자산은 기업이 장기적인 투자수익이나 타 기업 지배목적 등의 부수적인 기업활동의 결과로 보유하는 자산을 말하며, 투자자산에 속하는 계정과목은 다음과 같다.

🐭 장기금융상품

금융기관이 취급하는 정기예금, 정기적금, 사용이 제한되어있는 예금 및 기타 금융기관이 취급하는 정형화된 상품으로 1년 이내에 기한이 도래하는 경우 단기금융상품으로, 1년 이후에 기한이 도래하는 경우 장기금융상품으로 처리한다.

분개 사례

(주)아이는 2년 만기 4,000만 원의 정기예금에 가입하였다.

장기금융상품	40,000,000	/	현금	40,000,000

만기가 되어 이자소득 400만 원에 대한 원천징수액 896,000원을 차감한 잔액을 지불받았다.

현금	43,104,000	/	장기금융상품	40,000,000
선납세금	896,000		이자수익	4,000,000

매도가능증권

매도가능증권은 매도가 목적은 아니지만, 매도할 수도 있는 유가증권을 말한다. 다만, 1년 이내에 만기가 도래하거나, 매도 등에 의해서 처분할 것이 거의 확실한 매도가능증권은 유동자산으로 분류한다.

매도가능증권은 주로 회사에서 법인명으로 일반 주식을 사는 경우 많이 사용한다. 회사에서 자금을 놀리기 아까워서 삼성전자 주식을 사고 자금이 필요할 때 언제든지 팔겠다고 생각하고 있으면 이것이 "매도가능증권"이다. 매도가능증권은 주로 주식 등과 같이 시장이 형성되어 언제든지 팔 수 있는 증권이 많다.

구 분		소유목적	계정과목	의 도	재무제표
지분 증권	시장성이 있는 경우	단기간 매매차익 등	단기매매 증권	-	유동자산
	시장성이 없는 경우	기타	매도가능 증권	1년 내 처분 예정	유동자산
				기타	투자자산
채무 증권	중도매각	단기간 매매차익 등	단기매매 증권	-	유동자산
		기타	매도가능 증권	1년 내 처분·만기 예정	유동자산
				기타	투자자산
	만기보유	만기보유 의도와 능력	만기보유 증권	1년 이내 만기 예정	유동자산
				1년 후 만기 예정	투자자산

☂ 지분증권은 회사, 조합 또는 기금 등의 순자산에 대한 소유 지분을 나타내는 유가증권(예 : 보통주, 우선주, 수익증권 또는 자산유동화출자증권)과 일정 금액으로 소유 지분을 취득할 수 있는 권리(예 : 신주인수권 또는 콜옵션) 또는 소유 지분을 처분할 수 있는 권리(예 : 풋옵션)를 나타내는 유가증권 및 이와 유사한 유가증권을 말한다.

지분증권은 투자자의 지분증권에 대한 보유 의도와 피투자회사에 대한 영향력 행사 여부에 따라 단기매매증권, 매도가능증권, 관계기업주식 중의 하나로 분류하며, 분류의 적정성은 보고기간 종료일마다 재검토해야 한다.

☂ 채무증권은 발행자에 대해서 금전을 청구할 수 있는 권리를 표시하는 유가증권 및 이와 유사한 유가증권을 말한다. 채무증권은 국채, 공채, 사채(전환사채 포함), 자산유동화채권 등을 포함한다.

구 분	평가방법	평가손익의 처리
단기매매증권	공정가액으로 평가	당기손익(단기매매증권평가손익)

구 분	평가방법	평가손익의 처리
매도가능증권	공정가액으로 평가(시장성이 없는 지분증권의 공정가액을 측정할 수 없는 경우 취득원가로 평가)	기타포괄손익(매도가능증권평가손익)
만기보유증권	상각후취득원가로 평가	취득원가와 이자수익에 가감

📀 분개 사례

비금융회사로서 12월 결산법인인 (주)이지는 상장법인인 (주)경리의 주식을 0.2% 취득하여 처분하였는바 그 내역은 다음과 같다. (주)이지는 (주)경리의 주식을 투자목적으로 취득하였다.

구 분	내 역	1주당 가액	금 액
2020년 4월 20일 취득	200,000주	@1,000	200,000,000
2020년 12월 31일 평가	종가	@1,100	220,000,000
2021년 3월 25일 현금배당	-	@150	30,000,000
2021년 12월 31일 평가	종가	@900	180,000,000
2022년 12월 31일 평가	종가	@1,200	240,000,000
2023년 10월 20일 양도	200,000주	@1,150	230,000,000

(주)이지는 지급이자가 없는 것으로 가정한다.

📔 2020년 4월 20일 취득 시

매도가능증권	200,000,000	/ 현금	200,000,000

📔 2020년 12월 31일 평가 시

매도가능증권	20,000,000	/ 매도가능증권평가이익	20,000,000

📔 2021년 3월 25일 현금배당 시

현금	30,000,000	/ 배당금수익	30,000,000

📔 2021년 12월 31일 평가 시

| 매도가능증권평가이익 | 20,000,000 | / 매도가능증권 | 40,000,000 |
| 매도가능증권평가손실 | 20,000,000 | | |

📦 2022년 12월 31일 평가 시

| 매도가능증권 | 60,000,000 | / 매도가능증권평가손실 | 20,000,000 |
| | | 매도가능증권평가이익 | 40,000,000 |

📦 2023년 10월 20일 양도 시

| 현금 | 230,000,000 | / 매도가능증권 | 240,000,000 |
| 매도가능증권평가이익 | 40,000,000 | 매도가능증권처분이익 | 30,000,000 |

🖋 분개 사례

금융회사가 아니며 12월 결산법인인 (주)이지는 (주)경리가 2021년 1월 1일에 액면 10억원, 이자율 연 5%(1년 후급), 3년 만기로 발행한 회사채를 97,327만원에 취득(유효이자율 연 6%)하였다. 이자지급일은 매년 12월 31일이며, (주)이지는 이를 매도가능증권으로 분류하였다. 2021년 12월 31일과 2022년 12월 31일의 공정가액은 각각 98,500만원과 98,800만 원이었으며, 2023년 1월 1일에 99,200만 원에 전부 매각하였다.

[유효이자율법에 의한 차금상각표]

일 자	이자수익(A) (기초 E×6%)	현금이자(B) (액면가×5%)	상각액(C) (A−B)	미상각차금(D) (전기 D−C)	상각후취득원가(E) (액면가액−D)
2021년 1월 1일				26,730,000	973,270,000
2021년 12월 31일	58,396,200	50,000,000	8,396,200	18,333,800	981,666,200
2022년 12월 31일	58,899,972	50,000,000	8,899,972	9,433,828	990,566,172
2023년 12월 31일	59,433,828	50,000,000	9,433,828	0	1,000,000,000
계	76,730,000	150,000,000	6,730,000		

📦 2021년 1월 1일 채무증권 취득

| 매도가능증권 | 973,270,000 | / 현금 | 973,270,000 |

📥 2021년 12월 31일 결산기

가. 회계처리

현금	50,000,000	/ 이자수익	58,396,200
매도가능증권	8,396,200		
매도가능증권	3,333,800	매도가능증권평가이익	3,333,800

㊟ 매도가능증권평가이익 = 공정가액 - 할인차금을 상각한 후의 취득원가 = 985,000,000원 - 981,666,200원 = 3,333,800원

모든 유가증권으로부터 발생하는 배당금수익과 이자수익은 당기손익에 포함한다. 모든 채무증권의 이자수익은 할인 또는 할증차금의 상각액을 가감해서 인식한다. 예를 들면 매도가능증권으로 분류된 채무증권의 경우에는 할인 또는 할증 차금을 상각하여 이자수익을 먼저 인식한 후에 상각 후 취득원가와 공정가액의 차이금액인 미실현보유손익을 자본 항목으로 처리한다.

📥 2022년 12월 31일 결산기

현금	50,000,000	/ 이자수익	58,899,972
매도가능증권	8,899,972		
매도가능증권평가이익	2,566,172	매도가능증권	2,566,172

㊟ 매도가능증권평가이익 = 988,000,000원 - 990,566,172원 = △ 2,566,172원

📥 2023년 1월 1일 매각시

현금	992,000,000	/ 매도가능증권	991,333,800
매도가능증권평가이익	767,628	매도가능증권처분이익	1,433,828

㊟ 3,333,800원 - 2,566,172원 = 767,628원

㊟ 처분이익은 다음과 같이 간단히 계산할 수 있다. 처분가액 - 상각 후 취득원가(위 1도표 참조) = 992,000,000원 - 990,566,172원 = 1,433,828원

🐷 만기보유증권

만기보유증권은 주로 만기까지 보유할 목적으로 사는 주식이나 채권 등의 유가증권을 말한다. 다만, 1년 이내에 만기가 도래하거나 매도 등에 의해서 처분할 것이 거의 확실한 만기보유증권은 유동자산으로 분류한다.

만기보유증권은 주로 국·공채가 많다. 주택공사에서 발행하는 주택기금채권이라든지, 지자체에서 발행하는 지역개발기금채권이라든지 이런 채권은 만기까지 가야 약정금리로 지정 은행에서 매입해주므로 만기까지 가져가는 경우가 대부분이다. 그래서 이러한 채권을 구입할 경우 만기보유증권 계정에 넣는다.

🦊 분개 사례 ···

㈜지식만들기는 2021년 1월 1일에 3년 후 만기가 도래하는 사채(채무증권)를 95,198(액면가 10만원)원에 취득하였다. 액면이자 10%는 매년 말 후급 된다. 2021년 말과 2022년 말에 당해 사채의 시가는 97,000원과 98,000원이다. 또한, 당해 사채를 2023년 1월 1일에 98,200원에 처분한 경우 ㈜지식만들기의 회계처리는 다음과 같다.

일자	유효이자액	액면이자액	당기상각액	장부가액
2021년 01월 01일				95,198
2021년 12월 31일	11,423	10,000	1,423	96,621
2022년 12월 31일	11,594	10,000	1,594	98,215
2023년 12월 31일	11,785	10,000	1,785	100,000

🛒 2021년 1월 1일

만기보유증권	95,198	/ 현금	95,198

📦 2021년 12월 31일

| 만기보유증권 | 1,423 | / | 이자수익 | 11,423 |
| 현금 | 10,000 | | | |

📦 2022년 12월 31일

| 만기보유증권 | 1,594 | / | 이자수익 | 11,594 |
| 현금 | 10,000 | | | |

📦 2023년 12월 31일

만기보유증권	1,785	/	이자수익	11,785
만기보유증권처분손실	10,000			
현금	100,000		만기보유증권	100,000

....

🐷 관계기업주식

관계기업이란 투자자가 당해 기업에 대해서 유의적인 영향력을 행사하고 있는 기업을 말한다. 다만, 투자자가 피투자자에 대해서 지배력을 행사하는 종속기업과 피투자자에 대해서 공동지배력을 행사하는 조인트벤처는 관계기업의 범위에 포함되지 않는다.

관계기업주식이란 투자주식을 취득할 때 취득원가로 인식하고, 취득시점 이후 발생한 피투자회사의 순자산 변동액 중 투자회사의 지분율에 해당하는 금액을 당해 투자주식에 가감해서 보고한 것을 말한다.

- 중대한 영향력 : 피투자자의 재무·영업 정책에 관한 의사결정에 참여할 수 있는 능력. 그러나 그러한 정책에 대한 지배력이나 공동지배력을 의미하는 것은 아님
- 공동지배 : 계약상 약정에 따라 경제활동에 대한 지배력을 공유하는 능력
- 지배력 : 경제활동에서 효익을 얻기 위해서 재무·영업 정책을 결정할 수 있는 능력

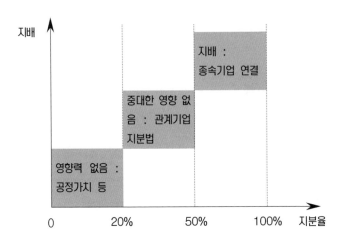

구 분		유의적인 영향력 행사여부
유의적인 영향력 행사가능	지분율 20% 이상	명백한 반증이 없는 한 유의적인 영향력 행사 가능
	지분율 20% 미만	실질적인 의사결정과정에 참여하고 있다면 가능
유의적인 영향력 행사불능	지분율 20% 미만	명백한 반증이 없는 한 유의적인 영향력 행사 불가능
	지분율 20% 이상	실질적인 유의적인 영향력을 상실하는 경우 불가능

위의 표에서 유의적인 영향력을 행사할 수 있는 관계기업의 범위에는 기업의 법적 형태에 제한받지 않으며, 파트너십과 같이 법인격이 없는 실체도 관계기업이 될 수 있으며, 지분법 회계처리의 적용대상이 된다.

지분법 적용예외

다음의 경우에는 예외적으로 유의적인 영향력을 행사할 수 있음에도 불구하고 지분법을 적용하지 않고 공정가치법을 적용해서 측정하고, 관련 손익은 당기손익에 반영한다.

❶ 벤처캐피탈 투자기구, 뮤추얼펀드, 단위신탁 및 이와 유사한 기업이 소유하고 있는 관계기업 투자자산

❷ 투자자산이 기준서 제1105호 "매각예정비유동자산과 중단영업"에 따라 매각예정으로 분류되는 경우

🅐 분개 사례 ···

🗂 피투자회사 당기이익에 따른 투자회사의 지분변동액

❶ 투자회사인 ㈜이지는 피투자회사 ㈜경리에 대한 의결권 있는 주식을 25%를 소유하고 있으며, 피투자회사의 당기순이익 2억원이 발생하였다.

| 관계기업주식 | 50,000,000 | / 지분법이익 | 50,000,000 |

🅟 지분법이익 : 2억원 × 25% = 50,000,000원

❷ 과거지분법적용 중지기간 동안 투자회사인 ㈜이지가 인식하지 않은 지분법피투자회사 ㈜경리의 손실누적분은 2천만원이다.

| 지분법이익 | 20,000,000 | / 관계기업주식 | 20,000,000 |

🅟 관계기업주식에 대한 지분법 적용을 중지한 후 지분법투자회사의 당기이익으로 인해서 지분변동액이 발생하는 경우 지분법적용 중지 기간동안 인식하지 않았던 지분법피투자회사의 손실누적분을 상계한 후 지분법을 적용한다.

🗂 피투자회사 유상증자에 따른 투자회사의 지분변동액

● 투자회사인 ㈜이지는 피투자회사 ㈜경리에 대한 의결권 있는 주식 30%를 소유하고 있으며 피투자회사의 유상증자로 인한 자본증가가 2억 원이다.

| 관계기업주식 | 60,000,000 | / 현금 | 60,000,000 |

🅟 지분법이익 : 2억원 × 30% = 60,000,000원

- 과거지분법적용 중지기간 동안 투자회사인 ㈜이지가 인식하지 않은 지분법 피투자회사 ㈜경리의 손실누적분은 8천만원이다.

부의지분법이익잉여금변동 60,000,000 / 관계기업주식 60,000,000

주 투자회사가 유상증자를 한 경우 유상증자금액 중에서 당기이전에 미반영한 손실에 해당하는 금액을 전기이월미처분이익잉여금의 감소로 투자주식을 차감처리 한다.

🗂️ 관계기업주식의 처분

투자회사인 (주)이지는 2××9년 1월 1일 현재 피투자회사 (주)경리에 대한 의결권 있는 주식을 30%를 소유하고 있다.

2××9년 1월 1일 현재 관계기업주식의 장부가액은 1천만원이며, (주)이지는 2××9년 5월 31일 (주)경리에 대한 지분 15%를 6백만원에 매각하였다.

((주)경리의 2××9년 1월 1일 ~ 5월 31일까지의 순이익 증가 : 100만원)

- 2××9년 5월 31일 피투자회사 당기이익에 따른 투자회사의 지분변동액

관계기업주식 300,000 / 지분법이익 300,000

주 지분법이익 : 1백만원 × 30% = 300,000

- 2××9년 5월 31일 관계기업주식 처분시

현금 6,000,000 / 관계기업주식 5,150,000
지분법적용 850,000
투자주식처분이익

주 매각하는 관계기업주식 : (1,000만원 + 30만원)×15%/30% = 5,150,000원

- 2××9년 5월 31일 중대한 영향력 상실시

매도가능증권 5,150,000 / 관계기업주식 5,150,000

주 중대한 영향력을 상실하게 된 시점의 관계기업주식의 장부가액 : (1,000만원 + 30만원) × 15%/30% = 5,150,000원

주 관계기업주식의 처분에 의한 투자회사의 지분율 하락 등으로 인해서 피투자회사에 대한 중대한 영향력을 상실하는 경우 당해 투자주식에 대해서는 지분법 적용을 중단하고, 유가증권에 관한 기업회계기준에 따라 회계처리한다. 이 경우 중대한 영향력을 상실하게 된 시점의 장부가액을 당해 투자주식의 취득원가로 본다.

🐨 투자부동산

투자부동산은 임대수익이나 시세차익 또는 두 가지 모두를 얻기 위해서 소유자나 금융리스의 이용자가 보유하고 있는 부동산을 말한다.

- 장기 시세차익을 얻기 위해서 보유하고 있는 토지(정상적인 영업과정에서 단기간에 판매하기 위해서 보유하는 토지는 제외)
- 장래사용 목적을 결정하지 못한 채로 보유 중인 토지(만약 토지를 자가 사용할지 또는 정상적인 영업과정에서 단기간에 판매할지를 결정하지 못한 경우 당해 토지는 시세차익을 얻기 위해서 보유하고 있는 것으로 본다.)
- 직접 소유(또는 금융리스를 통한 소유)하고 운용리스로 제공하고 있는 건물
- 운용리스로 제공하기 위해서 보유하고 있는 미사용 건물

보유목적	계정과목
임대	투자부동산
시세차익	(투자부동산도 감가상각을 한다.)

🎲 분개 사례

🗄️ (주)이지는 제조업을 영위하는 회사로서 건물을 투자목적으로 30억원에 매입하고 등록면허세, 취득세 및 부동산 중개수수료로 600만원을 납부하였다.

투자부동산	3,006,000,000	/ 현금	3,006,000,000

🗄️ (주)이지는 상기 부동산을 35억원에 매각하였다.

미수금	3,500,000,000	/ 투자부동산	3,060,000,000
		투자자산처분이익	440,000,000

유형자산

유형자산은 재화의 생산이나 용역의 제공, 타인에 대한 임대 또는 자체적으로 사용할 목적으로 보유하는 물리적 형체가 있는 자산으로서 1년을 초과해서 사용할 것이 예상되는 비화폐성 자산을 말한다.

K-IFRS상 유형자산의 평가는 취득 후 원가모형과 재평가모형 중 하나를 선택해서 유형자산 분류별(토지, 토지와 건물, 기계장치, 차량운반구, 집기, 사무용 비품)로 동일하게 평가해야 한다.

● 원가 모형

장부금액 = 원가 - 감가상각누계액 - 손상차손누계액

● 재평가모형

❶ 장부금액 = 재평가일 공정가치 - 감가상각누계액 - 손상차손누계액

❷ 재평가결과 회계처리

가. 평가이익 : 재평가잉여금(과거 당기손익으로 인식한 재평가 감소액이 있는 경우 해당 금액을 당기손익 인식)

나. 평가손실 : 당기손익으로 인식(재평가잉여금 잔액이 있는 경우 동 금액 감소)

■ 유형자산의 종류

구 분	계정과목 해설
토지	토지는 기업이 자신의 영업 목적을 위해서 영업용으로 사용하고 있는 부지로서 대지, 임야, 전답, 잡종지 등을 말한다.
	사례 공장, 사무소, 주차장, 사택, 운동장 등의 부지 및 개발부담금

구 분	계정과목 해설
건물	건물이란 토지 위에 건설된 공작물로써 지붕이나 둘레 벽을 갖추고 있는 사무실, 점포, 공장 및 냉난방, 전기, 통신, 조명, 통풍 및 이에 부수되는 설비도 포함한다.
	사례 공장, 사무실, 영업소, 기숙사, 사택, 차고, 창고, 건물 부속 설비, 점포 등과 건물 본체 이외에 이에 부수되는 전기시설, 배수, 급수, 위생 세면대, 가스설비, 냉난방 보일러, 승강기 및 감리료, 건설기간 중의 보험료, 건설자금이자, 등록면허세, 취득세 등
구축물	구축물은 토지 위에 정착된 건물 이외에 선거, 교량, 안벽, 부교, 궤도, 저수지, 갱도, 굴뚝, 정원설비 및 기타의 토목 설비 또는 공작물 등으로 한다.
	사례 화단, 가로등, 다리, 정원, 철탑, 포장도로, 가스저장소, 갱도, 건물 취득 시 내부 인테리어 비용(임차인), 교량, 굴뚝, 궤도
기계장치	기계장치는 동력 등의 힘을 이용해서 물리적 화학적으로 원·부재료를 가공 제품으로 변환시키는 각종 제조설비 또는 작업 장치를 말한다.
	사례 가반식 컨베어, 공작기기, 기중기, 디젤파일햄머, 배사관, 베처플랜트, 아스팔트플랜트, 측량용 카메라, 콘베어(컨베이어)
차량운반구	차량운반구는 철도차량, 자동차 및 기타의 운반구 등을 말한다.
집기	기업이 소유하고 있으면서 자기의 경영목적을 위해서 사용하고 있는 내용연수 1년 이상인 제조용 제 공구와 제 기구(공기구) 및 사무용 집기를 처리하는 계정이다.
사무용비품	사무용 비품 계정은 내용연수가 1년 이상이고 일정 금액 이상의 사무용품을 처리하는 계정을 말한다. 그러나 그 금액이 소액인 경우는 이를 소모품비로 처리한 후 기말에 남은 것에 대해서는 저장품 계정으로 대체해야 한다.
건설중인 자산	건설중인자산은 유형자산의 건설을 위한 재료비, 노무비 및 경비로 하되, 건설을 위해서 지출한 도급금액을 포함한다. 또한, 유형자산을 취득하기 위해서 지출한 계약금 및 중도금도 선급금이 아닌 건설중인자산으로 처리해야 한다.

■ 감가상각

감가상각은 유형자산의 취득 시의 원가를 사용가능한 내용연수에 따라 체계적이고 합리적인 방법으로 배분하는 것을 말한다.

유형자산을 구성하는 일부의 원가가 당해 유형자산의 전체원가와 비교해 중요하다면, 해당 유형자산을 감가상각할 때 그 부분은 별도로 구분해서 감가상각한다.

유형자산의 감가상각은 자산이 사용가능한 때부터 시작한다. 즉, 경영진이 의도하는 방식으로 자산을 가동하는 데 필요한 장소와 상태에 이른 때부터 시작한다.

그리고 감가상각의 규정과 관련해서는 기업회계기준에서 규정하고는 있으나 실무상 대다수 세법의 규정을 따르고 있으므로 세법의 규정을 중심으로 설명한다.

감가상각의 결정요인

감가상각대상금액은 유형자산의 원가에서 잔존가치를 차감한 금액을 말하며, 감가상각기준액이라고도 한다.

감가상각대상금액(감가상각기준액) = 유형자산의 원가 - 잔존가치

감가상각하기 위해서는 해당 자산의 취득원가(= 취득원가 - 감가상각누계액), 잔존가치(일반적으로 잔존가치는 ZERO), 내용연수(세법의 기준내

용연수)를 알아야 한다. 취득원가는 감가상각 대상 자산의 취득 시 소요되는 현금및현금성자산을 말하며, 잔존가치는 자산을 처분할 당시에 해당 자산의 가치로써 일반적으로 '0'으로 본다.

그리고 내용연수는 자산을 경제적으로 유효하게 사용할 수 있는 수명을 말하며, 기업회계기준에서는 내용연수의 추정을 허용하고 있으나 세법에서는 내용연수를 정해서 신고하도록 하고 있다.

■ 취득원가

취득원가란 다음의 금액을 말한다.

취득원가 = (매입가액 + 부대비용 + 자본적 지출) 또는 자산재평가액

■ 잔존가치

잔존가치란 자산이 폐기처분 될 경우 합리적으로 판단해서 수취할 수 있는 금액을 말한다. 또한, 잔존가치에 대해서는 기업회계기준상 특별한 규정이 없으므로 세법의 규정을 준용해서 사용하는데, 세법에서는 유형자산의 잔존가치를 '0'(zero)로 규정하고 있다. 그러나 정률법으로 평가하는 경우 취득가액의 5%를 잔존가액으로 하며, 취득가액의 5%는 미상각잔액이 최초로 취득가액의 5% 이하가 되는 사업연도의 상각범위액에 가산한다. 그리고 감가상각이 완료된 자산인 경우는 1,000원과 취득가액의 5% 중 적은 금액을 비망계정으로 하고, 동 계정은 자산을 처분하는 사업연도에 유형자산처분손실로 처리하도록 하고 있다.

▣ 내용연수

내용연수란 유형자산을 경제적으로 유효하게 사용할 수 있는 수명을 말한다. 기업회계기준에서는 내용연수의 추정을 허용하고 있으나 실무적으로는 한국감정원이 정한 자산별 내용연수나 세법에서 정한 내용연수를 사용할 수 있으며, 세법에서 정한 내용연수를 적용하는 것이 일반적이다.

🐨 감가상각방법

우리는 시장에서 채소를 사고, 고기를 사 와서 오랫동안 보관하다 보면 그것이 상해서 버리는 경우가 있다. 이 경우 그 채소와 고기를 10,000원에 구입했다면 10,000원을 버렸다고 말한다.

그러면 냉장고를 사용하다 버리는 경우 우리는 무엇이라고 말하는가? 수명이 다 돼서 버렸다고 하지 얼마를 버렸다고는 말하지 않는다. 즉, 각 시점의 금액산정이 곤란한 것이다.

이같이 기업에 있어서 그 가치의 감소분을 일시에 파악하기 곤란한 자산이 있는데 그 대표적인 것이 유형자산이다. 그리고 이와 같은 자산은 사람에 따라서는 사용 연수에 따라 배분(정액법)하거나, 일정한 비율에 따라(정률법) 그 가치의 감소분을 배분할 수 있는 것이다. 여기서 전자를 정액법이라고 하고 후자를 정률법이라고 부른다. 즉, 이는 감가상각의 한 방법으로서 감가상각하는 사람 간의 약속한 방법이다.

기중 취득자산은 월할 상각한다. 예를 들어 10월 1일 취득자산의 경우 1년치 감가상각비 중 10월~12월의 3개월분만 감가상각을 한다.

▣ 정액법

정액법은 자산의 내용연수 동안 매기 동일한 금액의 감가상각비를 인식하는 방법으로 사용이 간편하므로 실무에서 널리 사용하고 있다.

> 매기 감가상각비 = 취득원가 - 잔존가액/추정내용연수 또는
>
> 매기 감가상각비 = (취득가액 - 잔존가액) × 상각률
>
> 상각률 = 1/ 추정내용연수

■ 정률법

정률법은 감가상각 기준액(취득원가 - 감가상각누계액)에 일정한 상각률을 곱해서 매기 감가상각비를 계산하는 방법으로 감가상각 초기에 많은 금액을 상각하는 방법이다.

여기서 감가상각누계액이란 자산을 취득해서 매년 일정한 방법에 의해 그 가치의 감소분(감가상각비)을 인식한 경우 취득시점에서 처분시점까지의 감가상각비 합계액을 뜻한다.

정률법 적용 시 잔존가액은 5%로 하며, 미상각잔액이 최초의 취득가액의 5%가 되는 회계연도에 취득가액의 5%와 1,000원 중 적은 금액을 남기고 전액 상각해야 한다.

> 매기 감가상각비 = 기초 장부가액(취득원가 - 감가상각누계액) × 상각률
>
> 상각률 = $\sqrt[n]{\dfrac{\text{취득원가}}{\text{내용연수}}}$

■ 생산량비례법

생산량비례법은 특정 기간에 생산(사용)된 양을 기준으로 그 기간의 감가상각비를 계산하는 방법이다.

생산량 단위당 감가상각비

= (취득원가 - 잔존가치)/내용연수 동안의 총추정생산량

매기 감가상각비 = 당해 연도의 실제 생산량 × 단위당 감가상각비

■ 연수합계법

연수합계법은 취득원가에서 잔존가치를 차감한 감가상각대상금액에 매기 다른 상각률을 곱해 감가상각비를 계산한다.

특정 연도의 상각률 = 특정 연도 초의 잔존내용연수 ÷ 내용연수의 합계

특정 연도의 감가상각비 = (취득원가 - 잔존가치) × 상각률

■ 이중체감법

이중체감법은 기초 장부금액에 상각률을 곱해 감가상각비를 계산한다는 점에서 정률법과 같으나, 상각률은 정액법 상각률의 2배를 사용한다.

상각률 = 2 ÷ 추정내용연수

매년 감가상각비 = 기초 장부가액(취득원가 - 감가상각누계액) × 상각률

🔖 **분개 사례** ··

(주)이지는 2××1년 1월 1일 최신형 공작기계 1대를 4억 원(내용연수 5년)에 구입하였다(잔존가치는 0원).

회사의 회계담당자는 다음과 같은 여러 가지 감가상각방법을 놓고 선택여부를 검토하고 있다.

1. 정액법
2. 정률법(상각률 0.369가정)
3. 생산량비례법(총생산제품 수량은 2만개, 2××1년 실제 생산량 5천개, 2××2년 4천 5백개)
4. 연수합계법
5. 이중체감법

📁 **정액법**

● 감가상각비 계산

매기 감가상각비 = 취득원가 – 잔존가치 / 추정내용연수 = (4억원 – 0원)/5 = 8천만 원

● 회계처리

| 감가상각비 | 80,000,000 | / 감가상각누계액 | 80,000,000 |

📁 **정률법**

● 감가상각비 계산

매기 감가상각비 = (취득원가 – 감가상각누계액) × 상각률 = (4억원 – 0원) × 0.369 = 147,600,000원

● 회계처리

| 감가상각비 | 147,600,000 | / 감가상각누계액 | 147,600,000 |

📁 **생산량비례법**

● 감가상각비 계산

생산량 단위당 감가상각비 = (취득원가 – 잔존가치)/내용연수 동안의 총추정 생산량 = (4억원 – 0원)/2만개 = 20,000원

매기 감가상각비 = 당해 연도의 실제 생산량 × 단위당 감가상각비

= 5,000개 × 20,000원 = 1억원

● 회계처리

| 감가상각비 | 100,000,000 | / | 감가상각누계액 | 100,000,000 |

🗑 연수합계법

● 감가상각비 계산

20×1년의 감가상각비 = (취득원가 - 잔존가치) × 특정 연도 초의 잔존내

용연수/내용연수의 합계 = 4억원 × 5/15 = 133,333,333

2××2년의 감가상각비 = 4억원 × 4/15 = 106,666,666

● 회계처리

가. 2××1년

| 감가상각비 | 133,333,333 | / | 감가상각누계액 | 133,333,333 |

나. 2××2년

| 감가상각비 | 106,666,666 | / | 감가상각누계액 | 106,666,666 |

🗑 이중체감법

매년 감가상각비 = 기초 장부가액(취득원가 - 감가상각누계액) × 상각률 =

4억원 × 2/5 = 1억 6천만원

| 감가상각비 | 160,000,000 | / | 감가상각누계액 | 160,000,000 |

20×2년 감가상각비 = (4억원 - 1억 6천만원) × 2/5 = 9천 6백만원

🗑 감가상각방법의 변경

K-IFRS에서는 유형자산의 잔존가치, 내용연수 및 감가상각방법은 적어도 매 회계연도 말에 재검토하고 재검토 결과 자산의 소비 형태 변동 등을 반영하기 위해서 감가상각방법을 변경하는 경우 이를 회계추정의 변경으로 보아 전진적으로 회계처리하도록 규정하고 있다. 반면, 종전

기준에서는 유형자산의 감가상각방법 변경을 회계정책의 변경으로 보며 잔존가치, 내용연수 및 감가상각방법에 대한 재검토 의무를 부여하고 있지 않다.

■ 유형자산의 손상

🐹 유형자산손상의 회계처리

유형자산은 시가평가가 아닌 역사적 원가를 원칙으로 한다.

그러나 유형자산의 중대한 손상(신기술 개발로 기존 설비의 급격한 진부화, 소비자 기호 변화로 특정설비가 장기간 유휴화)으로 인해서 장부가액에 현저히 미달할 가능성이 있는, 다음과 같은 경우 손상차손으로 즉시 인식해야 한다.

• 유형자산의 시장가치가 현저하게 하락한 경우
• 유형자산의 사용 강도나 사용 방법에 현저한 변화가 있거나, 심각한 물리적 변형이 초래된 경우
• 법률이나 환경변화 혹은 규제 등의 영향으로 유형자산의 효용이 현저하게 감소한 경우
• 해당 유형자산으로부터 영업손실이나 순 현금유출이 발생하고, 이 상태가 미래에도 지속될 것으로 판단되는 경우

유형자산이 손상가능성이 있다고 판단되고, 당해 유형자산의 사용 및 처분으로 기대되는 미래현금흐름 총액의 추정액이 장부가액에 미달하는 경우는 장부가액을 회수가능가액으로 조정하고 동 금액을 손상차손(회수가능액 - 손상 전 장부금액)누계액의 과목으로 장래 유형자산에서 차감하는 형식으로 기재한다.

유형자산손상차손 ×××　/　유형자산손상차손누계액　×××

🐷 손상차손의 완입

손상차손 인식 후 후속 연도에 손상된 자산의 회수가능가액이 장부금액
을 초과하는 경우는 손상 전 장부금액을 한도로 그 초과액을 손상차손
환입으로 처리한다.

유형자산손상차손누계액   ××× / 유형자산손상차손환입   ×××

🌀 분개 사례 ···

(주)지식만들기는 2××1년 1월 1일 기계장치를 1억원(내용연수 10년, 잔존
가치 0원)에 취득하고 정액법으로 감가상각을 하고 있다. 기계장치를 사용하
던 도중 2××2년에 감액요건에 해당해서 손상차손을 인식했다. 2××3년
말에 회수가능액을 회복해 손상차손환입을 인식했다.

2××2년 12월 31일 유형자산의 회수가능가액 : 70,000,000원

2××3년 12월 31일 유형자산의 회수가능가액 : 80,000,000원

🗑 2××1년 회계처리

● 2××1년 1월 1일 취득시

기계장치	100,000,000 /	현금	100,000,000

● 2××1년 12월 31일

감가상각비	10,000,000 /	감가상각누계액	10,000,000

🗑 2××2년 회계처리

● 감가상각비

감가상각비	10,000,000 /	감가상각누계액	10,000,000

● 손상차손인식

기계장치손상차손	10,000,000 /	손상차손누계액	10,000,000

🟥**주** 장부가액(8천만원 = 1억원 - 2천만원(감가상각비)) - 7천만원 = 1천만원

📦 2××3년 12월 31일 회계처리

감가상각비	8,750,000	/	감가상각누계액	8,750,000
손상차손누계액	1,250,000	/	기계장치손상차손환입	1,250,000

> 🔑 회수가능가액 : 80,000,000원

> 🔑 손상차손 인식 전의 장부가액의 감가상각 반영 후 잔액 : 7천만원(1억원 - 1천만원 × 3년), 7천만원 ÷ 8년 = 8,750,000원(감가상각비)

> 🔑 2××2년 12월 31일의 장부가액 : 7천만원 - 8,750,000 = 61,250,000원

> 🔑 적은 금액(80,000,000원, 70,000,000원) - 61,250,000원 = 1,250,000원

···

📘 유형자산의 제거

유형자산을 처분하거나 사용을 통해 미래에 더 이상 경제적 효익을 제공할 수 없는 경우 재무제표에서 제거한다.

유형자산의 제거로 인한 손익계산 시 유형자산의 장부금액은 유형자산의 원가에서 감가상각누계액 및 손상차손누계액을 차감한 잔액을 말한다. 회사가 정부보조금을 자산의 차감계정으로 표시한 경우는 정부보조금도 차감한 잔액으로 한다.

> 유형자산의 제거로 인한 손익 = 유형자산의 순매각금액 - (유형자산의 원가 - 감가상각누계액 - 손상차손누계액 - 정부보조금)

유형자산의 처분 대가는 최초에 공정가치로 인식한다. 유형자산에 대한 지급이 지연되면 처분 대가는 최초의 현금가격 상당액으로 인식한다. 처

분 대가의 명목 금액과 현재 가격 상당액의 차이는 처분으로 인해 받는 금액에 유효이자율을 반영해 이자수익으로 인식한다.

한편 회계연도 중에 유형자산을 처분하는 경우는 기중 취득의 경우와 마찬가지로 기초부터 처분 일까지의 감가상각비를 계산한 후 유형자산 처분손익을 계산한다.

🔵 분개 사례 ···

(주)이지는 2××2년 6월 1일 취득원가 2백만 원인 기계장치를 50만 원에 팔았다. 기계장치는 2××1년 1월 1일 취득하였으며, 취득가액 중 100만 원은 정부로부터 보조를 받았는데, 정부보조금은 자산에서 차감하는 방법을 사용하고 있다. 내용연수는 5년 정률법으로 상각하며, 상각률은 0.369라고 가정하고 잔존가액은 0원이다.

📁 처분일의 장부가액

기계장치의 취득원가	2,000,000원
정부보조금	(1,000,000원)
2××1년 감가상각비	2백 만원 × 0.369 = (738,000원)
2××2년 감가상각비	(2백 만원 - 738,000) × 0.369 × 5/12 = (194,030원)
상계한 정부보조금	(738,000+194,030)×100만원/200만원 = 466,015원
	= 533,985원

📁 회계처리

현금	500,000	/ 기계장치	2,000,000
정부보조금	466,015		
감가상각누계액	932,030		
유형자산처분손실	101,955		

■ 재평가모형

재평가모형이란 취득일 이후 재평가일의 공정가치로 해당 자산 금액을
수정하고 당해 공정가치에서 재평가일 이후의 감가상각누계액과 손상차
손누계액을 차감한 금액을 장부가액으로 공시하는 방법이다.

재평가는 매 보고 기간 말 수행해야 하는 것은 아니며, 보고기간 말에
자산의 장부가액이 공정가치와 중요하게 차이가 나지 않도록 주기적으
로 수행해야 하며, 재평가의 빈도는 재평가되는 유형자산의 공정가치 변
동에 따라 달라진다. 공정가치 변동이 빈번하고 그 금액이 중요하다면
매년 재평가할 필요가 있으나 공정가치의 변동이 중요하지 않아서 빈번
한 재평가가 필요하지 않은 경우는 3년이나 5년마다 재평가할 수 있다.

또한 유형자산 별로 선택적 재평가를 하거나 재무제표에서 서로 다른
기준일의 평가금액이 혼재된 재무보고를 하는 것을 방지하기 위해서 동
일한 분류 내의 유형자산은 동시에 재평가한다.

그러나 재평가가 단기간에 수행되며, 계속적으로 갱신된다면 동일한 분
류에 속하는 자산을 순차적으로 재평가할 수 있다.

처음으로 재평가모영을 적용하는 경우

유형자산을 공정가치로 재평가하는 경우는 공정가치와 장부가액의 차액
을 평가손익에 반영하면 된다.

구 분		수익인식
재평가이익	최초 평가	재평가잉여금(기타포괄이익)으로 자본에 가산
재평가손실	최초 평가	재평가손실로 당기손실로 처리

재평가모형을 이용해서 유형자산을 측정한 경우 자산의 순장부 가액을 재평가금액으로 수정하는 방법은 다음과 같다.

구 분	수익인식
비례수정법	재평가 후 자산의 장부가액이 재평가금액과 일치하도록 감가상각누계액과 총장부금액을 비례적으로 수정하는 방법
전액제거법	총장부금액에서 기존의 감가상각누계액의 전부를 제거해서 자산의 순장부가액이 재평가금액이 되도록 수정하는 방법

재평가 이후의 감가상각

재평가모형을 선택해서 공정가치로 재평가한 이후의 회계연도에는 원가모형을 선택한 경우와 마찬가지로 감가상각을 한다.

재평가 이후 회계연도의 감가상각비(정액법의 경우) = 전기 재평가금액 ÷ 기초 현재 잔존내용연수

재평가모형을 선택한 경우 유형자산은 재평가일의 공정가치에서 이후의 감가상각누계액과 손상차손누계액을 차감한 재평가금액을 장부금액으로 한다.

📷 재평가잉여금의 처리

유형자산을 재평가함에 따라 자본에 계상된 재평가잉여금은 당해 자산을 사용함에 따라 일부 금액을 이익잉여금으로 대체할 수 있다.

> 재평가잉여금은 해당 자산 제거(또는 사용) 시 이익잉여금으로 대체한다.
> 이익잉여금으로 대체될 재평가잉여금 = 재평가된 금액에 근거한 감가상각액 - 최초원가
> 에 근거한 감가상각액

🎯 분개 사례 ···

(주)이지는 2××1년 12월 31일 현재 장부가액이 1억원, 재평가금액이 1억 5천만 원인 경우(재평가일 현재 잔존내용연수 5년, 정액법)

📁 이익잉여금으로 대체될 재평가잉여금

재평가금액에 근거한 감가상각액	1억 5천원 ÷ 5년 =	30,000,000원
최초원가에 근거한 감가상각액	1억원 ÷ 5년 =	20,000,000원
		10,000,000원

📁 회계처리

● 재평가한 경우

감가상각비	30,000,000	/ 감가상각누계액	30,000,000
재평가잉여금(자본)	10,000,000	이월이익잉여금	10,000,000

● 재평가를 안 한 경우

감가상각비	20,000,000	/ 감가상각누계액	20,000,000

···

🐻 재평가 이후 연도의 재평가

재평가모형을 채택한 경우는 주기적으로 재평가를 실시해야 하므로 재평가이익과 재평가손실이 반복적으로 나타날 수 있다.

당 기	전 기	수익인식
재평가이익	재평가손실	❶ 전기 재평가손실 : 당기손익으로 처리 ❷ 나머지 잔액 : 재평가잉여금으로 자본항목에 반영
재평가손실	재평가이익	❶ 전기 재평가잉여금 : 재평가잉여금과 상계 ❷ 나머지 잔액 : 재평가손실로 당기손익에 반영
재평가잉여금(자본 : 기타포괄손익) = 재평가이익 - 전기 재평가손실 중 감가상각액을 제외한 금액[전기 재평가손실(재평가잉여금) - 전기 재평가손실(재평가잉여금에 대한 감가상각액 : 재평가손실(당기손익) = 재평가손실 - 전기 재평가잉여금 중 감가상각액을 제외한 금액[전기 재평가손실(재평가잉여금) - 전기 재평가손실(재평가잉여금)에 대한 감가상각액]		

🐢 분개 사례 ···

(주)이지는 2××1년 1월 1일 1억원인 건물(내용연수 5년, 정액법)을 취득하였으며, 각 회계연도 말 현재 재평가한 건물의 공정가치는 다음과 같다.

❶ 2××1년 12월 31일 : 5천만원

❷ 2××2년 12월 31일 : 8천만원

(주)이지는 총장부금액에서 기존의 감가상각누계액의 전부를 제거해서 자산의 순장부가액이 재평가금액이 되도록 수정하는 방법을 사용해서 재평가를 회계처리 한다.

🗂 취득 시 회계처리

건물	100,000,000	/ 현금	100,000,000

🗂 **2××1년 12월 31일**

감가상각비	20,000,000	/ 감가상각누계액	20,000,000
재평가손실(당기손익)	30,000,000	건물	50,000,000
감가상각누계액	20,000,000		

🔢 감가상각비 = 1억원 ÷ 5년 = 2천만원

🔢 재평가손실 = (1억원 - 2천만원) - 5천만원 = 3천만원

🗂 **2××1년 12월 31일**

감가상각비	12,500,000	/ 감가상각누계액	12,500,000
감가상각누계액	12,500,000	재평가이익(당기손익)	22,500,000
건물	30,000,000	재평가잉여금(자본)	20,000,000

🔢 감가상각비 = 5천원 ÷ 4년 = 1,250만원

🔢 재평가이익 = 8천만원 - (5천만원 - 1,250만원) = 4,250만원

4,250만원 - 1,250만원(감가상각누계액) = 3천만원

🔢 전기인식 재평가손실 중 감가상각후 잔액 = 3천만원 - 3천만원 ÷ 4년 = 2,250만원

🔢 재평가이익 중 전기재평가손실 인식분을 차감한 금액 = 4천 250만원 - 2,250만원

= 2천만원

🌀 **분개 사례** ···

(주)이지는 2××1년 1월 1일 1억원인 건물(내용연수 5년, 정액법)을 취득하였으며, 각 회계연도 말 현재 재평가한 건물의 공정가치는 다음과 같다.

❶ 2××1년 12월 31일 : 1억 2천만원

❷ 2××2년 12월 31일 : 5천만원

(주)이지는 총장부금액에서 기존의 감가상각누계액의 전부를 제거해서 자산의 순장부가액이 재평가금액이 되도록 수정하는 방법을 사용해서 재평가를 회계처리 한다.

🗂 **취득시 회계처리**

| 건물 | 100,000,000 | / 현금 | 100,000,000 |

📁 **2××1년 12월 31일**

감가상각비	20,000,000	/	감가상각누계액	20,000,000
감가상각누계액	20,000,000		재평가잉여금	40,000,000
건물	20,000,000			

🔢 감가상각비 = 1억원 ÷ 5년 = 2천만원

🔢 재평가잉여금 = 1억 2천만원 - (1억원 - 2천만원) = 4천만원

📁 **2××2년 12월 31일**

감가상각비	30,000,000	/	감가상각누계액	30,000,000
재평가잉여금(자본)	12,500,000		이월이익잉여금	12,500,000
감가상각누계액	30,000,000		건물	70,000,000
재평가잉여금(자본)	37,500,000			
재평가손실(당기손익)	2,500,000			

🔢 감가상각비 = 1억 2천원 ÷ 4년 = 3천만원

🔢 재평가잉여금 = 5천만원 ÷ 4년 = 1,250만원

🔢 전기인식 재평가손실 중 감가상각후 잔액

  = 5천만원 - 1,250만원 = 3,750만원

🔢 재평가이익 중 전기재평가 손실 인식 분을 차감한 금액

  = (1억 2천만원 - 3천만원) - 5천만원 = 4천만원

🔢 당기인식 재평가손실 = 4천만원 - 3,750만원 = 250만원

🐻 유형자산의 제거

유형자산의 제거로 인해서 발생하는 손익은 원가모형의 경우와 마찬가지로 순매각금액과 장부금액의 차이로 결정하며, 당기손익으로 인식한다. 한편, 유형자산의 재평가와 관련해서 자본항목으로 보고한 재평가잉여금이 있는 경우에는 동 금액을 이익잉여금으로 대체한다.

재평가잉여금	×××	/	이월이익잉여금	×××

무형자산

무형자산은 재화의 생산이나 용역의 제공, 타인에 대한 임대 또는 관리에 사용할 목적으로 기업이 보유하고 있으며, 물리적 형체가 없지만 식별가능하고, 기업이 통제하고 있으며, 미래에 경제적 효익이 있는 비화폐성 자산을 말한다.

구 분	계정과목 해설
브랜드명	동종의 타인 상품과 구별하기 위해서 특정 상품의 문자, 도형, 기호, 색채 등에 의해서 표상되는 상표의 전용권을 말한다. 디자인, 상표, 상호 및 상품명 등이 여기에 속한다.
제호와 출판표제	제호는 저작출판물의 고유 제목 명칭을 말한다. 일반적으로는 정기간행물의 제목을 지칭하며, 서적 등의 경우는 서명 또는 제명이라고 한다. 출판표제는 서적·영화·문학작품 등 저작물의 제명(題名). 서적의 경우 그 제명 자체나 표지에 쓰여진 것은 보통 서명(書名)이라고 하며, 표제라고 하면 흔히 앞 표제지에 쓰여진 서명이나 별지로 된 속표제지에 쓰여 진 편(篇)·장(章)·절(節) 등의 이름을 말한다.
컴퓨터 소프트웨어	소프트웨어 구입을 위해 지출한 비용을 말한다. 주의할 점은 소프트웨어의 개발비용은 개발비에 준해서 처리한다.
라이선스와 프랜차이즈	라이선스 사용에 대한 대가와 프랜차이즈운영에 따른 권리 등을 말한다. 즉, 다른 기업의 제품을 독점적으로 사용할 수 있는 권리를 말한다.
저작권	출판이나 음반 등 저작권법에 의해 보호되는 저작자의 권리를 말한다. 즉, 저작자가 자기 저작물이 복제·번역·방송·상연 등을 독점적으로 이용할 수 있는 권리를 말한다.

구 분	계정과목 해설
특허권	특허권은 정부가 특수한 기술적인 발명이나 사실에 대해서 그 발명인 및 소유자를 보호하려는 취지에서 일정기간 그 발명품의 제조 및 판매에 관해서 부여하는 특권이다.
산업재산권	일정기간 독점적·배타적으로 이용할 수 있는 권리로서 실용신안권 등이 이에 속한다.
용역운영권	특정 용역을 독점적으로 운영할 수 있는 권리를 말한다.
조리법, 공식, 모형, 설계 및 시제품	조리법, 공식, 모형, 설계 및 시제품에 대해 독점적 권리를 부여한 것을 말한다.
임차권리금	점포 등의 임차 시 지급하는 권리금을 말한다. 즉, 토지나 건물 등을 임차할 때 그 이용권을 갖는 대가로 빌려준 사람에게 보증금 이외에 지급하는 금액을 말한다.
개발비	개발단계에서 발생한 지출로 다음 조건을 모두 충족하는 것을 말한다. ● 무형자산을 사용 또는 판매하기 위해 그 자산을 완성시킬 수 있는 기술적 실현가능성을 제시할 수 있다. ● 무형자산을 완성해 그것을 사용하거나 판매하려는 기업의 의도가 있다. ● 완성된 무형자산을 사용하거나 판매할 수 있는 기업의 능력을 제시할 수 있다. ● 무형자산이 어떻게 미래 경제적 효익을 창출할 것인가를 보여줄 수 있다. 예를 들면 무형자산의 산출물, 그 무형자산에 대한 시장의 존재 또는 무형자산이 내부적으로 사용될 것이라면 그 유용성을 제시해야 한다. ● 무형자산의 개발을 완료하고 그것을 판매 또는 사용하는 데 필요한 기술적, 금전적 자원을 충분히 확보하고 있다는 사실을 제시할 수 있다.

구 분	계정과목 해설
개발비	• 개발단계에서 발생한 무형자산 관련 지출을 신뢰성 있게 구분해서 측정할 수 있다. [개발비 취득원가] 개발비의 취득원가는 그 자산의 창출, 제조, 사용 준비에 직접 관련된 지출과 합리적이고 일관성 있게 배분된 간접 지출을 모두 포함한다. 취득원가에 포함되는 항목과 포함되지 않는 항목의 예는 다음과 같다. 1. 취득원가에 포함되는 항목의 예 • 무형자산의 창출에 직접 종사한 인원에 대한 급여, 상여금, 퇴직급여 등의 인건비 • 무형자산의 창출에 사용된 재료비, 용역비 등 • 무형자산의 창출에 직접 사용된 유형자산의 감가상각비와 무형자산(특허권, 라이선스 등)의 상각비 • 법적 권리를 등록하기 위한 수수료 등 무형자산을 창출하는 데 직접적으로 관련이 있는 지출 • 무형자산의 창출에 필요하며 합리적이고 일관된 방법으로 배분할 수 있는 간접비(건물 등 유형자산의 감가상각비, 보험료, 임차료, 연구소장 또는 연구지원실 관리직원의 인건비 등) • 자본화 대상 금융비용 2. 취득원가에 포함될 수 없는 항목의 예 • 판매비, 관리비, 기타 간접 지출(다만, 무형자산의 사용 준비에 직접 기여하는 경우는 제외함) • 무형자산이 계획된 성과를 달성하기 전에 발생한 명백한 비효율로 인한 손실 및 초기 단계의 운용손실 • 무형자산을 운용하는 직원의 훈련과 관련된 지출
어업권	수산업법에 의해서 등록된 일정한 수면에서 어업을 경영할 권리를 말한다.
광업권	광업법에 의해서 등록된 일정한 광구에서 등록한 광물과 동 광상 중에 부존하는 다른 광물을 채굴해서 취득할 수 있는 권리를 말한다.

기타비유동자산

기타비유동자산은 투자자산, 유형자산, 무형자산에 속하지 않는 비유동
자산을 말하며, 그 종류를 살펴보면 다음과 같다.

구 분	계정과목 해설
장기성 매출채권	장기성매출채권은 유동자산에 속하지 않는 일반적 상거래에서 발생한 장기의 외상매출금 및 받을어음을 말한다. 즉, 어음의 만기일이 재무상태표일로부터 1년 이후에 도래하는 채권을 말한다. 여기에는 부도어음도 포함한다.
보증금	보증금은 전세권, 전신전화가입권, 임차보증금 및 영업보증금 등을 계상하는 계정이다. 표(아래)

구 분	계정과목 해설
전세권	전세권은 전세금을 지급하고 타인의 부동산을 그 용도에 따라 사용·수익하는 권리를 말한다.
전신전화 가입권	전신전화가입권이란 특정한 전신 또는 전화를 소유 또는 사용하는 권리를 말한다.
임차보증금	임차보증금이란 타인의 부동산 또는 동산을 월세 등의 조건 으로 사용하기 위해서 지급하는 보증금을 말한다.
영업보증금	영업보증금이란 영업목적을 위해서 제공한 거래보증금, 입찰보증금 및 하자보증금 등을 말한다.

사례 정수기, 복사기 등 임차보증금, 무인경비(보안) 시스템 설치·이용시
보증금, 전화가입보증금(전신전화가입권), 공중전화 설치보증금, 정수기, 복
사기 등 임차보증금, 무인경비(보안) 시스템 설치·이용 시 보증금, 전화가입
보증금(전신전화가입권), 공중전화 설치보증금, 골프회원권 구입 시 나중에
회수가능 한(돌려받는) 금액, 프랜차이즈 가맹비 중 나중에 회수가능한(돌려
받는) 금액, 공탁금, 입찰보증금, 판매보증금, 하자보증금

🔷 분개 사례 ··

📁 사무실 임차보증금의 분개 사례

(주)이지는 사무실을 임차하고 임차보증금 2,000만원과 1개월분의 월세 200만원을 수표발행 지급하였다.

보증금	20,000,000	/ 보통예금	22,000,000
임차료	2,000,000		

📁 무인경비(보안) 시스템 설치 · 이용비용의 분개 사례

사무실에 무인경비 시스템을 설치하면서 공사비로 40만원, 보증금으로 20만원, 월 사용료로 30만원을 지급한 경우

지급수수료	700,000	/ 현금	900,000
보증금	200,000		

📁 전화설치보증금의 분개 사례

전화를 설비비 부담형으로 가입하면서 설비비 25만원을 지급하였다.

보증금	250,000	/ 현금	250,000

··

발생주의 및 공정가치 평가를 적용하는 일반기업회계와 권리·의무 확정주의 및 역사적 원가를 적용하는 세법 간에 차이가 존재하며, 일반기업회계상 수익/비용과 세법상 익금/손금의 인식방법과 시기에도 차이가 존재한다. 이로 인해 법인세 등 부담세액과 법인세비용 간에 불일치가 발생한다. 이러한 불일치를 이연법인세자산(부채) 계정과목을 사용해서 처리한다.

이연법인세자산은 일시적 차이가 현재의 과세소득을 증가시킴으로서 미래의 과세소득을 감소시키는 경우 계상된다. 즉, 현재 존재하는 일시적차이로 인해서 미래에 지급해야 할 법인세가 감소할 경우 당해 일시적차이로 인한 법인세 효과를 이연법인세자산으로 인식한다.

1. 법인세 회계

· 회계이익(회계손실) : 일반기업회계기준에 의해 산출되는 법인세비용차감전순이익(법인세비용차감전순손실)을 말함

· 과세소득(세무상 결손금) : 회계이익에 익금산입(익금불산입) 항목과 손금산입(손금불산입) 항목을 조정한 이후의 금액

· 법인세 부담액 : 각 회계연도에 부담할 법인세 및 법인세에 부가되는 세액의 합계액. 실제로 납부한 법인세.

· 세무기준액 : 세무회계상 자산/부채의 금액을 의미

· 일시적차이 : 자산/부채의 일반기업회계 상 장부금액과 세무회계 상 자산/부채의 금액인 세무 기준금액과의 차이

- 일반기업회계상의 수익과 비용의 인식시점과 세무상의 익금과 손금의 인식시점이 다른 경우
- 자산을 공정가치 등으로 평가해서 그 장부금액은 변동하였으나 세무기준 금액은 변동하지 않는 경우
- 일반기업회계기준에서는 부채로 인식하지 아니하는 준비금을 세무회계상 부채로 인식하는 경우

· 가산할 일시적 차이 : 자산/부채가 회수/상환되는 미래 기간의 과세소득을 증가시키는 효과를 가지는 일시적 차이
· 차감할 일시적 차이 : 자산/부채가 회수/상환되는 미래 기간의 과세소득을 감소시키는 효과를 가지는 일시적 차이
· 일시적 차이로 인해 이연법인세를 인식하는 경우

❶ 재고자산, 유가증권, 유형자산 등 기업활동과 관련된 일반적인 자산의 세무기준액은 미래기간에 세무상 손금(비용)으로 인정될 금액

❷ 선급비용의 경우 일반기업회계상으로는 미래의 비용을 미리 지급한 것이기 때문에 그만큼 자산으로 인식하는 것이나, 세무상 현금주의를 적용해서 당기에 지급된 금액이 전액 당기의 세무상 손금으로 인식되는 경우라면 세무상으로는 미래의 비용을 지급한 것이 아니기 때문에 세무상 자산은 존재하지 않는다.

➜ 일반기업회계에서 자산으로 인식하는 선급비용의 세무기준액은 영(0)이 되며 가산할 일시적 차이가 존재하게 된다.

❸ 미수수익의 경우 일반기업회계상으론 당기에 발생한 수익을 아직 현금으로 회수하지 못한 것이므로 그만큼 자산으로 인식하는 것이나,

세무상 현금주의를 적용하여 당기에 현금으로 회수한 금액만을 당기의 세무상 익금(수익)으로 인식하는 경우라면 세무상으론 회수 못 한 당기수익은 없는 것이기 때문에 세무상 자산은 존재하지 않음.

→ 일반기업회계 상 자산으로 인식하는 미수수익의 세무기준액은 영(0)이 되며, 가산할 일시적 차이가 존재하게 된다.

❹ 대여금과 같은 자산은 일반기업회계 상 장부금액이 그대로 세무상 자산으로 인정되므로 세무 기준액은 장부금액과 일치한다.

대여금 등에 대해 대손을 인식하는 경우는 취득원가에서 세무상 대손비용으로 인정된 금액(세무상 대손충당금)을 차감한 금액이 세무기준액이 되며 그 금액이 장부금액과 다를 수 있다.

2. 이연법인세 자산

차감할 일시적 차이는 미래 법인세 절감효과의 실현가능성 여부를 고려해야 하는데 미래 법인세 절감효과가 실현가능하다고 판단할 수 있는 때에만 이연법인세자산을 인식한다.

🐦 이연법인세자산의 실현가능성에 대한 매 회계연도말 평가

이연법인세자산의 실현가능성은 보고기간 종료일마다 재검토되어야 한다.

재검토 결과 이연법인세자산의 법인세 절감 효과가 실현되기에 충분한 과세소득이 예상되지 않으면 이연법인세자산을 감액시켜야 한다.

그리고 감액된 금액은 향후 충분한 과세소득이 예상되는 경우 다시 환원해야 한다.

매 보고기간 종료일마다 과거에 실현가능성이 낮아서 인식하지 않은 이연법인세자산의 인식가능성에 대해 재검토해야 한다.

· 결손금 : 차기 이후 회계연도의 이익발생시 법인세 부담액이 감소되는 효과가 나타나므로 이연법인세자산을 계상하게 된다.

이월결손금의 법인세 효과는 미래에 발생할 과세소득이 이월결손금을 상쇄할 수 있을 때 인식한다.

당기 이전에 발생한 일시적차이로 인한 이연법인세부채가 존재하거나 당기에 발생한 가산할 일시적 차이가 존재하는 경우는 세법상 이월결손금 공제를 받을 수 있는 기간 내에 소멸되는 일시적 차이와 관련된 이연법인세부채를 한도로 인식한다.

· 이월되는 세액공제 : 이월결손금이 법인세비용에 미치는 영향과 동일한 효과가 있다.

이월세액공제액이 발생하게 되면 차기 이후 회계연도의 이익발생시 법인세 부담액이 감소되는 효과가 나타나므로 이연법인세자산을 계상하게 된다. 다만, 이월결손금이나 일시적 차이를 일으키는 유보사항과는 달리 세액공제액은 전액이 법인세 산출세액에서 직접 차감될 수 있음에 유의한다.

3. 이연법인세 부채

가산할 일시적 차이가 발생하면 미래 과세소득이 증가하게 되어 미래 법인세 부담액을 증가시킨다. 이로 인해 미래 자산 유출이 증가하게 되어 이를 이연법인세부채로 계상하는 것이다.

이연법인세부채의 경우에는 보수주의에 따라 실현가능성을 검토하지 않고 바로 부채로 계상한다.

	이연법인세자산	이연법인세부채
발생원인	차감할 일시적 차이 결손금, 이월되는 세액공제	가산할 일시적 차이
실현가능성 검토 여부	항상 검토함	검토의 필요가 없음

4. 이연법인세자산(부채)의 측정

보고기간 말 현재까지 확정된 세율에 기초해서 당해 자산이 회수되거나 부채가 상환될 기간에 적용될 것으로 예상되는 시점의 세율을 적용해서 측정한다. 이 경우 세율이나 세법이 변경되거나 관련 자산의 예상되는 회수방법이 변경되는 경우는 이를 적절하게 반영한다.

5. 이연법인세의 계산 절차

· 과세소득에 당기 유효세율을 곱해서 법인세 부담액을 계산한다.

> 법인세부담액 = 과세소득 × 당기 유효세율

· 당기 말 재무상태표에 계상될 이연법인세자산(부채)을 계산한다.

> 당기말 현재의 이연법인세자산(부채) = 당기말 현재 인식대상 누적 일시적 차이가 소멸되는 기간의 예상법인세율

· 이연법인세자산(부채)의 당기 변동액을 계산한다.

> 당기말 현재의 이연법인세자산(부채)에서 전기말 이전의 이연법인세자산(부채)을 차감하면 당기 변동액이 도달한다.

· 손익계산서에 계상될 법인세비용을 도출한다.

구분	이연법인세자산	이연법인세부채
재무상태표상 자산 항목이나 부채 항목과 관련되어 인식하는 이연법인세자산(부채)의 경우	유동자산/기타비유동자산	유동부채/기타비유동부채
	예를 들어 재고자산에서 발생한 일시적 차이에 대한 법인세 효과는 유동자산(부채)으로 분류하며, 유형자산에서 발생한 일시적 차이에 대한 법인세 효과는 기타 비유동자산(부채)으로 분류한다.	
세무상 결손금에 따라 인식하는 이연법인세자산과 같이 재무상태표상 자산 항목 또는 부채 항목과 관련되지 않은 경우	일시적 차이의 예상 소멸 시기에 따라서 '유동 항목과 기타 비유동 항목으로 구분	일시적 차이의 예상 소멸 시기에 따라서 유동 항목과 기타 비유동 항목으로 구분

[사례]

1. 회계상 당기순이익 : 1억원, 세법상 과세소득 1억 2천만 원, 차이의 원인은 모두 일시적차이이며, 법인세율은 10%를 가정한다.

법인세비용	10,000,000	/ 미지급법인세	12,000,000
이연법인세자산	2,000,000		

[주] 세법상 과세소득이 회계상 이익보다 크면서 일시적 차이인 경우 이연법인세자산

2. 회계상 당기순이익 : 1억원, 세법상 과세소득 1억 2천만 원, 차이의 원인은 1천만 원은 일시적 차이, 나머지는 일시적차이가 아님. 법인세율은 10%를 가정한다.

법인세비용	11,000,000	/ 미지급법인세	12,000,000
이연법인세자산	1,000,000		

[주] 세법상 과세소득이 회계상 이익보다 크면서 일시적차이인 경우 이연법인세자산

3. 회계상 당기순이익 : 1억 2천만 원, 세법상 과세소득 1억원, 차이의 원인은 모두 일시적 차이이며, 법인세율은 10%를 가정한다. 장부상 이연법인세자산 50만원

법인세비용	12,000,000	/ 미지급법인세	10,000,000
		이연법인세자산	500,000
		이연법인세부채	1,500,000

[주] 이연법인세자산이 있는 경우 이연법인세부채와 상계처리한다.

4. 회계상 당기순이익 : 1억 2천만 원, 세법상 과세소득 1억원, 차이의 원인은 모두 일시적 차이이며, 법인세율은 내년부터 9%로 개정으로 가정한다.

법인세비용	11,800,000	/ 미지급법인세	10,000,000
		이연법인세부채	1,800,000

부채 계정과목과 분개사례

부채란 과거 사건에 의해서 발생하였으며, 경제적 효익이 내재된 자원이 기업으로부터 유출됨으로써 이행될 것으로 기대되는 현재의무이다. 즉, 부채는 기업이 가지고 있는 총재산 중에서 남으로부터 빌려온 재산으로 현시점 또는 미래의 특정 시점에 상대방에게 갚아야 하는 채무를 말한다. 즉, ❶ 과거 사건의 결과로, ❷ 현재의무가 존재하고, ❸ 미래에 경제적 희생이 발생한다.

재무제표 표시 방법을 유동/비유동법을 채택하는 경우 유동부채와 비유동부채로 구분하나, 한국채택국제회계기준에서는 부채를 금융부채와 그 이외의 부채로 구분해서 규정하고 있기도 하다.

부채는 다음의 경우 유동부채로 분류한다. 나머지 부채는 비유동부채로 분류한다.

❶ 정상 영업주기 내에 결제될 것으로 예상하고 있다.

❷ 주로 단기매매 목적으로 보유하고 있다.

❸ 보고기간 후 12개월 이내에 결제하기로 되어있다.

❹ 보고기간 후 12개월 이상 부채의 결제를 연기할 수 있는 무조건의 권리를 가지고 있지 않다.

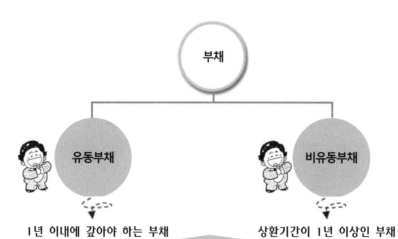

구 분	해설	
유동부채	유동부채는 재무상태표일로부터 1년 또는 정상 영업주기 내에 상환 등을 통해서 소멸할 것이 예상되는 부채를 말한다. 매입채무, 단기차입금, 미지급금, 선수금, 예수금, 미지급비용, 선수수익 등	증가 ↓ 대변 감소 ↓ 차변
비유동부채	비유동부채는 부채 중 유동부채에 해당하지 않는 부채를 말한다. 사채, 장기차입금, 장기성매입채무 등	
충당부채	아직 지출의 시기 또는 금액이 불확실한 부채로써 ❶ 아직 확정된 부채는 아님에도 재무제표에 부채로 기록되어 지는 항목으로 일정기간동안 발생한 수익과 관련된 비용을 대칭시키기 위해서 인식한다. ❷ 충당부채는 그 금액을 신뢰성 있게 추정할 수 있고 발생 가능성 또한 높아야 한다. → 1년 이내 : 유동부채, → 1년 이후 : 비유동부채	

🐷 매입채무

매입채무는 일반적 상거래(사업자등록증상의 업종)에서 발생한 외상매입금과 지급어음의 합계액을 말한다. 여기서 일반적 상거래란 기업의 주요상품을 판매하고 구입하는 행위를 말한다.

예를 들어 컴퓨터를 제조해서 판매하는 회사는 컴퓨터의 판매와 컴퓨터 부품의 구입 등의 행위가 일반적 상거래이며, 주택신축판매업의 경우 주택의 신축판매가 일반적 상거래에 해당한다.

구 분	계정과목 해설
외상매입금	외상매입금이란 일반적 상거래에서 발생한 매입처에 대한 채무로써 회사가 재고자산을 구입하고, 동 대금을 일정기간 후에 주기로 한 경우를 말한다. 예를 들어 두부를 제조해서 판매하는 회사가 두부 제조용 원재료인 콩을 구입하면서 대금을 1달 후 지급하기로 하였다면 동 대금이 외상매입금이 되는 것이다. { 구 분 / 계정과목 표 }
지급어음	지급어음이란 일반적 상거래에서 발생한 어음상의 채무로써 상품 또는 원재료 등의 재고자산을 구입하고, 그 대금을 약속어음 등의 어음으로 지급한 경우를 말한다. 즉, 위의 외상매입금 예에서 두부 콩 대금으로 어음을 발행해서 지급한 경우 지급어음으로 처리한다.

구 분	계정과목
일반적 상거래에서 발생한 채무	매입채무
일반적 상거래 이외의 거래에서 발생한 채무	미지급금

🔷 분개 사례 ··

🗂 (주)이지는 도서를 출판하는 회사로 도서제작에 필요한 종이를 구입하고 3개월 만기 어음 1,000만 원을 지급하였다.

원재료	10,000,000	/	지급어음	10,000,000

🗂 인쇄비 및 제본비 150만 원을 외상으로 하였다.

외주비	1,500,000	/	외상매입금	1,500,000

🗂 15일 후 인쇄비와 제본비를 지급하였다.

외상매입금	1,500,000	/	현금	1,500,000

🗂 어음의 만기일이 되어 동 금액을 지급하였다.

지급어음	10,000,000	/	당좌예금	10,000,000

··

⏰ 단기차입금

단기차입금은 금전소비대차계약에 의해서 금융기관 등으로부터 돈을 빌려오고 사용 후 1년 이내에 갚아야 하는 돈과 금융기관으로부터의 당좌차월액을 말한다. 여기서 금전소비대차계약이란 서로 돈을 빌려주고 빌려 썼다는 문구가 써진 계약서를 말한다.

구 분	계정과목
남에게 돈을 빌려준 경우	대여금
남에게 돈을 빌려 쓴 경우	차입금

📇 분개 사례 ···

🗂 (주)이지는 경리은행으로부터 회사 사옥을 담보로 1억 원을 대출받은 경우

| 보통예금 | 100,000,000 | / 단기차입금 | 100,000,000 |

🗂 대출금을 상환하면서 이자 2백만 원을 지급한 경우

| 단기차입금 | 100,000,000 | / 보통예금 | 102,000,000 |
| 이자비용 | 2,000,000 | | |

···

🐤 미지급금

미지급금이란 상품이나 제품이 아닌 물품의 구입, 용역의 제공, 개별소비세, 광고료 등과 관련된 지출로서 기업의 일반적 상거래 이외에서 발생한 채무(미지급비용을 제외함)를 말한다.

예를 들어 사무용 컴퓨터를 구입하면서 외상으로 한 경우가 이에 해당한다.

🗄 (주)이지는 (주)경리로부터 사무용 책상을 100만 원에 구입하면서, 신용카드 결제를 하였다.

| 비품 | 1,000,000 | / 미지급금 | 1,000,000 |

🗄 카드결제일에 결제 시

| 미지급금 | 1,000,000 | / 보통예금 | 1,000,000 |

🐓 미지급비용

미지급비용이란 이미 발생된 비용으로서 아직 지급되지 않은 것을 말한다. 즉 일정한 계약에 따라 계속 용역을 제공받고 있는 경우에 이미 제공받은 용역에 대해서 결산일 현재 아직 그 대가의 지급이 끝나지 않은 경우 처리하는 계정이다.

사례

미지급이자, 미지급사채이자, 미지급급여, 미지급임차료, 미지급보험료, 미지급광고료 등

📓 분개 사례 ··

(주)이지는 경리은행에서 4월 1일 5백만 원을 차입하였으며, 이자율은 연 5%로 다음 해 3월 31일 상환한다.

🗄 차입시

| 현금 | 5,000,000 | / 단기차입금 | 5,000,000 |

기말결산시

| 이자비용 | 187,500 | / | 미지급비용 | 187,500 |

주 미지급이자 : 5백만 원 × 5% × 9개월/12개월 = 187,500원

다음 해 3월 31일 이자지급시

| 미지급비용 | 187,500 | / | 보통예금 | 250,000 |
| 이자비용 | 62,500 | | | |

미지급배당금

미지급배당금은 이익잉여금처분계산서상의 현금배당액으로써 기말에 주주 등으로부터 배당금의 지급청구가 없음으로 말미암아 미지급 상태로 남아 있는 배당금이다.

분개 사례

당기 말 결산 시 현금배당액 1,000만 원을 이익잉여금처분계산서(안)에 반영했다.

| 이익잉여금 | 10,000,000 | / | 미지급배당금 | 10,000,000 |

당기 말 주주총회에서 당기 현금배당액 1,000만 원을 확정했다(원천징수액 140만 원 차감).

| 미지급배당금 | 10,000,000 | / | 현금 | 8,600,000 |
| | | | 예수금 | 1,400,000 |

📣 예수금

예수금이란 일반적 상거래 이외에서 발생한 일시적 보관액을 말한다. 즉, 예수금은 부가가치세예수금이나 근로소득세예수금, 4대 보험 예수금과 같이 기업이 타인으로부터 일단 금전을 받아 보관하고 있다가 일정기간 후 타인을 대신해서 제3자에게 금전으로 반환해야 할 채무를 말한다.

사례

근로소득세 원천징수액 예수, 건강보험료 직원부담금, 고용보험료 직원부담분, 국민건강보험료 직원부담분, 국민연금 직원부담분, 기타소득세 원천징수액, 부가가치세예수금, 사업소득세 원천징수액, 신원 보증료, 지방소득세 예수금, 환경보증금 수취액, 부가가치세 수정신고 시 추가납부 부가가치세

🎯 분개 사례 ···

📁 종업원 급여 100만 원에 대해 근로소득세 및 4대 보험 등으로 10만 원을 공제하고 지급한 경우

급여	1,000,000	/	보통예금	900,000
			예수금	100,000

📁 다음 달 근로소득세 등을 납부한 경우

예수금	100,000	/	현금	100,000

···

🐷 선수금

선수금이란 수주공사, 수주품 및 기타 일반적 상거래에서 발생한 선수금을 말한다. 즉, 거래처로부터 상품 또는 제품을 주문받고 제공하기 전에 미리 받은 대금을 말한다.

사 례

임대계약금 선수액, 공사대금 선수액

🌀 분개 사례 ··

🗑 **(주)이지는 (주)경리에 상품 600만 원을 1개월 후 제공하기로 계약을 체결하고 대금 중 400만 원을 미리 받아 예금하다.**

보통예금	4,000,000	/ 선수금	4,000,000

🗑 **1개월 후 위의 상품을 (주)경리에게 인도하고 그 대금 잔액을 받아 예금하다.**

선수금	4,000,000	/ 상품	6,000,000
보통예금	2,600,000	부가가치세예수금	600,000

🐷 선수수익

선수수익은 계약에 따라 대금을 수령하고 결산 기말 현재 용역을 제공하지 않은 경우 동 금액에 대해서 처리하는 계정과목이다.

📀 분개 사례 ···

📁 (주)이지는 2××3년 8월 1일 점포 임대계약을 체결하고 1년분의 임대료 1,800만 원을 현금으로 받았다.

| 현금 | 18,000,000 | / 임대료 | 18,000,000 |

📁 기말결산 시 위 임대료에 대한 회계처리

| 임대료 | 10,500,000 | / 선수수익 | 10,500,000 |

📔 1,800만 원 − (1,800만 원 × 5/12) = 1,050만 원

📁 2××4년 1월 1일의 회계처리

| 선수수익 | 10,500,000 | / 임대료 | 10,500,000 |

🐾 유동성장기차입금

유동성장기차입금이란 장기차입금 중 1년 이내에 상환될 차입금을 말한다. 즉, 장기차입금 중 결산일로부터 1년 이내에 상환기간이 도래하는 부채는 유동성장기차입금으로 대체해야 한다.

📀 분개 사례 ···

📁 2××2년 7월 1일 시설자금으로 국민은행으로부터 4,000만 원(이자율 연 6%)을 2××3년 6월 30일 상환조건으로 차입하였다.

| 보통예금 | 40,000,000 | / 장기차입금 | 40,000,000 |

📁 2××2년 결산 시 위의 차입금에 대한 회계처리

| 장기차입금 | 40,000,000 | / 유동성장기차입금 | 40,000,000 |

📁 동 차입금에 대하여 2××3년 6월 30일 상환하였다.

유동성장기차입금	40,000,000	/ 보통예금	40,000,000

🐨 미지급법인세

미지급법인세란 회계연도 말 현재 법인세 등의 미납부액을 말한다. 즉, 회계연도 말 현재 당해 회계연도에 부담해야 할 법인세와 소득분 지방소득세로서 미납부 된 금액을 말하며, 미수 법인세 환급액과 상계한 후의 금액을 처리한다.

그리고 기납부한 중간예납 세액이나 원천징수 당한 세액은 실무상 선급법인세 계정이나 법인세비용 계정으로 처리한다.

🐨 분개 사례

🗂 (주)이지는 중간예납 세액 800만원을 납부하였다.

선납법인세	8,000,000	/ 현금	8,000,000

🗂 결산 시 (주)이지의 당기분 법인세가 1,900만원으로 추산되었다.

법인세비용	19,000,000	/ 선납법인세	8,000,000
		미지급법인세	11,000,000

🗂 3월 말 등 법인세를 납부하였다.

미지급법인세	11,000,000	/ 현금	11,000,000

🐨 유동성충당부채

유동성충당부채는 과거사건이나 거래의 결과에 대한 현재의 의무로서 현시점에는 지출의 시기 또는 금액이 불확실하지만, 그 의무를 이행하기 위해서 자원이 유출될 가능성이 매우높으며, 당해 금액을 신뢰성 있게 추정할 수 있는 "충당부채" 중 재무상태표일로 부터 1년 이내에 소멸 될 것으로 추정되는 금액을 말한다.

충당부채는 지출의 시기나 금액이 불확실한 부채를 말한다. 즉,

· 과거사건이나 거래의 결과에 의한 현재의무로서,

· 지출의 시기 및 금액이 불확실하지만, 그 의무를 이행하기 위해 자원 이 유출될 가능성이 매우 크고,

· 당해 의무의 이행에 드는 금액을 신뢰성 있게 추정할 수 있는 의무를 말한다.

충당부채의 종류에는 퇴직급여충당부채, 공사손실충당부채(공사와 관련 해서 거액의 공사손실 발생이 분명한 경우에는 공사손익의 인식 방법 여하임에도 불구하고 예상되는 총손실액을 공사손실충당부채계정에 계 상하고, 이에 상당하는 공사손실충당금전입액은 당기의 비용으로 처리한 다. : 유동부채), 하자보수충당부채(하자보수가 예상되는 경우 도급금액 의 일정률에 상당하는 금액을 하자보수비로 해서 그 전액을 공사가 종 료되는 회계연도의 공사원가에 포함하고, 동액을 하자보수충당부채로 계 상한다. : 유동부채), 제품보증충당부채 등을 예로 들 수 있다.

▣ 퇴직급여충당부채

퇴직급여충당부채란 임직원이 실제로 퇴직할 경우 지급해야 할 퇴직금 상당액을 사업연도마다 비용으로 계상해서 적립된 금액을 의미한다. 퇴 직급여충당부채의 설정 근거는 근로기준법이지만 이와 별도로 회사가 정관 및 단체협약 등에 퇴직급여 지급 규정을 두고 있는 경우에는 그 규정에 의한다.

퇴직급여충당부채 계정의 설정은 기말 정리사항이다. 그러므로 일정한 기준에 따라 추산한 설정 필요금액을 가려내어 설정한다.

기업회계기준에서는 퇴직급여충당부채의 설정 대상에 대해서 아무런 제한이 없으며, 근속연수가 1년 미만인 임직원이라 하더라도 회사의 퇴직금지급규정에 의해서 퇴직금을 지급하는 경우는 설정대상에 포함한다.

여기서 근속연수란 임직원이 입사한 날부터 퇴사한 날까지의 기간을 통산하는 것으로 월수나 일수까지 계산이 가능하다.

그러나 실무상 매 사업연도 퇴직급여충당부채를 계산하는 때에는 대상자별로 입사 일부터 결산일까지의 근속연수를 계산한다.

퇴직급여충당금 전입액 =
당기말 퇴직금 추계액 + 당기말 퇴직금 지급액 - 전기말 퇴직금 추계액

임직원 퇴직 시 퇴직금의 적립 재원으로 충당된 퇴직급여충당부채는 실제 임직원의 퇴직 사유가 발생해서 퇴직금을 지급하는 경우 동 충당부채에서 지급하는 것으로 처리하되 퇴직소득세, 국민연금의 퇴직금전환금 및 회사에 대한 퇴직자의 채무 등을 차감하여 지급한다.

🕮 분개 사례 ···

전기말 현재 퇴직급여충당부채 잔액이 4,000만 원인 (주)지식만들기는 2××1년 퇴직으로 인해서 2,000만 원의 퇴직금을 지급하였다. 그리고 당해 연도 말 현재 퇴직금추계액은 5,000만 원이다.

📁 퇴직급여충당부채 설정시

퇴직급여충당부채전입액 = 당기 말 퇴직금추계액 + 당기 중 퇴직금지급액
  − 전기말 퇴직금추계액

= 50,000,000원 + 20,000,000원 − 40,000,000원

= 30,000,000원

퇴직급여충당부채전입액   30,000,000 / 퇴직급여충당부채   30,000,000

📁 퇴직금의 지급시

(주)지식만들기의 경리부 사원 김길동씨의 퇴직으로 2,000만 원을 퇴직금으로 지급하며, 퇴직소득세 100만원, 국민연금전환금 400만 원을 공제한 잔액을 지급하였다.

퇴직급여충당부채   20,000,000 / 현금   15,000,000
                                소득세예수금   1,000,000
                                국민연금전환금   4,000,000

🔲 퇴직연금보험료

확정급여형 퇴직연금제도

확정급여형 퇴직연금(DB : Defined Benefit Retirement Pension)이란 근로자가 받을 연금 급여가 사전에 확정되고, 사용자가 부담할 금액은 적립금 운용 결과에 따라 변동될 수 있는 연금제도를 말한다.

재무상태표일 현재 종업원이 퇴직할 경우 지급해야 할 퇴직일시금에 상당하는 금액을 측정해서 퇴직급여충당부채로 계상한다.

종업원이 아직 퇴직하지는 않았으나 퇴직연금에 대한 수급 요건 중 가입기간 요건을 갖춘 경우에도 재무상태표일 현재 종업원이 퇴직하면서 퇴직일시금의 수령을 선택한다고 가정하고 이때 지급해야 할 퇴직일시금에 상당하는 금액을 측정해 퇴직급여충당부채로 계상한다.

퇴직연금제도 도입과 관계없이 재무상태표일 현재 퇴직금추계액에 상당하는 금액을 퇴직급여충당부채로 계상한다.

| 퇴직급여 | ××× | / | 퇴직급여충당부채 | ××× |

운용되는 자산의 회계처리

확정급여형 퇴직연금의 경우 재정건전성을 확보하기 위해 매 사업연도별로 다음의 어느 하나에 해당하는 금액 중 더 큰 금액이 적립되도록 확정급여형 퇴직연금규약에 명시해야 한다.

적립금액=MAX(❶, ❷)
❶ {매 사업연도 말일 현재 퇴직급여에 소요되는 비용예상액의 현재가치 – (장래 근무기간 분에 대해서 발생하는 급여 지급을 위해서 산정되는 부담금 수입 예상액의 현재가치 + 과거 근무기간 분에 대한 급여 지급을 위해서 산정되는 부담금 수입예상액의 현재가치)} × 100%
❷ 매 사업연도 말 퇴직금추계액 × 100%

회사는 적립금의 적립을 위한 표준부담금을 매년 정기적으로 납입해야 한다. 또한, 당해 퇴직연금의 설정 전에 제공한 근로기간을 가입기간에 포함시키는 경우에는 노동부 고시(제2005 - 29호, 2005. 10. 5.)에 의해서 과거 근무기간에 대한 보충 부담금을 납입한다.

부담금의 적립 시 회계처리

회사는 부담금을 자산관리회사에 매년 정기적으로 납입해야 한다.

확정급여형 퇴직연금제도에서 운용되는 자산은 기업이 직접 보유하고 있는 것으로 보아 회계처리 한다.

재무상태표에는 운용되는 자산을 하나로 통합해서 "퇴직연금운용자산"으로 표시하고, 그 구성내역을 주석으로 공시한다.

이 경우 주석으로 공시하는 구성내역이란 재무상태표에 하나로 통합해서 표시하지 않고 각각 구분하여 표시할 경우 계상될 계정과목과 금액을 말한다.

퇴직연금운용자산	×××	/	보통예금	×××
지급수수료	×××			

주 부담금 납입시 운용관리회사에 납부하는 운용관리수수료임.

적립금 운용수익의 회계처리

DB 제도의 적립금이 법에서 정한 수준 이상으로 적립되고 있는지 매 사업연도 말 재정검증을 한다.

DB 제도하에서 적립금의 운용수익은 회사에 귀속된다.

퇴직연금운용자산	××× /	퇴직연금운용수익	×××
		(영업외수익)	

운용수익이 발생한 경우 회사의 표준부담금의 납입액이 줄어들게 된다.

관리수수료 상의 회계처리

부담금 납입 시 납부하는 운용관리수수료 외에 매년 적립금의 일정률에 해당하는 운용관리수수료와 자산관리수수료를 부담하게 된다.

이 경우 다음과 같이 회계처리한다.

지급수수료	××× /	보통예금	×××

또한, 가입자 등에 대한 교육실시에 소요되는 비용을 충당하기 위해서 교육 실시 수수료 등도 부담하게 된다.

종업원이 퇴사 한 경우 회계처리

종업원이 퇴직연금에 대한 수급요건 중 가입기간 요건을 갖추고 퇴사한 경우 다음과 같이 회계처리 한다.

[일시금을 선택한 경우]

종업원이 일시금을 선택한 경우 DB 자산 관리회사는 퇴직한 종업원의 적립금해당액을 종업원에게 지급하며, 퇴직급여 중 나머지 차액은 회사가 지급하면 된다. 일시금 지급 시 원천징수의무자는 회사이므로 회사에서 퇴직급여에 대해 원천징수를 해야 한다.

· 퇴직연금사업자(DB 자산관리회사)의 지급분

퇴직급여충당부채	××× /	퇴직연금운용자산	×××

・ 회사의 지급 분

| 퇴직급여충당부채 | ××× | / | 보통예금 | ××× |
| | | | 예수금(원천세 해당액) | ××× |

[연금을 선택한 경우로서 회사가 연금지급의무를 부담하는 경우]

퇴직연금의 수령을 선택한 경우 재무상태표일 이후 퇴직종업원에게 지급해야 할 예상 퇴직연금 합계액의 현재가치를 측정하여 "퇴직연금미지급금"으로 계상한다.

예상 퇴직연금 합계액은 퇴직 후 사망률과 같은 보험수리적 가정을 사용해서 추정하고, 그 현재가치를 계산할 때는 만기가 비슷한 국공채의 매 재무상태표일 현재 시장이자율에 기초해서 할인한다.

・ 퇴직 시의 회계처리

| 퇴직급여충당부채 | ××× | / | 퇴직연금미지급금 | ××× |
| 퇴직급여 | ××× | | | |

주 퇴직급여 = 퇴직연금미지급금과 퇴직급여충당부채의 계상액과의 차액

주 퇴직연금미지급금 중 결산일로부터 1년 이내의 기간에 지급되는 부분이 있더라고 유동성대체는 하지 않는다. 다만, 결산일로부터 1년 이내의 기간에 지급이 예상되는 퇴직연금합계액과 부담금을 주석으로 공시한다.

・ 매 사업연도 종료일의 회계처리

매 사업연도 마다 사망률과 같은 보험수리적 가정이 바뀌거나 할인율이 바뀜에 따라 발생하는 퇴직연금미지급금 증감액과 시간의 경과에 따른 현재가치 증가액은 퇴직급여(비용)로 회계처리 한다.

| 퇴직급여 | ××× | / | 퇴직연금미지급금 | ××× |

・ 퇴직연금 지급 시의 회계처리

종업원에게 퇴직연금이 지급되는 경우 퇴직연금미지급금과 퇴직연금운

용자산을 상계처리 한다.

퇴직연금미지급금	×××	/	퇴직연금운용자산	×××

주 위 연금소득에 대하여 퇴직연금사업자가 연금소득에 대한 원천징수를 한다.

[DB 제도에서 회사가 연금지급 의무를 부담하지 않는 경우]

확정급여형 퇴직연금제도가 설정되었음에도 종업원이 퇴직한 이후에 회사가 연금지급 의무를 부담하지 않는다면, 예를 들어 확정급여형 퇴직연금제도의 규약에서 종업원이 연금수령을 선택할 때 회사가 퇴직일시금 상당액으로 일시납 연금상품을 구매하도록 정하는 경우 회사가 퇴직일시금을 지급함으로써 연금지급에 대한 책임을 부담하지 않는다고 본다.

❶ DB 자산관리회사의 지급분

퇴직급여충당부채	×××	/	퇴직연금운용자산	×××

❷ 회사의 지급 분

퇴직급여충당부채	×××	/	보통예금	×××

주 위 ❶, ❷의 소득은 소득세법상 연금소득에 해당하며, 퇴직연금사업자가 연금소득 지급 시 원천징수 한다.

재무제표의 공시

[DB 제도하에서 자산·부채의 공시방법]

확정급여형 퇴직연금제도에서 퇴직급여와 관련된 자산과 부채를 재무상태표에 표시할 때는 퇴직급여와 관련된 부채(퇴직급여충당부채와 퇴직연금미지급금)에서 퇴직급여와 관련된 자산(퇴직연금운용자산)을 차감하는 형식으로 표시한다. 퇴직연금운용자산이 퇴직급여충당부채와 퇴직연금미지급금의 합계액을 초과하는 경우는 그 초과액을 투자자산의 과목으로 표시한다.

[퇴직금제도와 확정급여형 퇴직연금제도가 병존하는 경우]

퇴직금제도와 확정급여형 퇴직연금제도가 병존하는 경우는 다음과 같이 회계처리 한다.

❶ 각 제도의 퇴직급여충당부채는 합산하여 재무상태표에 표시한다.

그러나 퇴직금제도에서 경과적으로 존재하는 퇴직보험예치금은 확정급여형 퇴직연금제도의 퇴직연금운용자산과 구분해서 퇴직급여충당부채에서 차감하는 형식으로 표시하고 퇴직보험에 대한 주요 계약내용을 주석으로 공시한다.

❷ 어떤 제도에서 초과자산이 발생하는 경우 다음의 요건 중 하나 이상을 충족한다면 다른 제도의 부채와 상계한다.

① 회사에는 어떤 제도의 초과자산을 다른 제도의 부채를 결제하는데, 사용할 수 있는 법적 권한이 있고 실제로 사용할 의도도 있다.

② 회사에는 어떤 제도의 초과자산을 다른 제도의 부채를 결제하는데, 사용해야 하는 법적 의무가 있다.

확정기여형 퇴직연금 제도

확정기여형 퇴직연금(DC)제도란 사용자의 부담금이 사전에 확정되고 근로자가 받을 퇴직급여는 사용자가 부담해서 적립한 적립금의 운용결과에 따라 변동되는 형태의 퇴직연금제를 말한다.

확정기여형 퇴직연금제도를 설정한 경우는 당해 회계기간에 대해 회사가 납부해야 할 부담금(기여금)을 퇴직급여(비용)로 인식하고, 퇴직연금운용자산, 퇴직급여충당부채 및 퇴직연금미지급금은 인식하지 않는다.

[퇴직연금부담금 불입시]

퇴직급여(비용)	×××	/	보통예금	×××
지급수수료	×××			

주 부담금납입 시 운용관리회사에 납부하는 운용관리 수수료임.

[관리수수료 등의 회계처리]

매년 운용관리수수료와 자산관리수수료 및 교육실시 수수료 납입시 다음과 같이 처리한다.

지급수수료	×××	/	보통예금	×××

한편 적립금의 운용 결과 증감된 금액은 종업원에게 귀속되므로 회사의 회계처리는 없다.

퇴직급여제도 변경 시의 회계처리

기존의 퇴직금제도에서 확정기여형 퇴직연금 제도로 변경하는 경우 기존 퇴직급여충당부채에 대한 회계처리는 다음과 같다.

- 퇴직급여 제도를 변경하면서 기존 퇴직급여충당부채를 정산하는 경우 기존 퇴직급여충당부채의 감소로 회계처리 한다.
- 확정기여형퇴직연금제도가 장래 근무기간에 대해서 설정되어 과거 근무 기간에 대해서는 기존 퇴직금제도가 유지되는 경우 임금수준의 변동에 따른 퇴직급여충당부채의 증감은 퇴직급여(비용)로 인식한다.

사채 및 신주인수권부사채, 전환사채

구 분	계정과목 해설
사채	주식회사가 거액의 자금을 조달하기 위해서 일정액(권당 10,000원)을 표시하는 채권을 발행해서 다수 인으로부터 조달한 부채를 말한다.
신주인수권부사채	신주인수권부사채는 유가증권의 소유자가 일정한 조건하에 신주인수권을 행사할 수 있는 권리가 부여된 사채를 말하며, 재무상태표일로 부터 1년 후에 상환되는 사채의 가액으로 한다.
전환사채	전환사채는 유가증권의 소유자가 일정한 조건하에 전환권을 행사할 수 있는 사채로서, 권리를 행사하면 보통주로 전환되는 사채를 말하며, 재무상태표일로 부터 1년 후에 상환되는 사채의 가액으로 한다.

사채의 회계처리

분개 사례 ···

발행시

(주)아이는 2020년 1월 2일 액면가액이 200만원인 사채를 발행하려고 한다. 동 사채의 만기일은 2023년 12월 31일이며, 액면이자율은 연 10%로 매년 12월 31일 이자를 지급한다. 사채발행일의 시장이자율이 아래와 같다고 할 때 사채의 발행가액은?

1. 시장이자율 : 8%(할증발행)
2. 시장이자율 : 10%(액면발행)
3. 시장이자율 : 12%(할인발행)

현가계수표는 다음과 같다.

기간	8%		10%		12%	
	현가계수	연금현가계수	현가계수	연금현가계수	현가계수	연금현가계수
1	0.92593	0.92593	0.90909	0.90909	0.89286	0.89286
2	0.85734	1.78326	0.82645	1.73554	0.79719	1.69005
3	0.79383	2.57710	0.75131	2.48685	0.71178	2.40183
4	0.73503	3.31213	0.68301	3.16987	0.63552	3.03735

[시장이자율이 8%인 경우(할증발행)]

❶ 발행가액

1) 원 금 : 2,000,000원 × 0.73503 = 1,470,060원

2) 이 자 : 2,000,000원 × 10% × 3.31213 = 662,426원

1) + 2) = 2,132,486원

3) 사채할증발행차금 = 2,000,000원 − 2,132,486원 = 132,486원

❷ 회계처리

현금	2,132,486	/	사채	2,000,000
			사채할증발행차금	132,486

[시장이자율이 10%인 경우(액면발행)]

❶ 발행가액

1) 원 금 : 2,000,000원 × 0.68301 = 　　　1,366,020원

2) 이 자 : 2,000,000원 × 10% × 3.16987 = 　　623,980원

　　　　　　　　　　　　　　　　　　　　　2,000,000원

❷ 회계처리

현금	2,000,000	/	사채	2,000,000

[사채이자율이 12%인 경우(할인발행)]

❶ 발행가액

1) 원 금 : 2,000,000원 × 0.63552 = 　　　1,271,040원

2) 이 자 : 2,000,000원 × 10% × 3.03735 = 　　607,470원

　　　　　　　　　　　　　　　　　　　　　1,878,510원

3) 사채할인발행차금 = 2,000,000원 - 1,878,510원 = 121,490원

❷ 회계처리

현금	1,878,510	/	사채	2,000,000
사채할인발행차금	121,490			

 상각시

사채발행	이자율	이자비용
액변발행	액면이자율 = 시장이자율	현금으로 지급하는 이자비용(액면이자율)과 실제로 부담하는 이자비용(시장이자율)이 같다.
할인발행	액면이자율 < 시장이자율	투자자가 투자한 발행가액보다 만기에 실제로 더 많은 금액을 상환하므로 그 차액(사채할인발행차금)만큼은 이자비용에 해당한다. 따라서 실제로 부담하는 이자비용은 현금으로 지급하는 이자비용 + 사채할인발행차금이 된다.
할증발행	액면이자율 > 시장이자율	투자자가 투자한 발행가액보다 만기에 실제로 더 적은 금액을 상환하므로 그 차액(사채할증발행차금)만큼은 이자비용에서 차감한다. 실제로 부담하는 이자비용은 현금으로 지급하는 이자비용 - 사채할증발행차금이 된다.

[할인발행시]

❶ 상 각

사채할인발행차금상각표

일 자	① 현금지급이자(액면가액 × 액면이자율)	② 유효이자(장부가액(①) × 시장이자율)	③ 사채할인발행차금상각(② - ①)	④ 미상각사채할인발행차금(④ - ③)	⑤ 장부가액(⑤ + ③)
2020. 01. 02				121,490	1,878,510
2020. 12. 31	200,000	225,421	25,421	96,069	1,903,931
2021. 12. 31	200,000	228,471	28,471	67,598	1,932,402
2022. 12. 31	200,000	231,888	31,888	35,710	1,964,290
2023. 12. 31	200,000	235,710	35,710	-	2,000,000

❷ 2020. 12. 31

이자비용	225,421	/	현금	200,000
			사채할인발행차금	25,421

❸ 2021. 12. 31

이자비용	228,471	/	현금	200,000
			사채할인발행차금	28,471

[할증발행시]

❶ 상 각

사채할증발행차금상각표

일 자	①현금지급이자(액면가액 액면이자율)	②유효이자(장부가액 ⑤시장이자율)	③사채할인발행차금상각 (①-②)	④미상각사채 할인발행차금 (④-③)	⑤장부가액 (⑤-③)
2020. 01. 02				132,486	2,132,486
2020. 12. 31	200,000	170,599	29,401	103,085	2,103,085
2021. 12. 31	200,000	168,246	31,754	71,331	2,071,331
2022. 12. 31	200,000	165,706	34,294	37,037	2,037,037
2023. 12. 31	200,000	162,963	37,037	-	2,000,000

❷ 2020. 12. 31

이자비용	170,599	/	현금	200,000
사채할증발행차금	29,401			

❸ 2021. 12. 31

이자비용	168,246	/	현금	200,000
사채할증발행차금	31,754			

🗑 상환시(만기상환 및 조기상환)

사채의 만기상환은 사채의 만기가 도래해서 사채발행회사는 사채의 액면금액을 사채투자자에게 지급해야 하는 데 이같이 만기에 사채를 상환하는 것을 말한다.

사채	2,000,000	/	현금	200,000

만약 위의 사채를 2014년 1월 1일에 190만원에 조기 상환한 경우는 할인발행시 다음과 같이 회계처리 한다.

사채	2,000,000	/	현금	1,900,000
			사채할인발행차금	96,069
			사채상환이익	3,904

🔑 사채할인발행차금 잔액 = 121,490원 - 25,421원 = 96,096원

🔑 사채상환이익 = (200만원 - 96,096원) - 190만원 = 3,904원

전환사채의 회계처리

구 분	정 의
상환할증금	미전환시 그 액면에 추가로 지급되는 금액을 말한다. 즉, 전환사채는 보통주로 전환할 수 있는 전환권이 부여되기 때문에 상환기간동안 일반사채보다 낮은 이자율로 표시이자를 지급할 수 있으므로, 발행자는 금융비용의 부담이 적다는 장점이 있다. 반면 소유자는 만기까지 주식의 가액이 낮아 전환을 못 하는 경우 다른 자금운영수단보다 상대적으로 낮은 이율에 대한 손해를 보상해주기 위해 액면금액에 추가해서 지급하기로 약정을 하는데 동 약정금액을 상환할증금이라고 한다. 이는 전환사채에 가산하는 형식으로 기재한다.
전환권대가 (전환권가치)	발행가와 현재가치(원리금과 상환할증금의 현재가치)의 차이금액을 말한다. 즉, 전환사채는 일반사채(부채)와 전환권(주식의 전환권리 : 자본의 성격)의 두 가지 요소를 가지고 있는데, 발행가액을 일반사채에 해당하는 부분과 전환권에 해당하는 자본부분으로 분리해서 자본부분의 가치를 전환권대가로 인식한다. 이는 기타자본잉여금으로 처리한다. 전환권대가 = 전환사채의 발행가액 - 일반사채일 경우 발행가액 🔑 사채의 미래현금흐름의 현재가치(일반사채의 유효이자율로 할인한 금액

구 분	정 의
전환권조정	전환권조정 = 상환할증금 + 전환권대가
	이는 전환사채에서 차감하는 형식으로 기재하며, 매년말 유효이자율법으로 상각해서 이자비용으로 처리한다.

🔄 분개 사례 ···

📂 발행자의 입장

- 발행시

현금	××× /	전환사채	×××
전환권조정	×××	전환권대가	×××
		(발행가 – 일반사채 현가)	×××
		상환할증금	

- 결산시(이자지급)

이자비용	××× /	현금(액면이자)	×××
		전환권조정(상각액)	×××

- 전환시

전환사채	××× /	전환권조정(미상각액)	×××
상환할증금	×××	자본금(발행주식수×액면가액)	×××
전환권대가	×××	주식발행초과금	×××

- 상환시

전환사채	××× /	현금	×××
상환할증금	×××		

📂 소유자의 입장

- 취득시

매도가능증권(전환사채)	××× /	현금	×××

- 결산시

가. 이자수익

현금	×××	/	이자수익	×××
매도가능증권(전환사채)	×××			

나. 공정가액 평가

매도가능증권(전환사채)	×××	/	매도가능증권평가이익	×××
			(기타포괄손익누계액)	

● 전환권행사시

매도가능증권(지분증권)	×××	/	매도가능증권(전환사채)	×××
매도가능증권평가이익	×××		전환이익	×××

신주인수권부사채의 회계처리

신주인수권이란 유가증권의 소유자가 사전에 약정된 가격으로 보통주의 발행을 청구할 수 있는 권리를 말하며, 신주인수권부사채는 이러한 권리를 부여한 사채를 말한다.

신주인수권부사채는 전환사채와 유사하나 전환사채와 달리 신주인수권을 행사하는 경우 별도의 주금의 납입이 있어야 하고 사채는 만기까지 그대로 존속한다. 또한, 전환사채는 주식으로의 전환가능성으로 인해 비화폐성 부채로 분류하나, 신주인수권부 사채는 사채가 신주인수권의 행사와 관계없이 만기까지 그대로 존속하므로 화폐성 부채로 분류된다.

분개 사례

발행시

현금	×××	/	신주인수권부사채	×××
신주인수권조정	×××		신주인수권대가	×××
			상환할증금	×××

🗃 결산시(이자지급)

이자비용	×××　/	현금(액면이자)	×××
		신주인수권조정(상각액)	×××

🗃 전환청구로 신주식 발행시

현금	×××　/	신주인수권조정(미상각액)	×××
상환할증금	×××	자본금(발행주식수×액면가액)	×××
신주인수권대가	×××	주식발행초과금	×××

....

비유동부채의 기타종류

구 분	계정과목 해설
장기성 매입채무	장기성매입채무는 일반적 상거래에서 발생한 채무 중 유동부채에 속하지 않는 외상매입금 및 지급어음 금액을 계상하는 계정이다. 이는 명목상의 가액과 현재가치의 차이가 중요한 경우에는 이를 현재가치에 의해서 평가한다. 기말결산 시 명목가액과 현재가치의 차이인 현재가치할인발행차금을 유효이자율법 등을 적용해서 상각 또는 환입하고, 이를 이자비용 또는 이자수익으로 인식한다. 또한, 동 장기성매입채무가 결산일로부터 1년 이내에 만기일이 도래하는 경우 동 계정을 유동성매입채무로써 유동부채로 재분류한다.
퇴직급여 채무	퇴직급여채무는 전 임직원이 일시퇴직 시 미래의 임금상승률, 사외적립자산 등을 고려해 시장수익률에 기초한 이자율을 적용·할인해 계산한 금액을 처리하는 계정이다.
확정급여 채무	충당부채와 달리 지급이 확정되어있는 부채로 확정급여채무에서 사외적립자산을 차감한 금액에 미인식보험수리적손익을 가감해서 계산한 금액을 말한다.

구 분	계정과목 해설
퇴직급여 충당부채	퇴직급여충당부채는 회사가 회계연도 말 현재 퇴직금제도 및 확정급여형 퇴직연금제도에 의해 퇴직급여를 지급해야 하는 종업원이 일시에 퇴직할 경우 지급해야 할 퇴직금에 상당하는 금액을 처리하는 계정이다(비유동종업원급여충당부채).
장기 제품보증 충당부채 (건설업 : 하자보수 충당부채)	품질보증이란 제품의 판매나 서비스의 제공 후에 제품의 품질, 수량 등에 결함이 있을 때, 그것을 보증해서 수선/교환해 주겠다는 판매자와 구매자간의 약속을 말한다. 이러한 제품보증으로 인해서 미래에 보증청구의 발생가능성이 높고, 의무이행을 위한 자원의 유출가능성이 높으며, 자원의 유출금액에 대해서 신뢰성 있는 추정이 가능하다면 제품보증충당부채(건설업의 경우에는 하자보수충당부채)를 인식해야 한다. 제품보증과 관련해서 주의할 점은 제품보증의무의 발생가능성을 판단할 때에는 제품보증의무 전체를 고려해야 한다는 것이다. 왜냐하면, 개별적인 의무발생가능성이 낮더라도 전체적인 의무이행에 대해서 판단하면, 의무발생가능성이 높을 수 있기 때문이다. 제품보증충당부채 = 매출액 × 과거의 경험률 - 제품보증비용 발생액
경품 충당부채	기업은 특정상품의 판매를 촉진하기 위해서 환불정책이나 경품제도를 시행하기도 한다. 이런 경우 상품판매의 결과로 현재의무의 발생가능성이 높고 의무이행을 위한 자원의 유출가능성이 높으므로 관련비용에 대한 최선의 추정치를 충당부채로 인식해야 한다.
장기 법정소송 충당부채	기업은 영업활동을 수행하는 과정에서 여러 가지 원인에 의해서 다른 기업이나 소비자 등으로부터 손해배상청구소송 및 클레임(claims)이 제기되어 있거나 또는 제기될 가능성이 있다. 이러한 경우 ❶ 소송 등의 원인이 보고기간 말 현재 이미 발생하였고, ❷ 과거의 유사한 경험이나 전문가의 의견, 소송의 진행과정 등을 참작해서 불리한 결과가 나타날 가능성이 높고, ❸ 의무이행을 위한 자원의 유출가능성이 높으며, ❹ 손실금액을 합리적으로

구 분	계정과목 해설
	추정할 수 있는 경우에는 예상되는 손실액만큼 당기손실로 인식하고 동액만큼 충당부채로 인식해야 한다. 일반적으로 소송이나 클레임의 경우 손실의 발생가능성과 손실금액은 전문가의 의견을 고려해서 추정하게 된다. 여기서 손해배상손실의 금액이 단일금액이 아닌 일정 범위로 추정되는 경우에는 관련된 증거자료 등을 종합적으로 고려해서 그 범위 내의 금액 중 가장 합당한 추정치를 손실로 계상해야 한다.
반품 충당부채	거래 이후에도 판매자가 소유에 따른 위험의 대부분을 부담하는 반품가능판매의 경우 ❶ 판매가격이 사실상 확정되었고, ❷ 구매자의 지급의무가 재판매여부에 영향을 받지 않으며, ❸ 판매자가 재판매에 대한 사실상의 책임을 지지 않고, ❹ 미래의 반품금액을 신뢰성 있게 추정할 수 있다는 조건이 충족되는 경우 충당부채로 인식한다.
채무보증 계약충당 부채	기업은 담보가 부족하거나 재무구조가 취약한 관계회사나 관련 회사의 지급의무에 대해서 보증을 하는 경우가 있다. 이러한 경우에 1차 적인 지급의무가 있는 관계회사나 관련 회사가 부채를 상환한다면 아무런 문제가 없지만, 1차적인 지급의무자가 부채를 상환하지 못한다면 보증인이 지급의무를 부담하게 된다. 따라서 타인의 채무보증을 한 경우에는 손실이 발생할 수 있는 우발상황에 해당되므로 1차적인 지급의무자가 재정적인 문제로 인해서 ❶ 부채를 상환하지 못할 가능성이 높고, ❷ 의무이행을 위한 자원의 유출가능성이 높으며, ❸ 그 금액을 합리적으로 추정할 수 있다면 보증으로 인해서 지급할 금액만큼 손실로 인식하고 동액을 충당부채로 계상해야 한다.
복구 충당부채	토양, 수질, 대기, 방사능 오염 등을 유발할 가능성이 있는 시설물, 예를 들면 원자력 발전소, 해상구조물, 쓰레기매립장, 저유설비 등의 유형자산에 대해서는 경제적 사용이 종료된 후에 환경보전을 위해서 반드시 원상을 회복시켜야 한다. 또한, 환경오염에 대한 법적 규제나 회사의 환경정책에 따라 환경정화비용 등이 발생할 수도 있다. 이러한 경우에 과거사건의 결과로

구 분	계정과목 해설
	현재의무의 발생가능성이 높고, 의무이행을 위한 자원의 유출가능성이 높다면 복구원가에 대한 최선의 추정치를 충당부채로 인식해야 한다.
공사손실 충당부채	건설공사계약에서 공사와 관련해서 향후 공사손실의 발생이 예상되는 경우에는 예상손실을 즉시 공사손실충당부채로 인식하고 중요 세부 내용을 주석으로 기재한다.

자본 계정과목과 분개사례

1 납입자본

자본금은 주주들이 납입한 법정자본금을 말하며, 반드시 보통주자본금과 우선주자본금으로 구분해서 표시한다. 자본금이란 주식회사의 경우 발행주식의 출자총액을 말하고, 개인회사의 경우 개인이 납입한 총액을 말한다.

구 분	계정과목 해설
보통주 자본금	보통주 발행에 의한 자본금을 말한다. 보통주는 보통 일반회사들이 발행하고 있는 주식 대부분을 차지하고 있는 것으로 우선주나 후배주와 같은 특별한 권리 내용이 정해지지 않은 일반 주식을 말한다.
우선주 자본금	우선주 발행에 의한 자본금을 말한다. 우선주는 보통주에 대한 배당이나 기업이 해산할 경우 잔여재산의 분배 등에서 우선권을 갖는 주식을 말한다. 우선주에는 일정액의 배당을 받은 후에도 역시 이익이 충분히 있을 경우는 이것을 받을 수 있는 것과 보통주로 전환할 수 있는 것 등 여러 가지 종류가 있다. 확정이자 의 배당수입을 얻을 수 있는 사채에 가까운 성격의 것도 있을 수 있다.

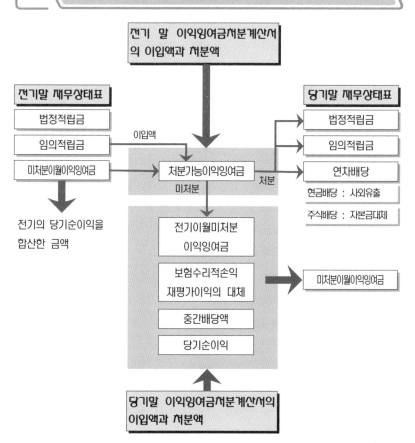

② 이익잉여금(또는 결손금)

전기 말 이익잉여금처분계산서의 이입액과 처분액

전기말 재무상태표
- 법정적립금
- 임의적립금
- 미처분이월이익잉여금

전기의 당기순이익을
합산한 금액

이입액

처분가능이익잉여금
미처분

당기말 재무상태표
- 법정적립금
- 임의적립금
- 연차배당

처분

현금배당 : 사외유출

주식배당 : 자본금대체

전기이월미처분
이익잉여금

보험수리적손익
재평가이익의 대체

중간배당액

당기순이익

미처분이월이익잉여금

당기말 이익잉여금처분계산서의 이입액과 처분액

이익잉여금은 포괄손익계산서 항목의 거래로 인해서 발생하는 이익을 말한다. 이익잉여금(또는 결손금)은 손익계산서에 보고된 손익과 다른 자본 항목에서 이입된 금액의 합계액에서 주주에 대한 배당, 자본금으로의 전입 및 자본조정 항목의 상각 등으로 처분된 금액을 차감한 잔액을 말하며, 법정적립금으로 표시하고 있다. 임의적립금 및 미처분이익잉여금(또는 미처리결손금) 등의 잔액으로 구분해서 표시한다.

구 분	계정과목 해설
법정적립금	상법 등 법령의 규정에 의해서 적립된 금액을 말한다.
이익준비금	상법은 자본금의 2분의 1에 달할 때까지 매 결산기의 금전에 의한 이익배당액의 10분의 1 이상의 금액을 강제적으로 기업 내부에 유보하도록 하고 있는데, 이 규정에 따라서 적립한 준비금을 말한다. 이익준비금은 결손금을 보전하거나 자본금으로 전입할 수 있다.
재무구조 개선적립금	재무구조개선적립금은 유가증권의 발행 및 공시 등에 관한 규정에 의한 법정적립금으로서 결손금을 보전하거나 자본금으로 전입할 수 있다.
임의적립금	임의적립금은 법률이 아닌 회사가 임의적으로 일정한 목적을 위해서 정관 또는 주주총회의 결의로 적립된 금액으로서 사업확장적립금, 감채적립금, 배당평균적립금, 결손보전적립금 및 세법상 적립해서 일정기간이 경과한 후 환입될 준비금 등을 말한다.
미처분이익잉여금(또는 미처리결손금)	당기 이익잉여금처분계산서(또는 결손금처리계산서)의 미처분이익잉여금(또는 미처리결손금)을 말한다. 이때, 미처분이익잉여금(또는 미처리결손금)은 다음과 같이 구성된다. [미처분이익잉여금] 1. 전기이월미처분이익잉여금(또는 전기이월미처리결손금) 2. 회계정책변경누적효과 : 회계정책 변경에 따른 누적효과 중 비교표시 재무제표의 최초회계기간 직전까지의 금액을 말한다. 3. 중간배당액 4. 당기순이익(또는 당기순손실)

3 기타자본구성요소

자본잉여금

자본잉여금은 증자나 감자 등 주주와의 거래에서 발생해서 자본을 증가시키는 잉여금을 말하며, 주식발행초과금과 기타자본잉여금으로 구분해서 표시한다.

구 분	계정과목 해설
주식발행초과금	회사가 신주를 발행하는 경우 발행의 방법에는 액면발행, 할인발행(발행가액보다 낮은 가액), 할증발행(발행가액보다 높은 가액) 등이 있는데, 이 중 할증발행 시 주식발행가액이 액면가액을 초과하는 금액을 주식발행초과금이라고 한다.
기타자본잉여금	기타자본잉여금에는 자기주식처분이익에서 자기주식처분손실을 차감한 금액으로 감자차익 등이 포함된다. 감자차익은 자본감소의 경우에 그 자본금의 감소액이 주식의 소각, 주금의 반환에 든 금액과 결손의 보전에 충당한 금액을 초과한 때에 그 초과금액을 말한다. 다만, 자본금의 감소액이 주식의 소각, 주금의 반환에 든 금액에 미달하는 금액(즉 감자차손)이 있는 경우에는 동 금액을 차감한 후의 금액을 장부상 처리한다.

자본조정

자본조정은 당해 항목의 성격으로 보아 자본거래에 해당하나 최종 납입된 자본으로 볼 수 없거나 자본의 가감 성격으로 자본금이나 자본잉여금으로 분류할 수 없는 항목을 말하며, 자기주식은 별도 항목으로 표시하고 기타 항목은 기타자본조정으로 구분해서 표시할 수 있다.

구 분	계정과목 해설
자기주식	회사가 이미 발행한 주식을 주주로부터 취득한 경우 그 취득가액을 말한다. 이익으로 상환하기로 해서 취득하는 상환주식도 포함된다. 즉, 자기회사가 발행한 주식을 말한다.

구 분	계정과목 해설
기타 자본조정	기타자본조정에는 주식할인발행차금, 주식매수선택권, 출자전환채무, 감자차 손, 자기주식처분손실 및 배당건설이자 등이 포함된다.
주식할인 발행차금	주식발행가액이 액면가액에 미달하는 경우 그 미달하는 금액으로, 주식을 액면가 액 이하로 발행하는 경우 액면가액과 발행가액의 차이를 말한다.
주식매수 선택권	회사의 임직원 또는 기타 외부인이 행사가격으로 주식을 매입하거나 보상기준가격 과 행사가격의 차액을 현금 등으로 받을 수 있는 권리를 말한다.
출자전환 채무	채무자가 채무를 변제하기 위해 채권자에게 지분증권을 발행하는 출자전환에 합의하였으나 출자전환이 즉시 이행되지 않는 경우 출자전환을 합의한 시점(출 자전환으로 인해 발행될 주식 수가 결정되지 않은 경우는 주식 수가 결정되는 시점)에 발행될 주식의 공정가액(시장성 없는 지분증권의 경우 조정대상 채무 의 장부가액)을 자본조정의 '출자전환채무'로 대체하고 조정대상채무와의 차 액은 채무조정이익으로 처리한다.
감자차손	자본금의 감소액이 주식의 소각, 주금의 반환에 든 금액에 미달하는 금액을 말하며, 감자차익과 상계한 후의 금액으로 처리한다.
자기주식 처분손실	자기주식을 처분하는 경우 발생하는 손실로서 자기주식처분이익을 차감한 금 액으로 처리한다.
배당건설 이자	회사는 그 목적인 사업의 성질에 의해서 회사성립 후 2년 이상 그 영업의 전부 를 개시하기가 불능하다고 인정한 때에는 정관으로 일정한 주식에 대해서 그 개업 전 일정한 기간 내에 일정한 이자(이율은 연 5%를 초과하지 못함)를 그 주주에게 배당할 수 있음을 정할 수 있으며(상법 제463조 제1항), 배당금 액은 개업 후 연 6% 이상의 이익을 배당하는 경우는 그 6%를 초과한 금액과 동액 이상을 상각해야 한다.
미교부주 식배당금	미교부주식배당금이란 이익잉여금처분계산서상의 주식배당액을 말하며, 주식 교부 시에 자본금계정에 대체된다.
신주청약 증거금	신주청약증거금이란 청약에 의한 주식발행 시 계약금으로 받은 금액을 말하는 데, 이는 주식을 발행하는 시점에서 자본금으로 대체된다.

기타포괄손익누계액

포괄이익은 기업실체가 일정기간동안 소유주와의 자본거래를 제외한 모든 거래나 사건에서 인식한 자본의 변동을 말하고, 기타포괄손익누계액은 포괄이익 중 포괄손익계산서상 당기순이익에 포함되지 않은 포괄이익을 말하며, 재무상태표일 현재의 매도가능증권평가손익, 해외사업환산손익, 현금흐름위험회피 파생상품평가손익 등의 잔액으로 구분해서 표시한다.

구 분	계정과목 해설
재평가 잉여금	유형자산과 무형자산에 대해서 재평가모형을 적용하는 경우 당해 자산의 재평가이익은 재평가잉여금 계정으로 해서 기타포괄손익에 반영한다. 재평가잉여금은 당해 자산의 처분 시점에 이익잉여금으로 직접 대체한다.
매도가능 증권 평가손익	매도가능증권평가손익은 단기매매증권이나 만기보유증권으로 분류되지 않은 유가증권을 공정가액으로 평가함에 따라 발생한 미실현보유손익을 말한다.
지분법 자본변동	지분법적용투자주식 취득 이후 피투자회사에 대한 순자산 지분가액의 변동이 피투자회사의 자본금, 자본잉여금, 자본조정 항목의 증가 또는 감소로 인해서 변동한 경우 지분법적용투자주식의 장부가액 변동액을 표시하는 계정이다.
확정급여 제도의 보험수리 적 손익	사외적립자산은 외부사업자와 계약부터 생각해보면 외부사업자는 연간 기대수익을 제시하고, 그것을 신뢰해서 퇴직금을 적립하게 된다. 즉 이자와 같은 것이다. 하지만, 외부사업자는 투자활동에서 체계적 위험과 비체계적 위험에 따른 부분을 통제할 수 없으므로 실제 수익은 처음 약정한 기대수익을 초과할 수도 혹은 못 할수도 있다. 이 부분을 보험수리적 손익이라 하며, 위탁자입장에서 고려하도록 국제회계기준은 요구하고 있다. 다음과 같이 처리할 수 있다. • 발생 시점에서 기타포괄손익으로 인식한 후 이익잉여금으로 대체

구 분	계정과목 해설
	• 정상적인 범위 내의 금액은 확정급여부채의 결정과정에서 가감하며, 이 범위를 초과하는 비정상적인 금액은 예상 평균잔여 근무기간으로 배분해서 당기손익으로 인식
해외사업 환산손익	해외사업환산손익은 영업·재무활동이 본점과 독립적으로 운영되는 해외지점, 해외사업소 또는 해외 소재 지분법 적용 대상 회사의 외화자산·부채를 당해 자산·부채는 재무상태표일 현재의 환율을, 자본은 발생 당시의 환율을 적용하며, 손익항목은 거래 발생 당시의 환율이나 당해 회계연도의 평균환율을 적용해서 일괄 환산함에 따라 발생하는 환산손익을 말한다.
현금흐름 위험회피 파생상품 평가손익	현금흐름위험회피 파생상품평가손익은 파생상품이 현금흐름 위험회피회계에 해당하는 경우 당해 파생상품을 공정가액으로 평가함에 따라 발생하는 평가손익을 말한다.

재무상태표는 특정 시점의 기업의 재정상태를 알 수 있는 명세서이다. 설립 이후부터 현재까지 회사의 경영성과가 집적된 결과물일 뿐 아니라 기업의 미래현금흐름에 대해 예측도 할 수 있는 정보를 제공하기 때문이다.

내용은 자산, 부채, 자본 등이 나오는데, 먼저 자산총계를 보면 회사의 규모를 알 수 있다. 자산이 많을수록 조달된 자금이 많다는 뜻이며 투자된 자본에 비해 얼마나 많은 성과를 내는지 알 수 있다.

부채는 회사가 영업을 위해 주주가 아닌 기업 외부로부터 조달된 자금이나 지급해야 할 채무가 나온다.

자본은 회사가 영업을 위해 주주로부터 출자받은 자본금 및 자본잉여금 등과 회사가 벌어들인 이익 중 배당 등으로 처분하지 않고 회사에 남아 있는 금액을 말한다.

신문기사를 볼 때 재무구조 건전성이란 말을 많이 쓰는데 이것 역시 부채 규모와 자본 규모의 적정성을 통해 분석한다.

재무구조란 타인자본인 부채와 자기자본인 자본의 구성 비율을 말하는데, 자기자본에 비해 타인자본이 많으면 재무적으로 불안한 회사를 말한다.

자산은 단지 그 회사의 규모를 알려주기 때문에 부채를 제외한 순자산(= 자본)으로 재무구조의 건전성을 평가해야 한다. 즉 자산은 부채와 자본을 더한 것이고 자본은 자산에서 부채를 뺀 거라고 보면 된다. 부채가 너무 많으면 빚을 내서 자산을 부풀린 것이 되므로 위험한 회사라고 보면 된다. 하지만 자본 또한 너무 많으면 자기자본이익률(ROE)이 떨어지니 무조건 좋다고 볼 수 없다.

재무상태표를 보는 목적에 따라 다르겠지만, 통상 자산에서는 현금, 현금성자산, 금융상품 등을 주의 깊게 보는 것이 중요하다. 또한, 부채에서는 만기까지 부채를 갚지 않으면 부도로 이어질 수 있으니까 차입금이 중요하다. 자본에서는 배당 여부를 파악할 수 있는 이익잉여금의 크기가 중요하다.

재무상태표를 보는 법

이제까지 살펴본 내용으로 재무상태표를 쉽게 볼 수 있을 것이다.

재무상태표는 기업의 재산 상태를 알려주는 표이기 때문에 사람으로 말하자면 그 사람의 외형상 나타나는 키, 몸무게, 가슴둘레, 허리둘레 등을 말한다.

왼쪽에는 계정과목 열이 위에서 아래로 자산, 부채, 자본의 순서대로 배열되어 있다. 각 자산, 부채, 자본에서도 또 분류기준에 따라 그룹별로 표시되어 있고 각 그룹 내에서도 유동성이 높은 것부터 낮은 것으로 순서대로 표시하고 있다. 모든 계정과목을 한꺼번에 다 보면 머리가 아프니까 먼저 자산, 부채, 자본의 큰 항목만 확인해 보고, 다음에 그룹별 항목을 확인해 본다. 처음에는 세부적인 계정과목을 일일이 눈에 둘 필요가 없다.

오른쪽에는 각 과목의 금액이 당기 말과 전기 말(즉, 당기의 기초)을 비교해서 표시하고 있다. 그런데 당기와 전기의 금액이 다시 각각 2개의 열로 나누어져 표시되어 있거나 합계가 표시되어 있을 것이다. 2개의 열로 나누어져 있는 경우 어렵게 생각할 필요 없이 첫째 열은 각 계정의 금액이고 둘째 열에 그룹별 합계를 표시한 것에 불과하다. 처음에는 과목에서도 큰 분류항목만 보는 것처럼 금액도 합계금액 열만 보면 눈에 쉽게 들어온다.

이렇게 전체의 뼈대 구조를 파악한 후에 자산의 총계와 부채 및 자본의 총계를 한 번 보고 일치하는지 확인해 본다.

그다음 그룹별 항목의 합계를 보면 이 회사의 재무 상태의 기본 내용을 쉽게 알 수 있다. 먼저 당기 말 금액만 본 후에 뼈대가 파악되면 전기 금액과 비교해 본다. 그룹별 항목 금액이 어떻게 변했는지 알 수 있게 된다.

이렇게 해서 어느 정도 큰 그림이 눈에 들어오게 되면 점차로 각 계정과목의 금액들을 세세하게 보아도 머리가 아프지 않고 쉽게 볼 수 있을 것이다.

총자산 ──── 자 산 (1,000원) (1,000원)	부 채(500원) ┐ 총자본 (타인자본) │ (1,000원) 자 본(500원) ┘ (자기자본)
합 계(1,000원)	합 계(1,000원)

조달된 자금의 운용 내역	회사자금의 조달 내역

= 대차 평균의 원리

1   자산규모를 보면 기업의 규모를 알 수 있다.

자산이 많으면 기업은 더 많은 이익을 내야 한다. 즉 자산이 많다는 것은 부채 및 자본이 많다는 것이고, 이 중 부채가 많으면 이자비용 지출이 많은 것을 자본이 많으면 배당을 많이 하기 위해 이익이 많아야 한다.

부채가 많은 경우   자본이 많은 경우

이자비용 지출이 많은 것   **배당을 많이 하기 위해 이익이 많아야 한다.**

2   유동자산과 유동부채를 비교해보면 유동성을 알 수 있다.

유동부채는 1년 이내에 갚아야 하는 빚을 유동자산은 1년 이내에 처분 가능한 자산을 말한다. 따라서 유동부채를 문제없이 지불해주려면 유동부채보다 많은 유동자산을 가지고 있어야 한다. 즉 유동부채가 유동자산보다 많다는 것은 채권자가 일시에 빚 독촉을 하면 즉시 갚을 수 있는 자산이 부족하다는 것을 의미한다.

더욱 보수적인 분석은 유동자산에서 재고자산을 제외한 당좌자산만을 유동자산으로 보아 분석하는 것이다. 재고자산의 경우 비록 유동자산이지만 경기가 어려우면 그만큼 현금화가 늦어지기 때문이다.

보수적인 분석에서 유동자산에서 재고자산을 제외하고 당좌자산만으로 분석하는가?

재고자산의 경우 비록 유동자산이지만 경기가 어려우면 그만큼 현금화가 늦어지기 때문이다.

3 회사의 순자산가치를 알 수 있다.

순자산이란 자산에서 부채를 차감한 금액을 말하며, 순자산 금액을 발행주식 수로 나누면 1주당 순자산가치가 계산된다. 이는 1주에 대한 회사재산에 대한 권리라고 보면 된다.

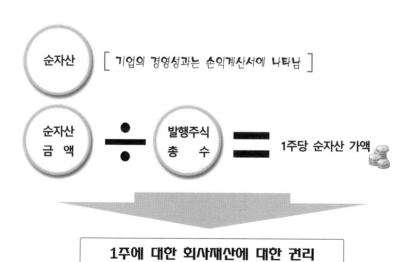

4 이익잉여금의 규모를 보면 이익을 알 수 있다.

이익잉여금은 기업이 설립 시점부터 현재까지 벌어들인 이익을 전부 합한 금액에서 주주들에게 지불한 배당금을 뺀 금액을 말한다.

이익잉여금이 많다는 것은 단기적 손실을 감당할 여력이 많다는 것을 의미하며, 이익잉여금이 적다는 것은 손실이 지속적으로 발생할 경우 자본금을 까먹을 가능성이 크다는 것을 의미한다.

최소한 유동부채보다 많아야 일시의 빚 독촉 시 대응할 수 있다.	유동자산	유동부채	유동부채가 많은 경우 이자 부담이 크고, 유동자산이 부족한 경우 단기에 일시적인 부채상환이 어려워질 수 있다. 따라서 유동부채보다 비유동부채가 많은 것이 안정적이다.
		비유동부채	
	비유동자산	자 본	
		이익잉여금	
	합 계	합 계	

이익잉여금이 많다는 것은 단기적 손실을 감당할 여력이 많다는 것을 의미하며, 이익잉여금이 적다는 것은 손실이 지속적으로 발생할 경우 자본금을 까먹을 가능성이 크다는 것을 의미한다.

안전도가 높은 회사
- 부채에 대해서 ❶ 부채가 없는 회사 ❷ 부채가 있어도 유동부채가 적은 회사
- 자산에 대해서 유동자산이 많은 회사
- 자산과 부채의 관계에 있어서 유동자산이 유동부채보다 많은 회사

기업의 경영성과를 나타내는 (포괄)손익계산서

1. 손익을 나타내는 재무제표는 (포괄)손익계산서

기업의 1년간 경영성과 즉 수익과 비용은 포괄손익계산서에 나타나게 된다.

포괄손익계산서를 이해하기 위해서는 총포괄손익의 개념부터 이해할 필요가 있다. 총포괄손익이란 소유주(주주)와의 거래로 인한 자본변동을 제외한 모든 자본의 변동을 의미한다. 즉, 다음의 등식에서 보는 바와 같이 기초순자산과 기말순자산의 차이 중 소유주와의 거래로 인한 자본변동을 제외한 부분이 총포괄손익이며, 총포괄손익은 다시 당기순손익과 기타포괄손익으로 분해할 수 있다.

기초순자산±자본변동(증자, 감자, 배당 등)+총포괄손익 = 기말순자산

총포괄손익 = 당기순손익 + 기타포괄손익

K-GAAP(종전기준)을 따르면 당기순손익만 손익계산서에 표시한다. 그러나 K-IFRS는 당기순손익뿐만 아니라 당기에 변동된 기타포괄손익도 성과평가에 유용한 정보라는 관점에서 이를 포괄손익계산서에 포함하도록 규정하고 있다.

K-IFRS 하에서 기타포괄손익으로는 다음의 항목들이 있다.

· 유형·무형자산에 대해서 재평가모형을 적용할 때 인식하는 재평가잉여금

· 매도가능증권의 공정가치 변동에 따른 평가손익

· 확정급여 제도와 관련하여 인식하는 미인식보험수리적손익

· 기능통화로 작성된 재무제표를 표시통화로 환산할 때 발생하는 외환차이

· 현금흐름위험회피 파생상품평가손익 중 위험회피에 효과적인 부분

기업은 당기순손익과 기타포괄손익을 하나의 보고서에 표시하는 포괄손익계산서를 작성(단일 보고서 방식)할 수도 있고, 당기순손익의 구성요소만 표시하는 손익계산서와 당기순손익에서 시작해서 기타포괄손익의 구성요소를 표시하는 포괄손익계산서를 작성(두 개의 보고서 방식)할 수도 있다. K-IFRS 조기 적용 기업들은 모두 두 개의 보고서로 분리하지 않고 단일 보고서 방식으로 포괄손익계산서를 작성하였다.

재무상태표와 마찬가지로 포괄손익계산서의 형식도 상세하게 규정하고 있지 않는 대신 수익, 금융원가, 지분법손익, 법인세비용, 중단사업손익, 당기순손익, 기타포괄손익, 총포괄손익 항목을 포함하도록 규정하고 있다.

K-IFRS에 따라 포괄손익계산서를 작성하면 K-GAAP을 적용하는 경우에 비해 그 분량이 매우 축소되며, 세부 내용은 주석을 보아야 알 수 있다. 위의 최소 표시 항목을 보면 영업손익이 없음을 알 수 있다. K-IFRS는 수익과 비용 중 영업항목과 비영업항목을 구분하도록 요구하지 않는다. 따라서 영업손익의 구분표시 여부는 기업의 재량에 따른다. 지금까지 재무제표 이용자들이 영업손익을 중요 성과측정치로 이용해 왔기 때문에 감독당국에서도 K-IFRS를 적용하는 기업들로부터 되도록

영업손익을 구분표시 해줄 것을 간접적으로 권고하는 상황이다.

그 결과 K-IFRS를 적용한 기업들은 모두 영업손익을 구분표시 해서 포괄손익계산서를 공시하였다.

(포괄)손익계산서의 구성요소

(포괄)손익계산서에는 세 가지 요소로 구성되어 있다.

· 회사의 매출액

· 비용

· 이익/손실

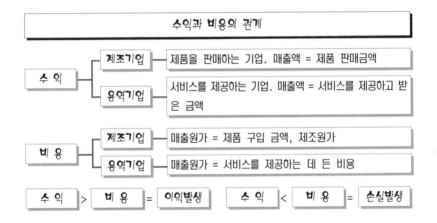

▣ 수익

수익은 기업이 번 돈을 의미한다. 즉 상품을 팔거나, 부동산을 임대해 임대료를 받거나 돈을 은행에 예금해서 이자를 받는 것이 대표적인 수익 항목이라고 할 수 있으며, 주요 수익 항목으로는 매출액, 기타수익과 금융수익이 있다.

그리고 발생한 모든 거래를 어느 시점에 수익으로 볼 것인가는 회계에 있어 매우 중요한 기준이다.

실무적으로 발생한 모든 거래를 수익으로 인식한다면 측정이 객관적으로 잘 될 것인가의 문제 등 여러 가지 복잡한 문제가 나타나므로 "실현주의"를 그 인식의 기준으로 삼고 있다.

실현주의란

첫째, 실현되었거나 실현 가능해야 하고

둘째, 가득되어야 수익으로 인식한다는 것이다.

즉 수익을 인식하기 위해서는 판매 대가로서의 현금 또는 현금청구권을 얻었거나 생산물이 안정된 가격으로 쉽게 판매될 수 있는 상태에 있어야 한다는 것이고, 수익창출을 위한 결정적이며, 대부분의 노력이 발생해야 한다는 것이다.

구 분	내 용
일반판매	상품을 판매한 날에 수익인식
완납인도 예약판매	❶ 재화를 인도하는 시점 ❷ 경험상 판매가 성사되었다고 보이는 경우 : 유의적인 금액의 예치금이 수령된 시점
위탁판매	수탁자(상품을 대신 판매 해주는 사람)가 위탁자(상품을 판매해 달라고 부탁한 사람)의 상품을 판매한 경우 수익을 인식한다. 위탁자가 상품을 수탁자에 보냈다고 판매로 인식하는 것이 아니라 위탁자의 창고에 재고자산(상품 등..)으로 남아 있는 것과 같은 것이다.
시용판매	고객이 사겠다고 의사를 표시한 날 수익인식
용역판매	진행기준에 따라 수익인식(비상장중소기업의 단기용역은 완성기준 가능)

구 분	내 용
할부판매	상품을 판매한 시점에서 수익인식(단, 이자부분을 제외한 판매가격을 수익으로 인식하고 이자 부분은 유효이자율법을 사용해서 수익을 인식)
상품권 매출	상품권을 인도한 날에 상품권을 회수해야 수익인식
장·단기 건설공사	진행기준에 따라서 수익인식
로얄티 수익	관련된 계약의 실질을 반영해서 발생기준에 따라 수익인식 실무적으로는 정액기준(특정기간동안 특정기술을 사용할 권리를 갖는 경우에는 약정기간동안 정액으로 수익인식)으로 인식 라이선스 제공 이후에 수행할 추가적인 의무가 없으며, 사용자에게 라이선스를 자유롭게 사용하도록 허용하는 해지 불능 계약에 따라 일정한 사용료나 환급불능보증금을 받는 대가로 권리를 양도하는 경우는 실질적 판매에 해당해서 판매시점에 수익을 인식한다.
배당수익	주주로부터 배당받을 권리가 확정되는 시점에 인식
미인도 청구 판매	일정 요건을 충족시키는 경우 구매자가 소유권을 가지는 시점
설치 및 검사조건부 판매	❶ 원칙 : 설치와 검사가 완료된 때 ❷ 설치과정이 단순하거나 계약가액을 최종적으로 확인하기 위한 목적으로만 검사가 수행되는 경우 : 구매자가 재화의 인도를 수락한 시점
인도 결제 판매	인도가 완료되고 현금을 수취하는 시점
제한된 반품권이 부여된 판매	반품 가능성을 예측하기 어려운 경우 구매자가 재화의 선적을 수락한 시점이나 반품 기간이 종료된 시점
재고가 없는 재화의 주문	재화를 인도한 시점

구 분	내 용
판매 후 재매입약정	판매자가 소유에 따른 위험과 보상을 보유하고 있는 경우에는 수익을 발생시키는 거래가 아닌 금융 약정에 해당한다.
중간상에 대한 판매	소유에 따른 위험과 보상이 구매자에게 이전되는 시점 (구매자가 대리인의 역할만 한다면 위탁판매로 처리)
출판물의 구독	❶ 품목의 가액이 매기 비슷한 경우 : 발송 기간에 걸쳐 정액 기준으로 인식 ❸ 품목의 가액이 기간별로 다른 경우 : 발송된 품목의 가액이 총판매금액에서 차지하는 비율에 따라 수익 인식
설치수수료	재화의 판매에 부수되는 설치비는 취득원가에 포함하고, 기타의 경우에는 진행률에 따라 수익을 인식한다.
재판매가격 에 포함된 용역수수료	식별 가능한 경우 이연 처리하고, 용역의 제공기간동안 수익으로 인식(이연 처리한 금액은 원가에 이윤을 가산한 금액)한다. 예를 들어 정기적으로 업그레이드를 하는 조건으로 소프트웨어를 판매하는 경우가 이에 해당한다.
광고수수료	광고 또는 상업방송이 대중에게 전달되는 시점에 수익을 인식한다. 광고제작 수수료는 광고 제작의 진행률에 따라 인식한다.
입장료	행사가 개최되는 시점에 수익을 인식한다. 단, 하나의 입장권으로 여러 행사에 참여할 수 있는 경우에는 각각의 행사를 위한 용역이 수행된 정도가 반영된 기준에 따라 수익을 인식한다.
수강료	강의기간동안 발생기준 적용
주문형 소프트웨어 개발수수료	진행기준에 따라 수익인식(진행률은 소프트웨어의 개발과 소프트웨어 인도 후 제공하는 지원용역을 모두 포함해서 결정)
입회비와 회원가입비	회비가 회원가입만 위한 것이고 기타 모든 용역이나 제품의 제공대가를 별도로 받거나 별도의 연회비가 있다면 이러한 회비는 회수에 유의적인 불확실성이 없는 시점에 수익으로 인식한다. 만일 회비를 납부하고 회원

구 분	내 용
	가입기간 동안 무상으로 용역이나 간행물을 제공받거나 재화나 용역을 비회원보다 저렴한 가격으로 구매할 수 있는 경우에는 이러한 효익이 제공되는 시기, 성격 및 가치를 반영하는 기준으로 수익을 인식한다.

프랜차이즈 수수료	구 분	내 용
	설비와 기타 유형자산의 제공	해당 자산을 인도하거나 소유권을 이전할 때 제공하는 자산의 공정가치에 기초한 금액을 수익으로 인식
	창업지원용역의 제공	❶ 프랜차이즈 본사가 창업지원 용역과 그 밖의 의무(예 : 가맹점 입지선정, 종업원 교육, 자금조달, 광고에 대한 지원)을 실질적으로 이행한 시점에 수익으로 인식 ❷ 수수료가 장기간에 걸쳐 회수되고 회수에 유의적인 불확실성이 존재하는 경우 : 할부금을 현금으로 수취하는 시점에 수익으로 인식
	운영지원용역의 제공	용역이 제공됨에 따라 수익으로 인식
	기타 사례	❶ 일정 지역에 대한 프랜차이즈 계약 : 그 지역에 설립되는 가맹점 수에 비례해서 수익으로 인식한다. 예를 들어 총 2개 설치에 100에 계약하고 1개의 설치가 완료된 경우 50을 인식한다. ❷ 대리계약 : 프랜차이즈 본사와 가맹점 간의 거래에서 본사가 실질적으로 가맹점의 대리인으로 거래를 하는 경우는 본사는 수익이 발생하지 않는다. 예를 들어 프랜차이즈 본사가 가맹점에게 공급할 재화를 대신 주문하고 원가로 인도하는 경우는 수익이 발생하지 않는다. 단, 일정 마진을 붙여서 공급하는 경우 공급하는 시점에 수익을 인식한다.

👣 위탁판매의 경우 수익인식

수탁자(상품을 대신 판매 해주는 사람)가 위탁자(상품을 판매해 달라고 부탁한 사람)의 상품을 판매한 경우에 수익을 인식한다.

🌀 분개 사례 ···

🧺 위탁자가 상품을 수탁자에 보낸 경우(상품 가격 200만 원에 발송비 10만원 가정)

적송품	2,100,000	/	재고자산	2,000,000
			현금	100,000

🧺 수탁자가 상품을 판매하고 수수료 10%와 발송비 대신 부담액 10만 원을 차감하고 입금해준 경우

보통예금	1,700,000	/	매출	2,000,000
지급수수료	200,000			
운반비	100,000			

> 🈁 위의 지급수수료는 수탁자의 입장에서는 수익 즉 매출이 된다.

···

👣 프랜차이즈 수수료의 수익인식

프랜차이즈 수수료는 기업이 일정한 지역애서 자기 상품을 독점적으로 판매할 수 있는 권리를 가맹점에게 주고, 경영지도 등의 용역을 제공하고 그에 대한 대가로 수수료를 수수하는 방식의 판매를 말한다.

프랜차이즈 수수료는 창업지원 용역과 운영지원용역, 설비와 기타 유형자산 및 노하우 제공에 대한 대가를 포함한다.

🥝 분개 사례 ··

🗄 프랜차이즈 본점이 상품 2억 원을 구입하여 가맹점에 공급 시의 회계처리

상품	200,000,000	/	외상매입금	200,000,000
가맹점계정	200,000,000		매출	200,000,000

🗄 구입대금의 지급 시(구입원가 2억원 가정)

외상매입금	200,000,000	/	현금	200,000,000

가맹점의 회계처리는 다음과 같다.

🗄 프랜차이즈 본사로부터 상품구매 시

상품	200,000,000	/	본사계정	200,000,000

프랜차이즈 가맹점은 매일 상품매출액을 프랜차이즈 본부에 송금한다. 프랜차이즈 본사는 매월 1회 가맹점의 순이익을 계산하여 로열티를 공제한 후 지급한다.

프랜차이즈 가맹점 회계처리는 다음과 같다(부가가치세는 없는 것으로 가정한다).

🗄 매출 발생 및 송금 시(3억 원 매출 발생 가정)

현금	300,000,000	/	매출	300,000,000
본사계정	300,000,000		현금	300,000,000

🗄 로얄티 20% 공제 시

판매수수료	60,000,000	/	본사계정	60,000,000

프랜차이즈 본사의 회계처리는 다음과 같다.

🗄 가맹점 매출 대금을 송금받을 시

보통예금	300,000,000	/	가맹점계정	300,000,000

🗄 로얄티 공제 시

가맹점계정	60,000,000	/	매출	60,000,000

■ 비용

비용이란 기업이 수익을 얻기 위해 지출한 원가를 말한다. 즉 상품을 만들기 위해 들어간 매출원가라거나 판매비와관리비, 기타비용, 금융비용이 대표적인 비용 항목이다.

K-IFRS에서는 비용에 대해서 성격별 분류 방법과 기능별 분류 방법 중한 가지 방법을 선택해서 포괄손익계산서를 작성하도록 규정하고 있다. 성격별 분류란 당기손익에 포함된 비용을 그 성격(예 : 감가상각비, 원재료의 구입, 운송비, 종업원 급여와 광고비 등)별로 통합하는 것으로서, 기능 별로 재배분하지 않으므로 적용이 간단할 수 있다. 반면에 기능별 분류란 매출원가법으로서 비용을 매출원가, 물류원가, 관리활동원가 등과 같이 기능별로 분류하는 방법을 말한다.

기능별 분류 방법은 성격별 분류보다 재무제표 이용자에게 더욱 목적적합한 정보를 제공할 수 있지만, 비용을 기능별로 배분하는데 자의적인 배분과 상당한 정도의 자의적 판단이 개입될 수 있다. 또한, 성격별로 분류한 비용 정보가 미래현금흐름을 예측하는데, 더 유용하기 때문에 기능별로 비용을 분류한 기업은 감가상각비, 기타 상각비와 종업원급여 비용을 포함해서 비용의 성격에 대한 추가정보를 주석으로 공시해야 한다. 즉, 기능별로 분류하는 경우는 성격별 비용분류에 대한 추가 공시가 필요하다.

중소기업회계기준에 따른 비용의 분류는 성격별 분류에 해당한다. 성격별 분류와 기능별 분류에 따라 법인세비용차감전순이익까지 표시한 포괄손익계산서를 예시하면 다음 페이지와 같다.

포괄손익계산서(성격별)

20○○년 ○○월 ○○일부터 20○○년 ○○월 ○○일까지

과 목		당 기		전 기
수익		×××		×××
기타수익		×××		×××
관계기업투자이익	×××		×××	
유형자산처분이익	×××		×××	
외환차익	×××		×××	
총비용		(×××)		(×××)
제품과 재공품의 변동	×××		×××	
원재료와 소모품의 사용액	×××		×××	
종업원급여비용	×××		×××	
감가상각비와 기타상각비	×××		×××	
기타비용	×××		×××	
금융원가				
관계기업투자손실				
유형자산처분손실				
외환차손				
법인세비용차감전순이익		×××		×××
법인세비용		(×××)		(×××)
당기순이익		×××		×××
기타포괄이익		×××		×××
재평가잉여금	×××			
매도가능증권평가손익	×××			
지분법자본변동	×××			
확정급여제도의 보험수리적 손익	×××			
해외사업장의 재무제표환산손익	×××			
현금흐름회피의 위험회피수단의 평가손익	×××			
총포괄이익		×××		×××

포괄손익계산서(기능별)

20○○년 ○○월 ○○일부터 20○○년 ○○월 ○○일까지

과 목	당 기		전 기	
수익		×× ×		×× ×
매출원가		×× ×		×× ×
매출총이익		×× ×		×× ×
기타수익		×× ×		×× ×
관계기업투자이익	×× ×		×× ×	
유형자산처분이익	×× ×		×× ×	
외환차익	×× ×		×× ×	
물류원가		(×× ×)		(×× ×)
운반비	×× ×		×× ×	
보관비	×× ×		×× ×	
관리비		(×× ×)		(×× ×)
급여	×× ×		×× ×	
복리후생비	×× ×		×× ×	
감가상각비	×× ×		×× ×	
접대비	×× ×		×× ×	
세금과공과	×× ×		×× ×	
기타비용		(×× ×)		(×× ×)
금융원가	×× ×		×× ×	
관계기업투자손실	×× ×		×× ×	
유형자산처분손실	×× ×		×× ×	
외환차손	×× ×		×× ×	
법인세비용차감전순이익		×× ×		×× ×
법인세비용		(×× ×)		(×× ×)
계속사업소익		×× ×		×× ×
중단사업손익		×× ×		×× ×
당기순이익		×× ×		×× ×
기타포괄이익		×× ×		×× ×
재평가잉여금	×× ×			
매도가능증권평가손익	×× ×			
지분법자본변동	×× ×			
확정급여제도의 보험수리적 손익	×× ×			
해외사업장의 재무제표환산손익	×× ×			
현금흐름회피의 위험회피수단의 평가손익	×× ×			
총포괄이익		×× ×		×× ×

■ 이익

수익에서 비용을 차감한 후 (+)인 경우 이익이 발생한 것이고, (-)인 경우 손실이 발생한 것이다.

포괄손익계산서의 표시 방법

K-IFRS에 따르면 포괄손익계산서는 재무상태표의 기타포괄손익을 포함한다.

순자산의 변동 중 소유주와 관련된 사항은 자본변동표의 구성항목으로 표시하고, 비소유주와 관련된 순자산의 변동은 포괄손익계산서에 표시한다.

■ 당기손익의 표시 방법

포괄손익계산서를 다음 중 한 가지 방법으로 표시하도록 규정하고 있다.

❶ 단일 포괄손익계산서

❷ 두 개의 보고서

당기순손익의 구성요소를 배열하는 보고서(개별 손익계산서)와 당기순손익에서 시작해서 기타포괄손익의 구성요소를 배열하는 보고서(포괄손익계산서).

이 중 개별 손익계산서를 작성하는 경우는 당기순이익부터 시작하는 (포괄)손익계산서를 작성해야 한다.

(포괄)손익계산서는 당기순손익의 밑에 기타포괄손익의 당기 변동액이 포함된다.

그리고 기타포괄손익의 잔액은 재무상태표의 자본 항목에 표시된다. 이는 정보의 유용성이 증가하는 것으로 기타포괄손익이 어떻게 기업의 순자산 변동에 기여했는지를 알 수 있는 정보가 된다.

▣ 기타포괄손익의 표시 방법

❶ 순액표시법 : 관련 법인세 효과를 차감한 순액으로 표시

❷ 총액표시법 : 기타포괄손익의 구성요소와 관련된 법인세 효과 반영 전 금액으로 표시

각 항목들에 관련된 법인세 효과는 단일금액으로 합산해서 표시

❸ 기타포괄손익 관련 법인세비용은 포괄손익계산서나 주석에 공시한다.

❹ 재분류조정

가. 기타포괄손익에서 당기손익으로 재분류되는 손익은 포괄손익의 이중 계상을 방지하기 위해 재분류 조정에 관한 내용을 별도로 공시한다.

나. 재분류조정은 주석에 표시될 수도 있다.

재분류조정을 주석으로 표시하는 경우 관련 재분류조정을 반영한 후에 기타포괄손익의 구성요소를 표시한다.

다. 재평가잉여금과 보험수리적손익은 재분류조정으로 당기손익에 반영 되지 않는다.

▣ 포괄손익계산서에 표시되는 정보

포괄손익계산서에는 적어도 당해 기간의 다음 금액을 표시하는 항목을 포함한다.

❶ 수익

❷ 금융 원가

❸ 지분법 적용 대상인 관계기업과 조인트벤처의 당기순손익에 대한 지분

❹ 법인세비용

❺ 다음의 가와 나를 합한 금액

가. 세후 중단 영업손익

나. 중단 영업에 속한 자산이나 처분자산집단의 처분으로 인해서 또는 순공정가치의 측정으로 인해서 인식된 세후 중단 영업손익

❻ 당기순손익

당기순이익은 기업 성장의 원천이 되는 동시에 주주들에 대한 배당 재원이 된다. 따라서 이 금액이 많으면 일반적으로 기업의 가치는 올라간다. 다만, 당기순이익이 많다는 것이 곧 현금흐름이 좋다는 뜻은 아니라는 것을 이해해야 한다.

예를 들어 매출을 현금으로 했다면 이익이 현금으로 남아 있겠지만 외상으로 매출을 했다면 이익은 있지만, 돈은 들어오지 않은 상황이 되기 때문이다.

❼ 성격별로 분류되는 기타포괄손익의 각 구성요소(❽의 금액은 제외)

❽ 지분법 적용 대상인 관계기업과 조인트벤처의 기타포괄손익에 대한 지분

❾ 총포괄손익

📘 포괄손익계산서 또는 주석에 표시되는 정보

수익과 비용 항목이 중요한 경우 그 성격과 금액을 별도로 공시한다.

수익과 비용 항목의 별도 공시가 필요할 수 있는 상황은 다음을 포함한다. 비용은 빈도, 손익의 발생 가능성 및 예측 가능성 측면에서 서로 다를 수 있는 재무성과의 구성요소를 강조하기 위해 세분류로 표시한다.

❶ 재고자산을 순실현가치로 감액하거나 유형자산을 회수가능액으로 감액하는 경우의 그 금액과 그러한 감액의 환입

❷ 기업활동에 대한 구조조정과 구조조정 충당부채의 환입

❸ 유형자산의 처분

❹ 투자자산의 처분

❺ 중단 영업

❻ 소송사건의 해결

❼ 기타 충당부채의 환입

기타 표시

❶ 포괄손익계산서의 법인세비용은 당기 법인세 효과와 이연법인세 효과를 구분하지 않고 이를 합산해서 순액으로 공시한다.

❷ 기본주당이익과 희석주당이익은 구분해서 포괄손익계산서에 별도로 표시한다.

(연결) 포괄손익계산서

제43기 20×2. 01. 01부터 20×2. 12. 31까지

제42기 20×1. 01. 01부터 20×1. 12. 31까지

(단위 : 백만원)

	제43기	제42기
매출액	36,985,017	34,638,070
매출원가	26,054,443	23,008,609
매출총이익	10,930,574	11,629,461
연구개발비	2,344,075	2,052,865
판매비와관리비	5,791,054	5,541,301
기타영업수익	309,755	589,013
기타영업비용	156,664	218,696
영업이익(손실)	2,948,536	4,405,612
지분법이익	375,608	461,694
금융수익	1,391,185	1,452,027
이자수익	149,856	139,844
외환차익	557,627	723,498
외화환산이익	590,479	527,036
기타금융수익	93,223	61,649
금융비용	1,327,570	1,346,430
이자비용	138,257	129,546
외환차손	644,056	768,247
외화환산손실	433,996	376,239
기타금융비용	111,261	72,398
법인세비용차감전순이익(손실)	3,387,759	4,972,903
법인세비용	603,021	979,133
계속영업이익(손실)	2,784,738	3,993,770
당기순이익(손실)	2,784,738	3,993,770
당기순이익(손실)의 귀속		
지배기업의 소유주에게 귀속되는 당기순이익(손실)	2,714,645	4,016,443
비지배분에 귀속되는 당기순이익(손실)	70,093	(22,673)
주당이익		
기본주당이익(손실)	17,831	27,103
희석주당이익(손실)	17,793	26,963

(포괄)손익계산서

2××2년 1월 1일 ~ 2××2년 12월 31일

단위 : 원

판매활동	**구매 및 생산활동**	1. 매출액	10,000
		2. 매출원가	3,000
		3. 매출총이익	7,000
	판매활동	4. 판매비와관리비	2,400
		5. 영업이익	4,600
재무활동		6. 영업외수익과 차익(기타수익·금융수익)	800
		7. 영업외비용과 차손(기타비용·금융비용)	700
		8. 법인세비용차감전계속사업이익	4,700
		9. 계속사업이익법인세비용	1,000
		10. 계속사업이익	3,700
		11. 중단사업이익(세후순액)	200
영업성적		12. 당기순이익	3,900

매출총손익은 매출액에서 매출원가를 차감한다.

영업손익은 매출총손익에서 판매비와관리비를 차감해서 산출한다. 영업이익은 매출총이익에서 판매비와관리비를 차감한 금액이 (+)인 금액을 말하며, (-)인 경우는 영업손실이다.

법인세비용차감전순손익은 기업의 경상거래, 즉 영업거래와 영업외거래에 의해 발생된 손익으로 영업손익에 영업외수익을 가산하고 영업외비용을 차감하여 산출한다.

기업의 계속적인 사업활동과 그와 관련된 부수적인 활동에서 발생하는 손익으로서 중단사업손익에 해당되지 않는 모든 손익을 말한다.

기업이 기존의 특정 사업을 중지했을 때 그 중지한 사업부문으로 발생했던 손익을 뜻하는 용어로, 계속사업 부문의 손익인 계속사업손익과 대비되는 개념이다.

중단사업으로부터 발생한 영업손익과 영업외손익으로서 사업중단직접비용과 중단사업자산손상차손을 포함한다.

매출액과 매출원가

1 매출액

매출액은 기업의 주된 영업활동에서 발생한 제품, 상품, 용역 등의 순매출액을 말한다. 즉 총매출액에서 매출할인, 매출환입, 매출에누리 등을 차감한 금액이다.

구 분	계정과목 해설
매출 에누리	매출에누리는 고객에게 물품을 판매한 후 그 물품의 수량 부족이나 불량품 발생 등으로 인해서 판매대금을 감액해주는 것을 말한다. 예를 들어 100개의 물건을 팔았는데 2개가 불량품의 경우 동 불량품을 정상가액에서 차감해주는 경우를 말한다.
매출환입	매출환입은 주문한 물품과 상이한 물품의 인도 또는 불량품 발생 등으로 인해서 판매 물품의 거래처로부터 반송된 경우 그 금액을 말한다.
매출할인	매출할인은 매출 대금을 그 지급기일 이전에 회수함으로써 회수기일까지의 일수에 따라 일정한 금액을 할인해 주는 것을 말한다. 즉 미리 외상대금을 받음으로 인해 받을 금액에서 일정액을 차감해주는 것을 말한다.

주 매출에누리와 매출환입은 그 성격이 유사하나 매출에누리는 반송되지 않고 협의로 매출금액에서 일정액을 차감해주는 경우를 말하며, 매출환입은 반송이 되어서 매출금액에서 차감한 경우를 말한다. 그리고 매출할인은 외상 매출 후 약정기일보다 외상 대금을 일찍 줌으로 인해서 감사의 뜻으로 받을 금액에서 일정액을 차감하고 받는 경우를 말한다.

② 매출원가

매출원가는 제품, 상품 등의 매출액에 대응되는 원가로서 판매된 제품이나 상품 등에 대한 제조원가 또는 매입원가이다.

> 1. 제품매출원가 = 기초제품재고액 + 당기제품제조원가(매입할인, 매입환출, 매입에누리) – 기말제품재고액 ± 생산, 판매 또는 매입 외의 사유로 증감액
> 2. 상품매출원가
> = 기초상품재고액 + 당기상품매입액 – 기말상품재고액 ± 생산, 판매 또는 매입 외의 사유로 증감액

구 분	계정과목 해설
매입에누리	매입에누리는 물품을 구입한 후 그 물품의 수량 부족이나 불량품 발생 등으로 인해서 구매대금을 감액받는 것을 말한다.
매입환출	매입환출이란 주문한 상품과 상이한 물품의 인도 등으로 인해서 구매물품을 거래처로 반송한 경우 그 금액을 말한다.
매입할인	매입할인은 매입대금을 그 지급기일 이전에 지급함으로써 지급기일까지의 일수에 따라 일정한 금액을 할인받는 것을 말한다.
관세환급금	수출에 사용할 목적으로 원부자재를 수입할 때 납부한 관세를 수출시 되돌려 받는 경우 이를 처리하는 계정이다. 관세환급금과 관련해서는 수입 시 관세 납부액을 원가에 반영 후 해당 관세환급금은 매출원가에서 차감하면 된다.

판매비와 관리비

판매비와관리비는 제품, 상품, 용역 등의 판매 활동과 기업의 관리 및 유지 활동에서 발생하는 비용으로서 매출원가에 속하지 않는 모든 영업 비용을 포함한다. 즉, 판매비와관리비는 제품의 판매 또는 관리를 위해서 사용된 비용을 말한다.

판매비와관리비는 당해 비용을 표시하는 적절한 항목으로 구분해서 표시하거나 일괄 표시할 수 있다.

급여

급여란 특정인에게 근로를 제공하고 이에 대한 대가로 지급받는 제 금액으로서 임원급여, 급료와 임금 및 제수당을 포함한다.

사례

기본금(본봉), 상여금(특별상여 포함), 가족수당과 연차수당, 연장근무수당, 주휴수당, 직무수당, 출납수당, 통근수당 등의 수당, 감독자 급여, 강사료(내부 임직원), 임직원 대리운전비용 회사부담액

💠 분개 사례 ···

급여를 지급하는 경우 근로소득세와 지방소득세 및 4대 보험을 징수한 후 지급한다. 그리고 급여의 지급 시 공제하는 각종 금액은 모두 예수금 계정으로 처리한다.

월급여액(비과세소득과 과세 되는 학자금 제외)이 350만 원인 근로자의 공제 대상 가족의 수가 4명(20세 이하 자녀 2명 포함)인 경우

🗂 근로소득세의 계산

월급여액(천원) [비과세및학자금 제외]		공제대상가족의 수					
이상	미만	1	2	3	4	5	6
3,500	3,520	127,220	102,220	62,460	49,340	37,630	32,380

❶ 월급여액 구간 3,500천 원 ~ 3,520천 원
❷ 공제대상가족의 수 = 4인, 49,340원 - 29,160원 = 20,180원
❸ 지방소득세 = 20,180원의 10%인 2,010원

🗂 **국민연금 : 157,500원**

🗂 **건강보험 : 124,070원 + 16,060(노인장기요양보험료)원**

🗂 **고용보험 : 31,500원 가정**

급여	3,500,000	/ 현금(보통예금)	3,148,680
		예수금	351,320

주 만일 급여를 급여봉투에 넣어 직접 주지 않고 자동이체 시키는 경우 현금계정 대신 보통예금 계정을 사용하며, 예수금도 그 항목별로 구분하는 경우 근로소득세예수금, 지방소득세예수금, 국민연금 예수금, 건강보험 예수금, 고용보험 예수금으로 구분해서 분개하면 된다.

···

🏮 퇴직급여

퇴직급여란 영업기간 중 또는 영업연도 말 임원 또는 직원이 퇴사하는 경우 자사의 퇴직금 지급규정에 의해서 지급하는 금액을 처리하는 계정이다.

퇴사하는 임직원이 있을 경우는 종전에 설정해 둔 퇴직급여충당부채가 있는 경우 동 충당부채에서 우선해서 상계하고 부족 잔액에 대해서는 퇴직급여 계정으로 처리한다.

🔖 분개 사례 ·····

📁 퇴직급여충당부채의 설정시 분개 사례

(주)이지는 회계연도 말 퇴직금추계액 200만 원에 대해서 충당부채를 설정하였다.

퇴직급여	2,000,000 /	퇴직급여충당부채	2,000,000

📁 퇴직금 지급 시 분개 사례

(주)이지는 영업부 직원 이운임씨의 퇴직으로 퇴직금 400만원을 지급하였다.
단, 퇴직급여충당부채 200만원이 설정되어 있었다(퇴직소득세 5만원 가정).

퇴직급여충당부채	2,000,000 /	현금	3,950,000
퇴직급여	2,000,000	퇴직급여예수금	50,000

쥐 연도 중에 퇴직자에 대해 퇴직금을 지급하지 않은 경우 미지급퇴직금으로 처리한다.

📁 퇴직금전환금(국민연금전환금)의 분개 사례

국민연금법에 의하면 근속기간 중 사용자가 부담한 퇴직금전환금은 사용자가 근로자에게 지급할 퇴직금 중 해당 금액을 미리 지급한 것이다. 따라서 이를 퇴직금에서 차감하도록 하고 있다.

위의 예에서 퇴직금전환금이 10만 원이 있는 경우

퇴직급여충당부채	2,000,000 /	현금	3,850,000
퇴직급여	2,000,000	퇴직금전환금	100,000
		퇴직급여예수금	50,000

🐷 명예퇴직금

명예퇴직금은 일정기간 이상 근속자나 임원 또는 회사에 공로가 있는 자 등 특정 요건을 충족한 임직원에게 지급하거나 조기퇴직의 대가로 지급하는 인센티브 등을 말한다.

🐷 복리후생비

복리후생비란 종업원의 복리후생을 위해서 지출하는 비용으로서 작업능률의 향상을 기하기 위해서 간접적으로 부담하는 시설, 경비 등을 말한다.

복리후생비 지출의 내용	계정과목
복리후생적 성격의 급여	급여
복리시설의 취득	유형자산
복리시설의 감가상각비	감가상각비
복리시설의 유지관리비	수선비, 세금과공과 등
복리시설의 관리인 인건비	급여

사 례

건강보험법에 의한 건강보험료, 고용보험법에 의한 고용보험료, 임직원의 음료수 구입(커피 등)비용, 서클활동 지원비, 간식비(직원), 건강진단비, 직원 경조사비, 생수, 레크리에이션 비용, 직원 송년회 비용, 사복 구입(피복비)비용, 임직원 선물비용, 임직원 식사비용, 야유회 경비, 약값, 위로금, 의무실유지비, 일·숙직비, 임직원 조의금, 주택보조금, 직장보육시설운영비, 직장연예비, 직장체육비, 임직원 차대, 임직원 축의금, 회식비, 임직원 화환대, 우리사주조합의 운영비, 학자금, 직원식당 운영비

📋 분개 사례 ···

📁 사무실 커피, 음료수 구입비용의 분개 사례

사무실 커피 및 녹차 등을 2만원을 주고 슈퍼에서 구입한 경우

복리후생비	20,000	/ 현금	20,000

📁 정수기 임차료의 분개 사례

기업에서는 정수기를 구입 (= 비품)해서 사용하는가 하면 대다수 회사는 정수기를 임차해서 사용하는 데 이와 관련된 회계처리는 다음과 같다.

❶ 최초 임차시 보증금을 내는 경우(50,000원)

보증금	50,000	/ 현금	50,000

❷ 월 임차료를 별도로 내는 경우(10,000원)

임차료	10,000	/ 현금	10,000

❸ 생수이용료를 내는 경우(물값 5,000원)

복리후생비	5,000	/ 현금	5,000

📁 직원 경조사비의 분개 사례

직원 경조사와 관련한 화환구입비나 조의금, 부조금 등의 지출액은 복리후생비로 처리한다. 그러나 거래처에 대한 지급의 경우에는 접대비로 처리해야 한다. 직원 결혼 축의금으로 10만 원을 지출한 경우 다음과 같이 처리한다.

복리후생비	100,000	/ 현금	100,000

📁 직원 회식비, 간식비의 분개 사례

직원 회식비의 경우 복리후생비로 처리하나 회식 중 단란주점 등에 지출하는 비용은 회식비로 보기가 어렵다. 직원 회식비 20만 원을 지출한 경우 다음과 같이 처리한다.

복리후생비	200,000	/ 현금	200,000

📁 건강보험료 회사부담액의 분개 사례

10일 직원부담분 5만 원과 회사부담분 5만 원을 납부하였다.

예수금	50,000	/ 현금	100,000
복리후생비	50,000		

📁 고용보험료 회사부담액의 분개 사례

급여 지급 시 직원부담분 2만 과 회사부담분 4만원을 선급비용과 상계하였다.

예수금	20,000	/ 선급비용	60,000
복리후생비	40,000		

📁 직원 체육대회, 야유회비용의 분개 사례

봄맞이 야유회를 가면서 야유회비용으로 100만 원을 지출하였다.

복리후생비	1,000,000	/ 현금	1,000,000

참 직장체육행사를 시행하면서 각 종목별 우승자 및 팀별 우승팀에게 지급하기 위해 경품 등을 구입한 경우 적법 영수증 구비시 매입세액공제가 가능하다.

참 팀별로 현찰을 지급하고 이를 부서운영비로 사용하는 경우 법정지출증빙을 갖추면 비용으로 인정이 되나 팀별은 배분하는 경우는 근로소득으로 보면 된다.

📁 직원의 병원 치료비 및 위로금의 분개 사례

작업 도중 직원이 다쳐서 병원 치료비 100만 원과 위로금 30만 원을 지급한 경우

복리후생비	1,000,000	/ 현금	1,300,000
잡손실	300,000		

참 임직원이 회사업무와 관련된 사고 시 회사가 부담하는 의료비나 임직원의 정기적인 건강진단료 등은 비용으로 인정이 되나 업무와 관련 없는 의료비 지원액은 근로소득세를 신고·납부 해야 한다.

GUIDE 종업원급여 비용

종업원급여는 종업원이 제공한 근무용역과 교환해서 기업이 제공하는 모든 종류의 대가로 종업원이나 그 피부양자에게 제공하는 급여를 포함하며, 종업원이나 그 배우자, 자녀, 그 밖의 피부양자에 대한 직접 지급(혹은 재화나 용역의 제공) 또는 보험회사와 같은 제3자에 대한 지급(혹은 재화나 용역의 제공)을 통해 결제될 수 있다
K-IFRS에서 정의하고 있는 종업원급여는 종업원이 근무용역을 제공하는 때와 종업원이 제공한 근무용역에서 발생하는 경제적 효익을 소비할 때 인식한다.

K-IFRS 제1019호에서는 종업원급여를

❶ 미래에 지급할 종업원급여와 교환해서 종업원이 근무용역을 제공하는 때에 부채로 인식하고,

❷ 종업원급여와 교환해서 종업원이 제공한 근무용역에서 발생하는 경제적 효익을 기업이 소비할 때 비용으로 인식하도록 하고 있다.

K-IFRS에서는 종업원 급여를 단기종업원급여, 퇴직급여, 해고급여 및 기타 장기종업원 급여 등 4가지로 구분해서 금액의 측정방법 및 회계처리를 규정하고 있다. 특히, 종업원이 퇴직할 때 또는 그 이후에 회사가 종업원의 근무용역에 대한 대가로서 제공하는 퇴직급여의 경우 크게 확정기여 제도와 확정급여 제도로 구분해서 설명하고 있다.

구 분	계정과목 해설
단기 종업원 급여	종업원이 관련 근무용역을 제공한 회계기간의 말부터 12개월 이내에 결제될 종업원급여를 말한다. ● 임금, 사회보장분담금(예 : 국민연금) ● 유급연차휴가 또는 유급병가 등과 같은 단기유급휴가 ● 이익분배금과 상여금(회계기간 말부터 12개월 이내에 지급되는 것에 한함) ● 현직종업원을 위한 비화폐성급여(예 : 의료, 주택, 자동차, 무상 또는 일부 보조로 제공되는 재화나 용역)
퇴직급여	퇴직 이후에 지급하는 종업원급여로써 퇴직연금 및 퇴직 후 급여, 퇴직 후 생명보험, 퇴직 후 의료급여 등을 말한다. ● 확정기여제도(DC형 : defined contribution plan) 기업의 기여금이 사전에 확정되고, 그 기금이 종업원급여를 제공하지 못하더라도 기업에게 추가 납부의무가 없는 퇴직급여제도 ● 확정급여제도(DB형 : defined benefit plan) 근로자가 퇴직 시에 수령할 퇴직급여가 근무기간과 평균임금에 의해 사전적으로 확정되고, 운용결과에 따라 기업이 납입해야 할 부담금 수준이 변동되는 퇴직급여제도

구 분	계정과목 해설
해고급여	명예퇴직급여, 해고예고수당
기타 장기종업원급여	장기근속휴가, 안식년 휴가, 장기장애급여, 이익분배금과 상여금 (회계기간 말부터 12개월 이후에 지급되는 것에 한함)

→ 유급휴가

당기 근무에 대한 대가로 차기 이후에 사용이 가능한 유급휴가

(보고기간말)

단기종업원급여	XXX	/ 미지급비용	XXX

(유급휴가사용 - 급여지급시)

미지급비용	XXX	/ 현금	XXX
단기종업원급여	XXX		

🔁 연차수당 등을 통상 1년 기준(보고기간 말)으로 산정하므로 유급휴가 사용에 대한 분개도 중간결산기에는 반영하지 않고 연차결산에서 반영하는 것이 합리적일 것이다.

미지급비용(전기)	XXX	/ 미지급비용(당기)	XXX
단기종업원급여	XXX		

(미사용분 휴가수당지급)

미지급비용	XXX	/ 현금	XXX

🔁 미사용시 현금보상을 하지 않는 유급휴가의 경우 휴가를 사용하지 않고 종업원이 퇴사할 가능성을 고려해서 미지급비용을 계상한다.

→ 이익분배제도 및 상여금제도

과거 사건의 결과로 현재의 지급의무(법적의무 또는 의제의무)가 발생하고, 채무금액을 신뢰성 있게 추정할 수 있는 경우 다음 중 하나를 충족하는 경우 예상 원가를 인식한다.

- 제도의 공식적 규약에 급여산정식이 명시되어 있다.
- 재무제표의 발행이 승인되기 전에 지급액이 결정된다.
- 과거 관행에 비추어 볼 때 기업이 부담하는 의제의무의 금액을 명백히 결정할 수 있다.

계속 근무하는 것을 조건으로 이익을 분배받을 수 있는 이익분배제도는 일부 종업원이 이익분배금을 받지 못하고 퇴사할 가능성을 고려한다.

기업이 별도의 상여금을 지급해야 할 법적 의무가 없는데도 관행적으로 상여금을 지급하는 경우 상여금을 지급하는 것 외에 다른 현실적인 대안이 없으므로 의제의무를 부담하게 된다. 의제의무를 측정할 때는 일부 종업원이 상여금을 받지 못하고 퇴사할 가능성을 고려한다.

➜ 기타장기종업원급여

- 보고기간말 현재 확정급여채무의 현재가치에서
- 관련 확정급여채무를 직접 결제하는 데 사용할 수 있는 사외적립자산의 보고기간말 현재 공정가치를 차감해서 재무제표에 표시한다.
- 급여액이 근무기간에 좌우된다면 관련 근무용역이 제공될 때 채무가 발생한다. 채무를 측정할 때는 지급사유가 발생할 가능성과 예상되는 급여지급기간을 반영한다. 만약 근무기간과 관계없이 모든 장애 종업원에게 일정하다면 사건이 발생할 때 예상원가를 인식한다.

➜ 해고급여

해고급여는 다음 중 하나의 사건이 발생할 때 부채와 비용으로 인식한다.

- 기업이 통상적인 퇴직 시점 이전에 종업원을 해고할 것을 명시적으로 확약한다.
- 기업이 종업원에게 자발적 명예퇴직을 제안하면서 해고급여를 제공할 것을 명시적으로 확약한다.

  기업이 공식적 세부 계획을 갖고 있고 그 계획이 현실적으로 철회될 가능성이 없는 경우에 종업원 해고를 명시적으로 확약한 것으로 본다. 공식적 세부 계획에는 최소한 다음 사항이 포함되어야 한다.

- 해고 대상 종업원의 근무지, 직능 및 개략적인 인원수
- 직군별 또는 직능별로 지급될 해고급여
- 계획이 실행될 시기. 계획실행은 가능한 한 빨리 착수되어야 하며 중요한 계획변경이 예상되지 않을 정도의 기간에 실행이 완료되어야 한다.

📽 보험료

보험료는 기업이 소유하는 건물, 기계장치 등의 유형자산과 상품, 제품, 원자재 등의 재고자산에 대해서 각종 보험에 가입한 경우 보험계약에 의해서 일정기간 단위로 보험자에게 지급하는 비용을 처리하는 계정을 말한다.

> ### 사례
>
> 화재보험, 기타의 각종 손해보험(해상보험, 운송보험, 자동차보험(책임보험료 + 종합보험료, 운전자보험), 분할납부액 포함), 상해보험, 항공보험, 화재보험 등), 보증보험, 산재보험, 고용보험

🔷 분개 사례 ···

📁 자동차보험료의 분개 사례

자동차보험료 총 65만 원을 카드로 납부한 경우

보험료	650,000 / 미지급금	650,000

📁 교통사고 차량수선비의 분개 사례

회사 차량 운행 중 교통사고로 상대방 차량수리비 30만원을 보험금으로 지급하고 부가가치세 3만 원만 회사가 부담한 경우

● 공제대상 차량의 수선비

부가가치세대급금	30,000 / 현금	30,000

● 공제가 불가능한 차량

수선비	30,000 / 현금	30,000
(회사부담액 + 부가가치세)		

🔳 자차 부담금은 수선비로 처리한다.

···

🐨 감가상각비

감가상각이란 유형자산의 취득원가에서 잔존가치를 차감한 금액을 그 자산의 내용연수에 걸쳐 조직적·체계적 방법에 의해서 비용으로 배분하는 과정이다. 이러한 감가상각에 관해서는 기업회계기준·관행의 적용을 배제하므로, 과세소득 계산에 있어서는 반드시 세법의 규정을 따라야 한다.

🏷 분개 사례 ···

🗄 **20×1년 초 건물을 20만 원에 취득(내용연수 10년, 정액법 적용, 잔존가치 0)하였다.**

건물	200,000	/	현금	200,000

🗄 **20×1년 말 결산시**

감가상각비	20,000	/	감가상각누계액	20,000

🗄 **20×2년 초 건물을 16만 원에 판매하였다.**

현금	160,000	/	건물	200,000
감가상각누계액	20,000			
유형자산처분손실	20,000			

🐨 무형자산상각비

무형자산상각비는 개발비상각비 등 무형자산의 상각과 관련해서 발생하는 비용을 말한다.

🔖 분개 사례 ··

📋 **(주)지식만들기는 1억원을 들여 소프트웨어 개발에 성공해, 100만원의 비용을 지출해서 특허를 출원하였다.**

개발비	100,000,000	/	현금	101,000,000
산업재산권	1,000,000			

📋 **특허권에 대한 상각을 하였다(상각기간 5년 가정).**

무형자산상각비	200,000	/	산업재산권	200,000

    🈁 1,000,000원 × 1/5 = 200,000원

📋 **특허권 취득과 관련한 정부지원금**

특허출연 및 취득과 관련한 지원금을 받은 경우는 잡이익 또는 국고보조금으로 처리한다. 예를 들어 특허출연과 관련해 지원금 3백만 원을 받은 경우

산업재산권(특허권)	3,000,000	/	잡이익(국고보조금)	3,000,000

📋 **법률사무소 성공보수비용 및 관납료 등 부대비용**

법률사무소에 특허권 취득과 관련해서 성공보수금 등을 지급하는 경우 동 비용은 특허권 취득원가에 가산한다.

📋 **특허권 연장수수료**

특허권 연장 수수료는 지급수수료로 처리한다.

··

🐨 지급수수료

지급수수료란 상대방에게 용역 즉, 서비스를 제공받고 지불하는 비용을 처리하는 계정이다.

송금수수료, 신용카드 결제수수료, 특허권 사용료, 각종 비품의 유지보수료, 로얄티, 법률·회계·노무자문수수료, 강사료, 도메인 등록수수료, 감정수수료, 감정평가사 자문료, 강사료(외부), 건물 감정 수수료, 검사비, 경비용역비, 경영컨설팅 자문료, 공인회계사 기장료·자문료, 공인노무사 자문료, 세무사 기장료, 공중전화설치비, 관세사 자문료, 변리사 자문료, 관리비, 급여이체시 수수료, 등기부등본 발급수수료, 번역료, 분양대행수수료, 수표발행수수료, 신용카드 결제수수료, 신용카드 연회비, 신용조회수수료, 어음추심수수료, 에어컨 이전설치비, 전화가입시 수수료 또는 설치비, 정화조 청소비용, 팩스유지보수비, 추심수수료, 컴퓨터유지보수비, 케이블설치수수료, 청소용역비(용역회사), 예금잔고 증명수수료, 인테리어 원상복구비용, PG사 결제대행 수수료, 무인경비 이용료, ISO 인증비용 및 갱신비용

✪ 분개 사례

🖩 송금수수료 지급 시 분개 사례

거래처의 외상대금 100만원을 송금하면서 그에 대한 수수료로 1,500원을 지불한 경우

외상매입금	1,000,000	/	보통예금	1,001,500
지급수수료	1,500			

🖩 기장대행 수수료 지급 시 분개 사례

장부기장을 세무사에게 의뢰하고 기장대행료로 한 달에 10만 원씩(부가가치세 별도)을 지급하는 경우

지급수수료	100,000	/	보통예금	110,000
부가가치세대급금	10,000			

🦫 광고선전비

광고선전비란 물품 또는 서비스의 판매촉진이나 기업이미지 개선 등의 선전효과를 위해 불특정다수인을 대상으로 지출하는 비용을 말한다.

- 거래처에 대해서 선전용 전단, 포스터, 기념 수건, 달력, 수첩 등을 제작 배포하기 위한 비용
- 불특정다수인이 고객에 대해 경품부 판매를 실시할 경우 비용
- 전시회의 개최에 드는 비용
- 텔레비젼(TV), 라디오, 신문, 잡지 등의 광고 게재물
- 일반적인 공장 견학자에게 제품의 시음, 시식을 시키는 비용 및 보통 다과의 접대에 드는 비용
- 소비자에게 금품을 발급하기 위해 사용하는 비용 또는 일반 소비자를 여행, 관람 등에 초대하는 비용
- 견본품, 시용품의 공여에 보통 드는 비용
- 간판, 네온사인, 광고용 자산으로서 내용연수가 1년 미만이거나, 그 가격이 소액인 경우
- 협회에 납부하는 공인료 및 대회지정 사용구료
- 지하철 광고 승차권 제작비용
- 제조업 법인이 광고용 쇼케이스 제공 시 소유권유지 약정한 경우, 광고선전비로 처리함
- 대리점이 제품홍보 활동을 하게 하고 비용 일부 부담 시
- 방송에 협찬사 표시조건으로 드라마 제작에 자사 제품 무상 설치
- 거래처 차량에 광고 문안 도색 후 운행케 한 후 대가 지급 시
- 면접사원 면접비 및 교통비 등

· 볼펜, 수첩, 부채 등 기업이 광고 선전을 목적으로 제공하는 3만 원 이하의 소액물품

사례

간판 제작비, 결산공고비용, 광고물 배포비, 광고사진 촬영비, 광고선전용 견본품, 수첩, 달력, 컵, 광고 쇼케이스, 광고제작 의뢰비, 공장 견학자들에게 지급하는 견본품, 구인·구직광고료, 라디오 광고료, 신문광고료, 방송 광고용 차량, 방송협찬 비용, 부스 설치비용, 시음회, 신제품 발표 비용, 지하철 회수권 광고비용, 협찬비, 전시회 출품 비용

🕮 분개 사례 ···

📂 신문광고 및 구인광고비의 분개 사례

제품 광고를 위해서 신문사에 6단 통광고를 하면서 부가가치세 포함 1,100만 원을 지급한 경우

| 광고선전비 | 10,000,000 | / 현금 | 11,000,000 |
| 부가가치세대급금 | 1,000,000 | | |

📂 경품제공 시 분개 사례

추첨에 따라 당첨된 고객에게 경품을 지급(부가세 및 소득세 등 제세공과금은 당첨자 본인 부담)하기로 광고한 후 당첨된 고객에게 시가 11만원(부가세 포함) 상당의 경품을 구입해서 지급하였다(구입 원가는 90,000원).

● 구입시

| 광고선전비 | 90,000 | / 현금 | 99,000 |
| 부가가치세대급금 | 9,000 | | |

● 지급시

현금	32,000	/ 부가가치세예수금	10,000
		예수금(소득세)	20,000
		예수금(지방소득세)	2,000

🐷 교육훈련비

교육훈련비는 임직원의 교육과 관련해서 지출하는 비용을 처리하는 계정이다. 외부강사의 경우 전문적인 강사의 경우 사업소득세 3%(지방소득세 포함 3.3%)를 원천징수 하며, 고용관계가 없는 강사로 일시적인 강의를 하는 경우는 기타소득세 8%(지방소득세 포함 8.8%)를 원천징수한다.

사 례

견학비, 초청 강사료, 강의 참여비, 학원 수강료, 연수원 임차료, 간부 수련회 비용, 사원연수비, 위탁교육 훈련비, 해외연수 비용, 워크숍 비용, 동영상 강의 청취료, 견학비, 학회 학술대회 참가비

🎡 분개 사례 ··

🗑 사설학원 지원비의 분개 사례

직원 영어학원 비용 20만 원을 회사가 준 경우

급여(또는 복리후생비)   200,000 / 현금   200,000

🗑 학원 강사료의 분개 사례

내부 직원 마케팅 교육을 위해 경영학과 교수를 초빙해 강의를 청취하고 강사료로 200만 원을 지불한 경우

교육훈련비   2,000,000 / 현금   1,824,000
                               기타소득예수금   176,000

㈜ 200만원 × 8.8% = 88,000원

㈜ 문화센터의 전문 강사나 전업 강의자가 강의 등을 직업적으로 하고 받는 강사료는 기타소득이 아니고 사업소득이기 때문에 기타소득 필요경비를 계산하는 것이 아니다.

··

🐾 차량유지비

차량유지비는 회사의 업무를 위해서 운행하는 차량의 유지 . 관리를 위해 드는 비용을 말한다.

사 례

세차비, 정기주차료, 차량 검사비, 차량수선비, 차량 안전협회비, 타이어 교체 비용, GPS 설치비용, 차량 주유비용, 면책금(자가부담금), 차량 도색비, 검사비, 통행료

🐾 분개 사례 ···

🗄 차량의 취득 시 분개 사례

1. 현재가치할인차금을 계상하지 않는 방법(1년 미만인 경우)

❶ 6월 25일 차량 인도금(계약금) 8,178,000원을 지급시

선급금	8,178,000	/ 현금	8,178,000

❷ 7월 1일 차량 인수하면서 취득 관련 기타부대비용 872,750원 지급시

차량운반구	18,051,404	/ 선급금	8,178,404
부가가치세대급금	1,652,546	현금	872,750
		미지급금	10,653,200

주 비업무용소형승용차인 경우 위의 분개에서 부가가치세대급금을 별도로 처리하지 않고 차량운반구 가액에 가산한다.

❸ 매월 차량할부대금 지급시(12개월)

미지급금	887,767	/ 현금	887,767

주 10,653,200원 ÷ 12개월 = 887,767원

❹ 7월 25일 유류대 지급시

차량운반구	45,454	/ 선급금	50,000
부가가치세대급금	4,546		

주 비업무용소형승용차인 경우 위의 분개에서 부가가치세대급금을 별도로 처리하지 않고 차량운반구 가액에 가산한다.

❺ 기말결산 시(감가상각 내용연수 5년 가정)

| 감가상각비 | 1,805,140 | / 감가상각누계액 | 1,805,140 |

주 18,051,404원 ÷ 5년 × 6/12

2. 현재가치할인차금을 계상하는 방법(캐피탈을 이용하는 경우)

❶ 6월 25일 차량 인도금(계약금) 지급시

| 선급금 | 8,178,000 | / 현금 | 8,178,000 |

❷ 7월 1일 차량 인수하면서 취득관련 기타부대비용 지급시

차량운반구	15,051,404	/ 선급금	8,178,404
부가가치세대급금	1,652,546	현금	872,750
현재가치할인발행차금	3,000,000	미지급금	10,653,200

주 비업무용소형승용차인 경우 위의 분개에서 부가가치세대급금을 별도로 처리하지 않고 차량운반구 가액에 가산한다.

❸ 매월 차량할부대금 지급시(20개월)

| 미지급금 | 532,660 | / 현금 | 532,660 |
| 현재가치할인발행차금상각 | 150,000 | 현재가치할인발행차금 | 150,000 |

주 10,653,200원 ÷ 20개월 = 532,660원

❹ 기말결산시(감가상각내용연수 5년 가정)

| 감가상각비 | 1,501,540 | / 감가상각누계액 | 1,501,540 |

주 15,051,404원 ÷ 5년 × 6/12

주차비, 세차비, 자동차세 등 차량유지비용의 분개 사례

❶ 주차비, 세차비, 주유비

주차비, 세차비, 주유비 등 차량의 유지·관리와 관련된 비용은 차량유지비로 처리한다. 자동차 주유비로 3만 원을 카드 결제한 경우

| 차량유지비 | 30,000 | / 미지급금 | 30,000 |

주 비업무용소형승용차의 유지·관리비용은 부가가치세 매입세액불공제 대상

이므로 부가가치세를 구분해서 분개할 필요가 없다.

❷ 차량취득 후 납부하는 자동차세

차량을 보유하는 과정에서 납부하는 자동차세는 세금과공과로 처리한다.

자동차세 13만 원을 6월 30일 인터넷을 통해서 카드 결제를 하였다.

| 세금과공과 | 130,000 | / 미지급금 | 130,000 |

🔢 자동차세를 선납하는 경우 약 10% 정도를 할인해 주는 데 동 할인액은 잡이익으로 처리하면 된다.

....

🐷 도서인쇄비

도서인쇄비는 도서나 인쇄비용을 처리하는 계정을 말한다.

사례

신문, 잡지 구독료, 관보구독료 및 도서 구입대금, 명함인쇄비용, 복사료, 번역료, 사진 현상대금, 인쇄대금, 인터넷 정보이용료, 다이어리 인쇄비용, 사보제작비, 사전 구입비용, 서류봉투 인쇄비용, 탁상용 달력 구입비, 팜플렛 인쇄대금

🌀 분개 사례 ···

🗂 도서 구입, e-Book 구입비용의 분개 사례

업무용 도서를 인터넷 서점에서 신용카드로 구입하였다. 도서 대금은 1만 원이다.

| 도서인쇄비 | 10,000 | / 미지급금 | 10,000 |

🗂 서류 봉투 및 복사비의 분개 사례

대봉투, 소봉투 또는 편지봉투에 자사의 상호를 인쇄해서 제작하는 봉투 제작비는 도서인쇄비로 처리한다. 물론 문방구에서 구입하는 서류 봉투는 소모품

비로 처리한다. 회사의 로고가 들어간 서류 봉투를 제작하면서 10만 원을 지급한 경우

도서인쇄비	100,000	/ 현금	100,000

🐨 접대비(= 업무추진비)

접대비(= 업무추진비)란 일반적으로 회사의 영업과 관련해서 타인에게 금전을 제외한 재화나 기타 서비스를 베푸는 데 드는 비용을 말한다.

하청공장, 특약점, 대리점 등을 유치하기 위한 접대비용, 매출처, 매입처 등 거래처에 경조사비를 지출하는 경우는 접대비에 해당한다.

그러나 기업의 불특정다수인에 대해 선전효과를 목적으로 해서 지출하는 비용, 즉 신문, 잡지, 라디오, 텔레비전 등에 의한 선전이나 성냥, 달력, 인쇄물 등에 의한 광고비는 광고선전비로 처리한다.

사 례

기업의 창립기념, 사옥신축기념행사에 드는 비용, 조선업의 신선제조 및 진수식, 토목건축업에 있어서 기공식, 낙성식, 거래처에 지출한 경조사비, 선물비용, 조의금, 조화제공 비용, 축의금, 화환비용, 거래처 손님 대리운전 비용, 방문고객 주차요금

🟤 분개 사례

📦 거래처 식사, 향응, 선물제공 비용의 분개 사례

거래처 손님의 방문으로 식사를 대접하고 식사비용 10만원을 법인카드로 결제한 경우

접대비	100,000	/ 미지급금	100,000

📁 거래처 경조사 관련 분개 사례

거래처 사장님 아버님이 돌아가셔서 화환을 10만원을 주고 구입하여 보냈다.

접대비   100,000   / 현금   100,000

📁 특정 거래처에 대한 매출할인의 분개 사례

사전 약정에 의해서 불특정다수인에게 동일한 조건으로 매출액 비율 등에 따라 지급하는 금액의 경우 매출할인으로 인정받을 수 있는 것이나, 특정 거래처에만 사전 약정과 다르게 지급하거나 차등 지급하는 금액의 경우에는 매출할인에 해당하지 않고 접대비에 해당한다.

📁 노동조합 지출경비의 분개 사례

노동조합 지부에 지출한 보조금에 대해서는 당해 조합이 법인일 때는 접대비로 보고, 법인이 아닐 때는 법인의 경리의 일부(= 지출내역에 따라 처리)로 보는 것이다.

📁 거래처 행사 찬조 및 사은품 지출경비의 분개 사례

거래처 체육행사나 산악회, 야유회, 회식 등에 찬조금을 지급하는 경우나 연말연시 등을 맞아 주거래처에 선물을 돌리는 경우 동 선물 구입비용은 접대비로 처리한다. 추석을 맞아 거래처에 양주 10병을 돌리고 70만 원을 법인카드로 결제한 경우

접대비   700,000   / 미지급금   700,000

🎥 임차료

임차료는 건물 또는 토지 등을 소유주와 임대차계약에 의해 임차하고 이에 대한 사용료로 지급하는 비용을 말한다.

그리고 임차료는 부동산 임차료와 동산 임차료로 구분이 되는 데 부동산 임차료는 공장의 토지나 건물 등을 임차하는 경우 발생하는 임차료이고, 동산 임차료는 기계장치나 차량운반구 등을 임차하는 경우 발생하는 임차료이다.

사무실 임차료, 복사기·팩스 임차료, 창고 · 주차장 임차료

📖 분개 사례 ··

🗄 사무실 임차보증금과 임차료의 분개 사례

사무실을 임차하면서 지불하는 비용은 일반적으로 임차보증금과 매월 지급하는 월세이다. 이중 임차보증금은 보증금 계정으로 처리하고, 월세는 임차료로 처리한다.

❶ 임차보증금 지급시

사무실을 임차하면서 보증금 2,000만 원에 월세 100만 원(부가가치세 별도)으로 한 경우

| 보증금 | 20,000,000 | / | 현금 | 20,000,000 |

❷ 월세 지급 시

| 임차료 | 1,000,000 | / | 보통예금 | 1,100,000 |
| 부가가치세대급금 | 100,000 | | | |

🗄 사택을 임차한 경우의 분개 사례

사택용 아파트를 보증금 5천만 원에 월 100만 원으로 빌린 경우

보증금	50,000,000	/	현금	51,100,000
임차료	1,000,000			
부가가치세대급금	100,000			

··

🐥 통신비

통신비 계정은 각종 우편요금 및 사설 전기, 전화 장치 등의 사용료 또는 그 유지를 위해 지급한 비용을 처리하기 위해서 설정하는 계정이다.

통신비는 판매 및 관리와 관련해 발생한 비용과 제조 부문과 관련해서 발생하는 비용으로 구분 가능한데, 전자는 판매비와관리비로 후자는 제조원가에 포함해야 한다.

사 례

전화료, 핸드폰 사용료, 전보료, 우표, 엽서, 봉투, 통신 용지, 등기 속달료, 등기우편료, 등기반송 수수료, 체크 단말기 수수료, 팩스 사용료, 장치료, 봉투, 인터넷 사용료(ADSL, 메가패스, 쿡, 쇼 등 반면, 인터넷 유료정보이용료는 도서인쇄비 처리)

🕸 분개 사례 ··

🗑 전화사용료 및 인터넷 사용료의 분개 사례

전화 사용료는 통신비로 처리한다. 그리고 전화요금에 부과되는 부가가치세는 부가가치세대급금으로 처리를 하면 되며, 사무실 전화요금으로

- 기본료   5,200원 • 시내전화 요금 5,000원
- 이동전화요금 5,000원 • 인터넷 사용료 30,000원
- 자동납부할인료 200원
- 부가가치세 4,500원이 전화요금으로 청구가 된 경우

통신비	45,200	/ 보통예금	49,500
부가가치세대급금	4,500	잡이익(또는 -통신비)	200(-200)

🗑 전화료, 핸드폰 요금 연체료와 연체가산금의 분개 사례

위의 전화료를 연체한 경우

통신비	45,200	/ 미지급비용	49,500
부가가치세대급금	4,500	잡이익(또는 -통신비)	200(-200)

그 후 연체료에 대한 가산금 4천원을 포함해서 납부를 한 경우

미지급비용	49,500	/ 현금	53,500
잡손실	4,000		

226 _ 한 권으로 끝장내자 계정과목 재무제표 회계원리 실무설명서

📁 등기발송 시 할인금액의 분개 사례

등기발송 시 일정량 이상의 경우 할인을 해주는 경우가 있는데, 동 할인액은 통신비 계정에서 차감하거나 잡이익으로 처리한다.

예를 들어 도서 10권을 발송하면서 총발송비 4만 원 중 10%를 할인받고 3만 6천 원을 현금납부한 경우

통신비	40,000	/	현금	36,000
(-통신비)	(-)4,000		잡이익	4,000

🐷 운반비

운반비란 판매와 관련해서 회사의 상품이나 제품을 거래처에 운반해주는 과정에서 발생하는 비용을 말한다.

> **사례**
>
> 배달비, 상·하차비(판매비), 퀵서비스 비용, 택배비용, 용달비

⚫ 분개 사례 ·····

📁 퀵서비스, 택배비용의 분개 사례

거래처에서 중요서류를 보내 달라고 해서 1만 원을 지불하고 퀵서비스로 보내준 경우

운반비	10,000	/	현금	10,000

참 받는 자가 운임을 부담하기로 한 경우에는 별도의 회계처리가 필요 없다.

📁 물건구매 시 운반비의 분개 사례

물건의 구매 시 부담하는 운반비는 해당 자산의 원가에 가산한다. 예를 들어 컴퓨터를 100만 원에 구매하면서 택배비용으로 2만 원을 지급한 경우

비품	1,020,000	/	현금	1,020,000

🎬 세금과공과

세금과공과는 기업에 대해서 국가 또는 지방자치단체가 부과하는 조세와 공공적 지출에 충당할 목적으로 동업조합, 상공회의소 등의 각종 공공단체가 부과하는 부과금 및 벌금, 과료, 과태료 등의 특정 행위의 제재를 목적으로 하는 과징금을 처리하는 계정과목이다.

> **사 례**
>
> 상공회의소 일반회비, 조합회비, 협회비, 대한적십자사 회비, 동업자단체의 부과금, 개인정보 보호 위반 과태료, 공증료, 과대포장 과태료·과료, 교통유발부담금, 균등할주민세, 기금에 지출하는 분담금, 면허세, 사업소세, 자동차세, 재산세, 증권거래세, 증지대, 안전협회비, 인지대, 주차위반 벌금·과료·과태료, 폐기물배출부담금, 환경개선부담금, 부가가치세 간주임대료, 기타 영업과 관계가 있는 공공적 성격의 지출

🟣 분개 사례

🗂 자동차세 납부시 분개 사례

1기분 자동차세 5만원을 6월 30일 납부하였다.

세금과공과	50,000	/	현금	50,000

집 면허세, 인지세, 재산세, 지방소득세, 자동차세, 증권거래세, 주민세 등은 세금과공과로 처리한다.

🗂 벌금·과료·과태료 지출 시 분개 사례

주차위반 과태료 5만 원을 납부한 경우

세금과공과	50,000	/	현금	50,000

🗂 가산세 · 가산금 지출시 분개 사례

세금의 불성실 납부 등으로 인해서 부담하는 가산세 등의 계정과목은 잡손실 계정으로 처리한다. 반면, 사계약 상 약정기일보다 늦게 지급함으로 인해서 부담하는 가산금은 이자비용으로 처리한다.

● 세금 등 납부기한 경과로 인한 가산금

납부기한이 경과해서 가산금으로 5천 원을 납부한 경우

세금과공과	5,000	/	현금	5,000

🔳 가산세, 가산금 등의 납부와 관련해서는 세금계산서 등 법정지출증빙의 수취 대상에 해당하지 않으므로 별도로 증빙을 갖추지 않아도 된다.

● 사계약 위반으로 인한 가산금

거래처 외상매입금에 대해서 지급기일 경과시 1일당 1만 원의 이자를 지급하기로 하고 10일 경과에 따라 10만 원을 추가 지급한 경우

이자비용	100,000	/	현금	100,000

🐨 소모품비

소모품비는 소모성 공구, 기구비품 등 사무용 소모품 등을 구입하기 위해서 드는 비용을 말한다.

그리고 결산 기말에 남아 있는 소모품 미사용액은 자산계정인 저장품 또는 소모품 계정으로 대체해야 한다(예 : 소모품(또는 저장품)/소모품비). 다만, 중요성의 원칙에 의해 그 금액이 금액적으로 중요하지 않은 경우는 이를 자산에 계상하지 않고 전액 소모품비 계정으로 당기 비용 처리할 수도 있다.

📁 서류 봉투, 볼펜 등의 사무용품 구입시 분개 사례

문구점에서 사무실에서 사용할 서류 봉투, 볼펜 등 사무용품을 구입하고 5만
원을 지급하였다.

소모품비	50,000	/	현금	50,000

📁 복사 용지(프린트 용지) 구입의 분개 사례

프린트 용지가 떨어져 용지를 10묶음 구입하고 2만 원을 지급하였다.

소모품비	20,000	/	현금	20,000

📁 도장(인쟝) 비용의 분개 사례

법인인감을 파고 3만 원을 지불한 경우

소모품비	30,000	/	현금	30,000

📁 열쇠 구입비용의 분개 사례

사무실에 보조키를 설치하면서 10만 원을 준 경우

소모품비	100,000	/	현금	100,000

📁 열쇠 수리 출쟝비용의 분개 사례

사무실에 열쇠를 두고 와서 문을 열기 위해서 출장 서비스를 신청하고 3만원
을 지불한 경우

지급수수료	30,000	/	현금	30,000

🐨 수도광열비

수도광열비는 수도료, 전기료, 가스비 등 연료비에 드는 비용 중 판매
및 관리 부문에 사용되는 금액을 통틀어 말한다. 따라서 제조 부문에 사
용되는 금액은 이를 제조원가에 산입하는 데 전력비라는 계정과목을 사
용하기도 한다.

가스 대금, 기름값, 난방용 유류대, 도시가스료, 상하수도요금, 수도료, 전기요금, 전력비(료), 전력기금

🔵 분개 사례 ···

🗄 전기료, 전력비, 전력기금 납부 및 연체료의 분개 사례

4월분 전기요금 고지서상 내역이 기본요금 1,440원, 전력량 요금 19,004원, 전력기금 930원, 원단위 절사 -8원, 부가가치세 2,044원인 경우

수도광열비	21,374	/	현금	23,410
부가가치세대급금	2,044		잡이익	8

수도광열비를 지정한 날짜에 납부를 안 하는 경우 이는 미지급비용으로 처리하며, 연체에 따른 가산금은 잡손실로 처리한다.

수도광열비	21,374	/	미지급비용	23,410
부가가치세대급금	2,044		잡이익	8

으로 처리한 후 다음 달 연체료 1,000원과 함께 납부한 경우

미지급비용	23,410	/	현금	24,410
잡손실	1,000			

🗄 임차인에게 수도료·전기료를 징수해서 대신 납부시 분개 사례

건물이나 사무실을 임대할 때 공과금이 건물 단위로 통합고지 되는 경우가 있다. 이때 건물주는 관리비라는 명목으로 각 입주자에게 전기료 및 수도료를 할당해서 징수해서 납부하게 된다. 즉 건물주는 임차인이 납부해야 할 전기료 및 수도료를 징수해서 대신 내주는 것이다. 따라서 임차인이 요구하는 경우 세금계산서 또는 영수증을 발행해 주어야 한다. 4월분 전기요금 및 수도료가 50만 원이 통합부과 되었다. 이중 임대주 부담분 10만 원을 제외하고는 모두 임차인 부담분이다. 부가가치세 4만원 중 입주자분 부가가치세가 3만 원이라고 가정한다.

현금	430,000	/	예수금	400,000
			부가가치세예수금	30,000

으로 처리를 한 후 25일 납부시

수도광열비	100,000 /	현금	540,000
예수금	400,000		
부가가치세대급금	10,000		
부가가치세예수금	30,000		

🔳 입주자에게 받은 부가가치세 예수금 3만 원에 대해서는 입주자가 세금계산서 발행을 요청하는 경우 발행을 해주어야 한다.

구분	계정과목
전기요금	수도광열비
전력량요금	수도광열비
전력기금	수도광열비(또는 세금과공과)
자동이체할인료	잡이익
전력비	수도광열비(또는 전력비)
원단위 절사액	잡이익
전기요금미납액	미지급비용
미납 가산금	잡손실

🔔 수선비

수선비는 건물, 기계장치, 차량운반구 등의 유형자산이 사용 도중에 어떤 물리적 손상에 의해서 기술적 용역을 정상적으로 제공할 수 없게 되었을 때 유형자산의 복구를 위해서 소요되는 경비를 처리하는 계정이다.

건물 내·외벽의 도장, 건물 외벽청소비, 건물 수선비, 공기구수선비, 기계수선비, 벽의 페인트 공사, 비품수선비, 파손된 유리 대체, 면책금(자가부담금)(수선비 또는 차량유지비 또는 보험료 중 아무거나 사용)

📋 분개 사례

사무실을 임대하면서 사무실 내부 페인트 칠 비용으로 100만원을 지출한 경우

수선비	1,000,000	/	현금	1,100,000
부가가치세대급금	100,000			

🎬 경상연구개발비

경상연구개발비란 경상적으로 발생하는 연구개발비로서 여기서 연구개발비란 신제품·신기술의 연구 또는 개발 활동과 관련해서 지출한 비용을 말한다.

🐣 여비교통비

여비교통비란 판매 및 관리 활동에 종사하는 종업원 및 임원에 관한 여비 및 교통비를 처리하는 계정이다. 여기서 여비란 기업의 임원 및 종업원이 업무를 수행하기 위해서 먼 지방으로 출장을 가는 경우 여비지급 규정에 의해서 지급되는 국내출장여비, 해외출장여비 및 전근, 부임여비를 말한다. 교통비는 당일 자 업무의 수행을 위해서 근거리 출장비용으로 버스나 택시 등의 이용요금, 주차비, 통행료 등을 말하며, 귀사 시 실비정산을 해야 한다.

철도운임, 항공운임, 선임, 출입국 절차 비용, 숙박료, 식사대, 운송보험, 택시요금, 버스요금, 지하철 요금, 고속도로 통행료, 일시적인 주차료, 버스승차권

분개 사례 ······

출장비용의 지급시 분개 사례

출장경비를 처리하는 방법으로는 첫째, 출장경비의 지급 시 우선 가지급금으로 처리한 후 직원이 출장에서 돌아온 시점에 이를 본래의 계정과목으로 대체시키는 방법이다.

둘째, 출장경비의 지급 시에는 별도의 회계처리를 하지 않고 출장 직원이 출장 후 해당 증빙의 제출 시 회계처리 하는 방법이다.

1. 10월 1일 총무부 직원이 급한 용무로 부산에 출장을 가게 되어 50만 원을 임시로 지불한 경우

2. 3박 4일의 출장을 마치고 10월 5일 출근하여 경리부에 지출증빙제출

(1) 교통비 15만원　　(2) 식사비 6만원　　(3) 거래처 선물비용 5만원

(4) 숙박비 9만원　　(5) 잡비 5만원　　(6) 반납금액 10만원

❶ 첫째 방법

1. 출장 출발시점

가지급금	500,000	/	현금	500,000

2. 정산시점

여비교통비	300,000	/	가지급금	500,000
접대비	50,000			
잡비	50,000			
현금	100,000			

주 여비교통비 = 교통비 + 숙박비 + 식사비

❷ 둘째 방법

1. 출장 출발시점

별도의 회계처리 없음

2. 정산시점

여비교통비	300,000	/	현금	400,000
접대비	50,000			
잡비	50,000			

🗂 시내버스, 지하철, 택시요금, 교통카드 구입비용의 분개 사례

거래처에 서류 심부름 가면서 택시비로 5천원을 지출한 경우

여비교통비	5,000	/	현금	5,000

🗂 대리운전 비용의 분개 사례

회사업무 목적으로 방문한 거래처 손님과 술 한잔하고 대리운전 비용으로 15,000원을 준 경우

여비교통비	15,000	/	현금	15,000

🅾 대리운전 용역을 제공받고 세금계산서를 받은 경우 해당 차량이 비업무용소형승용차이거나 접대 관련 대리운전인 경우는 매입세액공제를 받을 수 없다.

🐔 대손상각비

대손상각비란 거래처의 파산, 행방불명 등의 사유로 채권의 회수가 불가능하게 된 경우 회수불능채권을 비용으로 처리하기 위한 계정이다.

그리고 결산 기말에 대손액을 추산해서 대손충당금으로 재무제표에 기록해야 한다. 또한, 대손충당금의 설정 대상 채권을 살펴보면 다음과 같다.

구 분	내 용
단기채권	매출채권(외상매출금 + 받을어음), 단기대여금, 미수금, 미수수익 및 선급금, 선일자수표, 부가가치세 매출세액의 미수금
투자자산	장기대여금, 장기성매출채권

대손추산액은 실무상 세법과 일치시키기 위해 채권의 1%를 일반적으로 설정한다.

대손충당금의 회계처리 방법에는 기업회계기준에서 인정하는 보충법과 세법에서 인정하는 총액법의 두 가지 방법이 있으나 세법상 예외적으로 보충법도 인정하고 있으므로 회계처리에 있어 커다란 제약은 없다.

분개 사례

대손충당금 설정시 분개 사례

12월 31일의 대손충당금 20만 원을 설정하였다.

대손상각비	200,000	/	대손충당금	200,000

전기 대손액의 회수 분개 사례

전기에 회수가 불가능하다고 판단해서 대손처리 된 5만 원이 회수되었다.

현금	50,000	/	대손충당금	50,000

대손발생 분개 사례

당기에 판매되었던 105,000원이 회수가 불가능하다고 판단되어 제거되었다.

대손충당금	105,000	/	매출채권	105,000

대손충당금 설정액 부족시 분개 사례

전기에 판매된 16만 원이 회수가 불가능하다고 판단되어 제거되었다(대손충당금 잔액 95,000원).

대손충당금	95,000	/	매출채권	160,000
대손상각비	65,000			

당기 대손액의 회수

당기 대손처리된 금액 중 85,000원을 회수하였다.

현금	85,000	/	대손충당금	85,000

🐷 포장비

상품 등의 포장 과정에서 발생하는 비용은 포장비 계정으로 처리한다.
그러나 동 비용이 매출과 직접적인 인과관계가 있는 경우에는 이를 매
출원가에 포함해도 상관은 없다.

포장재료는 일괄해서 한꺼번에 구입하는 것이 보통이므로 일단 저장품
으로 처리해 둔 후 창고에서 출고할 때마다 포장비로 대체하는 것이 정
확한 처리 방법이지만 구입 시에 포장비로 비용처리 해두었다가 기말에
재고액을 조사해서 잔액을 저장품으로 대체하는 방법을 사용해도 된다.
그러나 기말에 재고액이 적은 경우는 잡비로 당기 비용처리 해도 된다.

사 례

포장지 구입비용, 포장백 구입비용, 포장박스 구입비용, 포장비닐 구입비용

🐷 분개 사례 ···

🛒 **물품을 포장하기 위해서 포장지를 10만 원을 주고 구입한 경우**
🛒 **기말에 재고로 4만원 정도의 포장지가 남은 경우**

- 첫 번째 방법

포장비	100,000	/	현금	100,000

으로 회계처리 한 후 기말에 미사용 포장비를 저장품으로 대체

저장품	40,000	/	포장비	40,000

- 두 번째 방법

저장품	100,000	/	현금	100,000

으로 회계처리 한 후 기말에 사용 부분만 포장비 처리

포장비	60,000	/	저장품	60,000

🐷 보관료

재고자산 등을 창고에 일시적으로 보관하고 그에 대한 창고료, 보관수수료 등 대가를 지불하는 경우에 보관료 계정으로 처리한다.

그러나 동 보관료는 창고가 본사나 영업소 소속인 경우는 보관료로써 판매비와관리비에 속하나 제조 부문에 속해 있는 경우에는 제조원가에 가산되므로 보관료 계정에서 제외된다.

🔎 분개 사례

🗂 **매출 상품의 반품으로 철도청 창고에 일시 보관을 하고 그에 대한 비용으로 2만 원을 지불한 경우**

보관료	20,000	/	현금	20,000

🗂 **외부로부터 임차한 창고에 대한 임차료 30만 원(부가가치세 별도)을 지급하였다.**

임차료	300,000	/	현금	330,000
부가가치세대급금	30,000			

🐷 견본비

견본비는 상품, 제품의 품질향상 등을 거래처 또는 사용자 등에게 알리기 위해서 상품 등의 일부를 시용시킬 목적으로 제공하는데, 따르는 견본품, 샘플 제작비, 샘플 무환통관 시의 관세 비용을 처리하는 계정이다. 견본비는 보통 기업이 견본용으로 특별히 소형, 소량의 상품 등을 만들기 때문에 시용품비라고도 한다.

견본비 계정에는 견본용으로 제공한 현품 즉, 상품 또는 제품의 원가를 계상한다.

회사가 견본품을 별도로 제공하고 있는 경우에는 당해 견본품의 원가를 계상한다. 이 경우 견본비와 광고선전비의 구별에 주의해야 한다.

견본품은 원칙적으로 재고자산으로 계상을 하고, 사용할 때마다 견본비로 대체해야 하지만 금액이 소액인 경우는 바로 견본비로 계상해야 한다.

🐞 분개 사례 ···

견본품 1,000개(원가 200원)를 제조하였으며, 이 중 100개를 타 지역의 거래처에 견본품으로 공급하였다.

🗑 유상으로 제공시

현금	200,000	/	견본품	200,000

🗑 무상으로 제공시

견본비	20,000	/	견본품	20,000

🐭 회의비

회의비는 법인의 사업목적상 회의를 하면서 지출하는 다과, 음식물 제공 (회의 전에 근처 음식점을 이용한 식사를 포함한다.)을 포함한 회의 개최를 위해서 통상적으로 지출하는 비용은 손금(비용)에 산입(인정)한다.

그러나 통상의 회의비를 초과한 룸싸롱 비용이나 단란주점 비용 등은 접대비로 보아야 할 것이다.

반면, 회의비에 대해서 별도의 계정과목을 사용하지 않고 복리후생비로 처리해도 문제는 없다.

📀 분개 사례

하반기 매출 증가를 위한 마케팅 회의를 하다 회의 시간이 장시간 되어 점심 식사로 10만 원을 지출한 경우

회의비	100,000	/	현금	100,000

🐨 판매수수료

판매수수료 계정은 위탁판매의 경우와 같이 제조회사가 자사 제품의 판매에 대한 대가로 판매자에게 지급하는 수수료를 처리하는 계정이다. 즉, 판매수수료란 상품, 제품의 매출 또는 용역에 의한 수익의 실현에 따라 판매수탁자, 중개인 등에게 지급하는 판매에 대한 수수료를 말한다. 이는 기업회계기준상 지급수수료로 판매비와관리비의 하나의 항목에 속한다. 판매수수료는 판매에 직접적으로 소요된 비용으로 공인회계사, 변호사, 세무사, 관공서 제신청수수료 등 지급수수료와 구분해야 한다.

구 분	계정과목
판매수수료	자사 제품의 판매에 대한 대가로 판매자에게 지급하는 수수료
지급수수료	공인회계사, 변호사, 세무서, 관공서 등 용역의 제공 대가로 지불하는 비용

그리고 대리점 등 공동 판매회사에 대해서 지급하는 수수료는 그것이 판

매와 관련해서 발생한 것에 한해서 판매수수료 계정으로 처리해야 한다. 그러나 판매액에 따라 지급하는 판매수당 등은 그 종업원과 고용계약이 체결되어 있을 경우는 급여에 가산하고, 고용관계가 없는 경우에는 판매수수료로 계상을 한 후 기타소득(일시적인 경우 8.8% 원천징수) 또는 사업소득(계속적 반복적인 경우나 사업자등록이 되어 있는 경우 3.3% 원천징수)을 원천징수 해야 한다.

판매수수료의 처리 시점은 매출 시점에 회계처리를 하면 된다.

🔖 분개 사례 ··

(주)지식만들기는 부산의 한 회사와 대리점 계약을 맺고 보내준 1,000만 원의 물품 중 500만 원어치를 팔았다고 매출계산서를 보내왔다. 그 내역을 보면 다음과 같다.

❶ 판매액 : 5,000,000원   ❷ 수수료(판매가의 10%) : 500,000원

❸ 인수운임 : 50,000원   ❹ 실수령액 :   4,450,000원

현금	4,400,000	/ 매출	5,000,000
판매수수료	500,000		
운반비	50,000		
부가가치세대급금	50,000		

🐹 외주비

외주비는 외주 용역비와 외주가공비를 지출할 때 사용하는 계정이다. 외주 용역비는 제조업체나 건설사의 경우 외부에 하도급을 주어 자사 제품의 일정 부분의 공정을 맡기고 지급하는 경비를 말하며, 근로자파견비용이 이에 해당한다. 반면, 외주가공비란 하청공장 등의 외부생산자에

재료나 반제품을 공급해서 가공을 의뢰하는 것을 말하고, 가공을 위해 지급하는 공임이 외주가공비이다.

제품이나 상품의 외부 가공의뢰, 소프트웨어의 개발의뢰 등

🌀 분개 사례 ···

수출업체로 수출품을 외부에서 제작 의뢰를 해서 100만 원에 납품받는 경우

외주비	1,000,000	/	보통예금	1,100,000
부가가치세대급금	100,000			

🐭 협회비

협회비는 기업의 영업활동과 관련해서 조직된 단체나 협회에 지급하는 회비를 말한다.

협회비는 추후 반환을 받는 것인지 아니면 소멸하는 것인지에 따라서 회계처리 방법이 다르게 된다. 협회비는 소멸하는 경우가 대부분이다. 이 경우는 세법상 지정기부금으로 규정하고 있으며, 소멸하지 않고 반환받는 경우는 기업회계기준에 투자자산(출자금)으로 계상하는 것이 타당하다.

그리고 매월 지급하는 월회비는 그 성격에 따라서 지급수수료 또는 협회비 등으로 처리하는 것이 타당하다.

예를 들어 ○○협회에 가입하며 가입비로 10만 원을 지불하고 월 1만 원씩 지불하는 경우

📁 **반환조건의 경우**

출자금	100,000	/	현금	100,000

📁 **비반환조건의 경우**

협회비	100,000	/	현금	100,000

📁 **매월 지불 하는 비용**

협회비(= 지급수수료)	10,000	/	현금	10,000

···

🐭 잡비

잡비는 판매비와관리비에 속하는 비용 항목 중 특정 계정과목으로 독립시켜 처리하는 것이 불합리하다고 인정되는 비용을 모두 모아 일괄적으로 처리하는 계정이다. 즉, 기업회계기준에 적당한 계정과목이 없거나, 혹시 있더라도 그 금액이 워낙 소액이어서 그것을 별도의 계정으로 손익계산서에 표시하는 것이 별로 실익이 없는 경우 이를 잡비계정을 이용하여 일괄적으로 처리한다. 잡비계정의 회계처리와 관련해서 주의할 점은 잡비와 잡손실의 구분이다.

잡비는 판매비와 관리비이지만, 잡손실은 영업외비용으로 이자비용이 드물게 발생하거나 금액적으로 소액인 경우, 유가증권의 매각손·평가손, 소액의 도난재해 등에 의한 임시손실 등 현금의 유출을 수반하지 않는 자산의 근소한 손실은 영업외비용 항목인 잡손실 계정으로 처리해야 한다.

🐢 분개 사례 ·····

판매원이 업무를 수행하는 도중에 일으킨 가벼운 교통사고 배상금으로 현금 3만 원을 지급하였다.

잡비	30,000	/	현금	30,000

손익계산서는 쉽게 얘기해 기업들의 경영 성적표와 마찬가지라고 보면 된다.

손익계산서는 기업의 경영성과를 밝히기 위해 일정기간 내에 발생한 모든 수익과 비용을 대비시켜 해당 기간의 순이익을 계산·확정하는 보고서이다.

더 쉽게 얘기하면 수익에서 비용을 빼면 이익이 나고 그게 바로 경영성과를 나타내는 것이다. 단, 모든 수익과 비용이 현금기준이 아닌 발생기준에 따라 기록되기 때문에 당기순이익은 한 회계기간 동안 발생된 이익으로 현금흐름액과는 전혀 무관하다.

손익계산서를 보면 매출액, 매출원가, 당기순이익 등을 알 수 있다. 먼저 매출계정에서 매출원가를 빼면 매출총이익이 나오게 된다. 또한, 매출총이익에서 판매비 및 일반관리비를 빼면 영업손익이 나온다.

영업손익에서 영업외수익(기타수익 + 금융수익)을 더하고 영업외비용(기타비용 + 금융비용)을 빼면 법인세비용차감전순이익이 나오고 법인세비용을 차감하면 해당 회계기준 당기순이익이 나온다.

또 손익계산서를 볼 때는 2개년도 손익계산서가 비교 표시되기 때문에 이 둘을 비교해 경영성과를 보는 것이 중요하다.

아울러 동종업계의 손익계산서와 비교해보면 더욱 의미가 있다.

기타수익과 기타비용

1 기타수익(= 영업외수익)

기타수익은 기업의 주된 영업활동이 아닌 활동으로부터 발생한 수익과 차익으로서 중단사업손익에 해당하지 않는 것으로 한다. 이는 포괄손익계산서상 기타수익 항목에 표시하면 된다. 반면, 기타이익은 기업의 주된 영업활동이 아닌 활동으로부터 발생한 이익(손실)과 차익(차손)을 말한다. 이는 포괄손익계산서상 기타수익 또는 기타비용 항목에 합쳐서 표시해도 된다.

구 분	계정과목 해설
재고자산 감액환입	시가가 장부가액보다 상승한 경우 재고자산평가충당금의 한도 내에서 평가손실을 환입한 경우 동 금액을 처리하는 계정과목이다.
유형자산 감액환입	유형자산의 감액 가능성이 있는 경우에는 장부가액을 회수가능가액으로 조정하고, 그 차액을 유형자산감액손실로 처리한 후 유형자산의 시가가 회복된 경우 감액하지 않았을 경우의 장부가액(감액 전 장부가액에서 감가상각한 후의 잔액)을 한도로 감액손실을 환입하게 되는데, 이때 사용하는 계정과목이다.

구 분	계정과목 해설
유형자산 처분이익	유형자산의 처분 시 유형자산의 처분가액이 장부가액(취득가액 - 감가상각누 계액)을 초과하는 경우 동 차액을 말한다.
국고보조 금수익	자산취득 의무가 없는 국고보조금을 당기수익으로 처리할 때 사용하는 계정 과목이다.
대손충당 금환입	기 설정된 대손충당금이 기말 현재의 대손 예상액보다 많을 때 그 많은 금액 만큼 환입하는 경우에 나타나는 계정과목이다. 즉, 대손설정액은 100만 원 인 데, 대손 예상액은 40만 원인 경우 예상액보다 많은 60만 원을 말한다.
투자자산 처분이익	투자자산의 처분 시 투자자산의 처분가액이 장부가액을 초과하는 경우 동 차액을 말한다.
단기매매 처분 처분이익	단기매매증권처분이익은 유가증권을 단기적 자금 운용(단기매매증권) 목적 으로 소유하고 있다가 매각처분하는 경우 처분가액이 장부가액을 초과하는 경우 그 초과액을 처리하는 계정을 말한다.
단기매매 증권 평가이익	단기매매증권평가이익은 단기매매증권의 취득 시점의 가액보다 재무상태표 작성 시점의 가액이 상승한 경우 동 이익을 말한다.
임대료	임대료는 부동산 또는 동산을 임대하고 타인으로부터 지대, 집세, 사용료 등의 대가로 수취하는 금액을 말한다.
지분법 이익	지분법이익은 피투자 회사의 순이익(내부거래 제외)에 대한 투자회사의 지분 취득 시점의 피투자 회사의 순장부가액과 취득원가의 차액을 상각한 금액을 말한다.
사채상환 이익	사채의 상환 시 사채의 장부가액에 미달해서 상환가액을 지급하는 경우 동 차액을 처리하는 계정을 말한다.
전기오류 수정이익	전기오류수정이익은 전기 이전에 발생한 회계처리의 오류로서 순이익을 과소 계상한 경우 중대한 오류가 아닌 경우를 말한다(중소기업회계기준 사용).

구 분	계정과목 해설
장기금융 자산손상 차손환입	장기금융자산손상차손환입은 금융자산의 공정가액이 하락해서 회복할 가능성이 없어 장기금융자산손상차손으로 처리한 것이 순자산가액이 회복된 경우는 감액된 장부가액을 한도로 해서 회복된 금액을 처리하는 계정을 말한다.
잡이익	잡이익은 영업외수익 중 금액적으로 중요하지 않거나 그 항목이 구체적으로 밝혀지지 않은 수익을 말한다.
	사례 각종 공과금이나 세금납부 시 원단위 미만 절사액
자산수증 이익	자산수증이익은 대주주나 대표이사 등 외부로부터 자산을 무상으로 증여받는 경우 생기는 이익을 말한다.
채무면제 이익	채무면제이익은 채권자로부터 채무를 면제받음으로써 생긴 이익을 말한다.
보험차익	보험차익은 재해 등 보험사고 시 수령한 보험금액이 피해자산의 장부가액보다 많은 경우 그 차액을 말한다.

2 기타비용(= 영업외비용)

구 분	계정과목 해설
재고자산 감액손실	재고자산감액손실은 상품을 보관하는 과정에서 파손, 마모, 도난, 분실, 증발 등으로 인해서 회계기말에 재고수불부에 기록된 장부상의 재고수량보다 실제 재고수량이 적으면 발생하는 손실(재산자산감모손실)을 말한다. 재고감액손실 중 상품의 보관 중에 정상적으로 발생하는 것은 이를 매출원가에 포함시키고 비정상적으로 발생하는 감모손실은 기타비용으로 처리한다.
재고자산 평가손실	재고자산평가손실은 진부화, 손상, 품질하락 등의 이유로 재고자산의 구입당시의 가액이 평가시점의 시가보다 하락하는 경우 발생하는 차액을 처리하는 계정이다. 시가와 취득원가의 차액인 재고자산평가손실은 매출원가에 해당하

구 분	계정과목 해설
	며, 재고자산에서 직접 차감하지 않고 재고자산평가충당금으로 재고자산의 차감 계정으로 표시한다.
유형자산 감액손실	유형자산의 감액가능성이 있는 경우에는 장부가액을 회수가능가액과의 차액을 유형자산감액손실로 처리한다.
유형자산 처분손실	유형자산의 처분 시 유형자산의 처분가액이 장부가액(취득가액 - 감가상각누계액)에 미달하는 경우 동 차액을 말한다.
국고보조 금손실	자산취득 의무가 없는 국고보조금을 당기손실로 처리할 때 사용하는 계정과목이다.
기부금	기부금이란 기업의 정상적인 영업활동과 관계없이 금전, 기타의 자산 등의 경제적인 이익을 타인에게 무상으로 제공하는 경우 당해 금전 등의 가액을 말한다.
	사례 불우이웃돕기 성금, 수재의연금, 장학재단기부금, 후원금, 경로잔치 지원금(기부금 또는 광고선전비)
매출채권 처분손실	매출채권처분손실은 가지고 있는 매출채권을 금융기관이나 다른 거래처 등에 할인 매각해서 발생하는 손실을 말한다. 즉, 일반적으로 어음을 할인하면 어음의 금액보다 적게 현금을 받으니까 그 차이 나는 금액만큼은 매출채권처분손실로 처리하는 것이다.
단기매매 증권 처분손실	단기매매증권처분손실은 단기매매증권의 처분으로 인해 발생하는 손실로서 유가증권을 단기적 자금 운용목적으로 소유하고 있다가 매각처분하는 경우 처분가액이 장부가액에 미달하는 경우 그 차액을 처리하는 계정을 말한다.
단기매매 증권 평가손실	단기매매증권평가손실은 단기매매증권을 공정가액에 의해 평가하는 경우 공정가액이 원가보다 하락하는 경우 나타나는 미실현 보유손실을 말한다. 즉, 시장성 있는 단기매매증권의 경우 공정가액을 강제 적용하고 평가손실도 평가충당금을 설정하지 않고 직접 장부가액에서 가감한다.

구 분	계정과목 해설
지분법 손실	지분법손실은 피투자회사의 순이익(내부거래 제외)에 대한 투자회사의 지분 취득시점의 피투자회사의 순장부가액과 취득원가의 차액을 상각한 금액을 말 한다.
장기 금융자산 손상차손	장기금융자산손상차손은 투자주식 또는 채권의 공정가액이 하락해서 회복할 가능성이 없는 경우 당해 금융자산의 장부가액과 공정가액의 차액을 말한다.
매도가능 증권 처분손실	매도가능증권처분손실은 매도가능증권을 처분하는 경우 취득원가보다 싸게 판 금액을 말한다.
기타의 대손 상각비	기타의 대손상각비는 기업의 주요 영업활동 이외의 영업활동으로 인해서 발생 한 채권에 대한 대손상각을 처리하는 계정이다. 즉, 매출채권 이외의 채권인 대여금, 미수금, 미수수익, 선수금 등에 대한 대손액을 처리하는 계정이다.
사채상환 손실	사채상환손실이란 사채의 상환 시 사채의 장부가액을 초과해서 상환가액을 지급하는 경우 동 차액을 처리하는 계정을 말한다.
전기오류 수정손실	전기오류수정손실은 전기 이전에 발생한 회계처리상의 오류로서 순이익을 과 대계상한 경우 중대한 오류가 아닌 경우를 말한다(중소기업회계기준 사용).
잡손실	금액적으로 중요하지 않거나 그 항목이 구체적으로 밝혀지지 않은 비용을 말한다.
	사례 가산금, 가산세, 건물철거 비용, 경미 한 도난사고, 계약위반배상금 (지급액), 교통사고 배상금, 보상금 지급, 연체료, 위약금

이익잉여금 클수록 수익성 좋은 기업

기업의 이익은 영업활동에서만 생기는 것이 아니다. 기업의 여유 자금을 은행에 예치하게 되면 이자가 발생하듯 기업의 영업활동 외의 재무적인 활동과 관련된 이익을 영업외수익이라 부른다. 영업외 수익 중 대표적인 것은 금융기관에 예금하거나 제3자에게 돈을 빌려주고 받는 이자수익이다. 또 배당금수익, 임대료, 외환차익, 지분 법이익, 자산처분에서 생기는 자산처분이익 등 여러 가지 항목들이 있다.

그리고 영업활동과 관련되지 않은 비용도 발생하는데, 이를 영업외 비용이라고 한다. 기업이 부족 자금을 은행에서 빌리거나 채권을 발행하게 되면 이자를 지급해야 한다. 또 자산을 처분하는 과정에 서 당초 자산을 매입한 금액보다 낮은 금액에 처분하게 되면 처분 손실이 발생한다. 이 밖에 외환차손, 지분법손실, 기부금 등도 영업 외비용으로 처리한다. 영업이익에서 영업외수익을 더하고 영업외비 용을 뺀 것을 법인세차감전순이익이라 한다. 여기서 다시 법인세비 용을 빼면 당기순이익이 된다. 당기순이익은 기업의 최종적인 수익 인 셈이다. 수익과 관련해 재무상태표에 보면 이익잉여금이라는 항 목이 있는데 이익잉여금은 당기순이익 중 주주들에게 배당하고 남 는 이익금을 누적한 것이다. 이익잉여금이 크다면 이런 기업은 오 랫동안 수익성이 좋았다는 것으로 이해해도 된다. 당기순이익은 회 사 전체의 이익을 측정해 기록한 것이지만 당기순이익이 크다고 그 기업의 수익력이 좋다고 할 수는 없다. 예를 들어 당기순이익이 100억 원으로 같지만, A 기업은 100억 원의 자본을 투자했고, B 기업은 50억 원의 자본을 투자했다면 B 기업이 더 높은 이익률을 달성한 셈이다. 따라서 기업의 수익력을 평가하기 위해서는 투자자 본 대비 수익을 평가하는 것이 중요하다.

금융수익과 금융비용

🐷 이자수익

이자수익 계정은 금전의 대여 및 이용에 대해서 상대방으로부터 일정 이율에 따라 수취하는 금전적 보수를 말한다.

• 주주, 임원, 종업원, 관계회사 또는 외부에 대여한 경우나

• 은행 등 금융기관에 예치한 경우에 발생하는 이자 및

• 국채, 공채 등에서 발생하는 유가증권이자를 포함한다.

이자수익은 기간의 경과에 따라 발생하는 것이므로 기간만 경과하면 이자수익을 계상한다. 이 경우 현금을 실제로 지급받지 않았을 때는 미수수익으로 인식하고, 현금을 선지급 받았다면 선수수익 계정으로 계상하면 된다.

이자수익에 대해 수익의 인식조건에 의해 이미 수익은 발생하였으나 그 대가의 수불이 이루어지지 않았을 때는 결산 시 이에 대해서 선수수익 또는 미수수익으로 인식하는 회계처리를 해야 한다.

🎓 분개 사례 ·····

(주)이지는 (주)경리은행에 여유 자금 6억 원을 8월 5일 예입하고 이에 대한
이자 3,600만 원 중 이자소득 원천징수액 5,544,000원을 차감한 금액을 수
취하였다.

🏦 예입 시

단기금융상품	600,000,000	/	현금	600,000,000

🏦 이자 수취 시

현금	30,456,000	/	이자수익	36,000,000
선납세금	5,544,000			

🐨 배당금수익

배당금수익은 현금배당금(수입배당금)을 말한다. 즉, 소유주식, 출자금
등의 단기투자자산 및 장기 투자자산에 관해서 이익이나 잉여금의 분배
로 받는 배당금을 말한다.

배당에는 현금배당과 주식배당이 있는데 기업회계기준은 현금배당만 배
당금수익으로 인식하고, 주식배당은 주식 수만 증가시킨다. 여기서 주식
배당이란 회사가 이익잉여금을 불입자본에 전입함으로써 신주를 발행하
고 이 주식을 주주의 주식 소유비율에 따라서 배당하는 특수한 형태의
배당을 말한다.

📌 분개 사례 ···

📑 배당금수익의 계상

배당금이 확정되는 시기는 주주총회의 결의일로, 주주총회의 배당금 결의 일에 배당금수익을 인식해야 한다. 단, 투자회사는 주식발행법인의 내부 의결사항을 잘 알 수 없으므로 실무편의상 실제 현금 수령 시 회계처리하기도 한다.

📑 배당금수익의 기간손익계산

배당금수익은 이자수익과 같이 기간계산이 필요하지 않다. 배당금 결의가 있었으나 결산일까지 배당금을 지급받지 못하는 경우는 이것을 배당금수익과 미수수익 계정에 각각 계상해야 한다.

📑 2××1년 2월 1일 ㈜이지는 주주총회결의로 현금배당을 결의하였으며, 투자자인 ㈜경리의 현금배당분은 2천만 원 이었다.

미수수익	20,000,000	/	배당금수익	20,000,000

(주)이지의 입장

미처분이익잉여금	20,000,000	/	미지급배당금	20,000,000

📑 2××1년 3월 1일 ㈜경리는 보유주식에 대한 배당금 2천만 원을 받았다.

보통예금	20,000,000	/	미수수익	20,000,000

🔷 국내에서 지급되는 배당소득은 원천징수 대상이 되며, 원천징수 세율은 원칙적으로 14%이다. 다만, 법인의 경우는 원천징수 대상이 아니다.

(주)이지의 입장

미지급배당금	20,000,000	/	보통예금	20,000,000

📑 만일 주식배당수익 발생 시 주식배당결의일 및 주식교부일에 행할 회계처리는 없으며, 주식 수만 조정한다. 참고로 주식발행기업은 배당 결의 일에

미처분이익잉여금	×××	/	미교부주식배당금	×××

으로 처리 후 지급일에

미교부주식배당금	×××	/	자본금	×××

의 회계처리가 필요하다.

구분	현금배당	주식배당
배당선언일	미처분이익잉여금 ××× 　　　미지급배당금 　×××	미처분이익잉여금 ××× 　　　미교부주식배당금 ×××
배당지급일	미지급배당금 　××× 　　　현 금 　　×××	미교부주식배당금 ××× 　　　자본금 　×××

외환차익

외환차익이란 외화자산을 수취할 때 원화로 받는 수취가액이 외화자산의 장부가액보다 큰 경우와 외화부채를 원화로 상환하는 금액이 외화부채의 장부가액보다 작은 경우 동 차액을 처리하는 계정을 말한다.

분개 사례

(주)이지는 미국 톰슨사에 상품 $ 1,000,000을 수출하고 수출대금은 외화로 받기로 하였다(환율 $ 900).

외화외상매출금	900,000,000	/ 수출매출	900,000,000

(주)이지는 수출대금 중 $ 500,000를 회수하였다(환율 $ 980).

외화예금	490,000,000	/ 외화외상매출금	450,000,000
		외환차익	40,000,000

🐻 외환환산이익

외화환산이익이란 기업이 외국통화를 보유하고 있거나 외화로 표시된 채권·채무를 가지고 있는 경우에 이것을 기말결산 시 원화로 환산·평가함에 있어서 그 취득 당시 또는 발생 당시의 외국환시세와 결산일에 있어서 외국환시세가 변동하였기 때문에 발생하는 차익을 외화환산이익이라고 한다.

📖 분개 사례 ···

📂 **(주)이지는 영국 닉슨사에 상품 $1,000,000을 수출하고 수출대금은 외화로 받기로 하였다(환율 $920원).**

외화외상매출금	920,000,000	/	수출매출	920,000,000

📂 **기말결산 시의 환율은 $960원이다.**

외화외상매출금	40,000,000	/	외화환산이익	40,000,000

···

2 ⟩ 금융비용(= 영업외비용)

🐻 이자비용

이자비용이란 남에게 현금및현금등가물을 빌려 쓰거나 금융기관으로부터의 대출의 대가로 지불하는 이자를 말한다. 즉, 자금을 융통해 준 대가로 지급한 금융비용이다.

그리고 금융기관의 차입조건으로 양건 예금(꺾기)한 경우는 원칙적으로 동 예금에서 발생한 이자 전액을 이자비용 계정에 계상해야 한다.

이자비용은 타인자본을 차입해서 사용한 대가로 지급하는 비용으로 법인세법에서는 이를 원칙적으로 손금으로 인정하나 다음에 해당하는 이자비용은 손금불산입하므로 이에 유의해야 한다.

· 건설이자의 배당
· 채권자가 분명하지 않은 사채의 이자
· 지급받는 자가 불분명한 채권·증권의 이자
· 업무무관가지급금 등과 관련된 지급이자

지급이자는 기간의 경과에 따라 발생하는 것이므로 기간만 경과하면 이자비용을 계상한다. 이 경우 현금을 실제로 지불받지 않은 경우 미지급비용으로 인식하고, 현금을 선지급하였다면 선급비용 계정으로 계상하면 된다.

사채이자는 기업이 발행한 회사채에 대해서 지급한 이자를 별도로 처리하는 과목이다.

이자비용의 회계처리에 있어서 주의해야 할 회계처리 중의 하나가 소득세와 법인세의 원천징수에 관한 것이다. 즉, 사업자가 이자소득을 지급하는 경우 당해 이자소득에 대해서 소득세와 법인세를 원천징수할 의무가 있는데, 이때 원천징수한 세액은 차후에 세무 관서에 납부할 금액이므로 원천세예수금 계정 등을 설정해 처리해야 한다. 따라서 당해 원천징수 세액을 차감한 잔액을 이자비용으로 계상하지 않도록 주의해야 한다.

사 례

단기차입금 이자, 당좌차월이자, 사채이자, 수입이자와 할인료, 신주인수권 조정계정 상각액, 차량 할부금 연체료, 환가료, 대출이자

🗄 **차입금에 대한 이자비용 지급시 회계처리**

(주)지식만들기는 6월에 3,000만 원의 금액을 연이율 12%, 연 1회 이자지급
조건으로 차입하였다.

- 차입시

현금	30,000,000	/	단기차입금	30,000,000

- 12월 31일 결산 시

이자비용	1,800,000	/	미지급비용	1,800,000

🔻 3,000만 원 × 12% × 6/12 = 1,800,000원

- 이자지급시

이자비용	1,800,000	/	현금	3,045,600
미지급비용	1,800,000		예수금	554,400

🔻 30,000,000원 × 12% × 6/12 = 1,800,000원

🔻 3,600,000원 × 15.4% = 554,400원

🗄 **마이너스통장의 회계처리**

- 외상 대금을 자금 부족으로 마이너스통장으로 1,000만 원을 인출 한 경우

현금	10,000,000	/	단기차입금	10,000,000

- 이자 지급일이 되어, 이자 10만 원이 통장에서 빠져나간 경우

이자비용	100,000	/	보통예금	100,000

🔻 이자 잔고가 없는 경우 위의 전표에서 대변에 보통예금이 아닌 단기차입
금이 된다.

🐻 **외환차손**

외환차손이란 외화자산을 수취할 때 원화로 받는 수취가액이 외화자산
의 장부가액보다 작은 경우와 외화부채를 원화로 상환하는 금액이 외화

부채의 장부가액보다 큰 경우 동 차액을 처리하는 계정을 말한다.

📗 분개 사례 ···

📁 (주)지식만들기는 미국 톰슨사에 상품 $1,000,000을 수출하고 수출대금은 외화로 받기로 하였다(환율 $900).

외화매출채권	900,000,000	/	수출매출	900,000,000

📁 (주)지식만들기는 수출대금 중 $500,000을 회수하였다(환율 $880)

현금	440,000,000	/	외화매출채권	450,000,000
외환차손	10,000,000			

🐾 외화환산손실

외화환산손실이란 기업이 외국통화를 보유하고 있거나 외화로 표시된 채권·채무를 가지고 있는 경우에 이것을 기말결산 시 원화로 환산·평가함에 있어서 그 취득 당시 또는 발생 당시의 외국환시세와 결산일에 있어서의 외국환시세가 변동하였기 때문에 발생하는 차손을 외화환산손실이라고 한다.

📗 분개 사례 ···

📁 (주)지식만들기는 영국 닉슨사에 상품 $1,000,000을 수출하고 수출대금은 외화로 받기로 하였다(환율 $920원).

외화매출채권	920,000,000	/	수출매출	920,000,000

📁 기말결산 시의 환율은 $880원이다.

외화환산손실	40,000,000	/	외화매출채권	40,000,000

(포괄)손익계산서를 보는 법

(포괄)손익계산서에 기재된 모든 사항은 실제 현금의 입·출금에 따라 기재되어 있는 것은 아니며, 발생한 거래 중 이번 회계연도에 기업이 손익으로 기재해야 할 사항만을 기재하는 것이다. 즉, 발생주의에 따라 손익계산서가 작성되는 것이다.

따라서 (포괄)손익계산서를 볼 때는 손익이 반드시 현금에 따른 손익이 아니라는 점에 유의해야 한다.

1 당기순이익

기업이 흑자인가 적자인가를 따질 때는 이익 중에서 일반적으로 당기순이익을 보게 된다.

그러나 당기순이익에는 정상적인 영업활동과 관계없이 유형자산을 팔아 생긴 영업외이익이 포함되어 있으므로 영업이익을 눈여겨보는 게 좋다. 또한, 매출액이 늘어나며, 영업이익뿐만 아니라 당기순이익까지의 모든 이익이 흑자인지를 보고 기업이 정상적으로 경영활동을 해나가는지를 평가해야 한다.

이때 이익의 추이를 보는 것도 중요하다. 이익이 발생하더라도 흑자 규모가 줄어들고 있다면 어딘가에 문제가 있기 때문이다.

2 매출원가

매출원가는 제품의 생산이나 구입에 소요된 비용으로 매출과 관련된 손익의 계산에 중요한 영향을 미치므로 산정에 신중을 요한다. 또한, 매출원가는 재고자산과 직결되므로 재고자산관리와 연계되어 그 중요성이 한층 더하다고 할 수 있다.

매출총이익 = 매출액 - 매출원가로 계산되고,

매출원가는 기초재고 + 당기 매입 - 기말재고로 계산되어 진다.

따라서 기말재고가 많을수록 매출원가는 증가하게 되고 그 결과 매출총이익 즉 이익이 많아지게 된다. 결과적으로 기말재고의 조절로 이익의 조작도 가능하다는 이야기가 된다.

그러므로 재무제표를 볼 때 재고자산이 전기보다 증가했는지 감소했는지 주의해서 살펴봐야 한다.

재고자산이 전기보다 대폭 증가했다면 뭔가 이상이 있다는 점에 유의해야 한다. 재고자산을 부풀리면 그만큼 이익이 늘어나므로 분식의 수단으로 사용할 수 있기 때문이다.

3 영업손익과 영업외손익

(포괄)손익계산서에 기재된 영업과 영업외(기타손익 + 금융손익)의 구분은 기업 고유의 사업과 관련된 손익은 영업손익으로, 관련이 없는 사업

과 관련된 손익은 영업외손익으로 처리한다.

따라서 영업손실이 발생할 경우는 기업 고유의 영업에 문제가 있는 것으로 도산의 위험이 있으므로 이에 주의해야 한다.

4 (포괄)손익계산서 분석 시 유의 사항과 분석사례

• 매출총이익 = 매출액 - 매출원가로 계산되고, 매출원가는 기초재고 + 당기 매입 - 기말재고로 계산되어 진다.

따라서 기말재고가 많을수록 매출원가는 증가하게 되고 그 결과 매출총이익 즉 이익이 많아지게 된다. 결과적으로 기말재고의 조절로 이익의 조작도 가능하다는 이야기가 된다.

그러므로 재무제표를 볼 때 재고자산이 전기보다 증가했는지 감소했는지 주의해서 살펴봐야 한다.

재고자산이 전기보다 대폭 증가했다면 뭔가 이상이 있다는 점에 유의해야 한다. 재고자산을 부풀리면 그만큼 이익이 늘어나므로 분식의 수단으로 사용할 수 있기 때문이다.

• 손익계산서에 기재된 영업과 영업외의 구분은 기업 고유사업과 관련된 손익은 영업손익으로, 관련이 없는 사업과 관련된 손익은 영업외손익으로 처리한다.

따라서 영업손실이 발생할 경우는 기업 고유의 영업에 문제가 있는 것으로 도산의 위험이 있으므로 이에 주의해야 한다.

• 당기순이익 항목만 보고, 이익이 발생하였다고 해서 경영능력이 우수하다고 판단하는 오류를 범할 수 있다는 점에 유의해야 한다.

• 두 기간의 손익계산서를 비교해 전기보다 매출액 증가액, 매출원가,

판매비와관리비 증감액 등을 분석·검토해 봄으로써 그 원인을 찾아 적절히 대응해야 한다.

· 손익계산서에 기재된 모든 사항은 실제 현금의 입·출금에 따라 기재되어 있는 것은 아니며, 발생한 거래 중 이번 회계연도에 기업이 손익으로 기재해야 할 사항만을 기재한 것이다. 즉, 발생주의에 따라 손익계산서가 작성되는 것이다.

따라서 손익계산서를 볼 때는 손익이 반드시 현금에 따른 손익이 아니라는 점에 유의해야 한다.

· 당기순이익을 그 기업의 발행 보통주식 수로 나누어 계산한 "주당순이익(EPS)"은 투자를 결정할 때 많이 사용되는 지표가 된다.

예를 들어 흑자를 내는 기업의 발행 보통주식 수가 상대적으로 많다면 실제 주주에게 돌아가는 이익은 적기 때문이다.

손익계산서에서 매출총손실이 발생하는 회사는 10,000원 하는 제품을 10,000원 이하에 팔았다는 증거인데 이는 있을 수도 없는 일이므로 분석에서 제외시키고, 영업손실이 발생하는 경우 기업 본래의 영업에서 손실이 발생하였다는 것이므로 심하면 도산의 위험에 빠질 수 있다.

그리고 영업이익은 발생하나 경상손실이 발생하는 경우는 금융비용 즉, 이자의 부담이 영업이익을 능가한다는 것을 나타내므로 자금관리의 필요성이 대두된다.

특히 당기순이익 항목만 보고, 이익이 발생하였다고 해서 경영능력이 우수하다고 판단하는 오류를 범할 수 있다는 점에 유의해야 한다.

또한, 두 기간의 손익계산서를 비교해 전기보다 매출액 증가액, 매출원가, 판매비와 관리비 증감액 등을 분석 . 검토해 봄으로써 그 원인을 찾아 적절히 대응해야 한다.

(포괄)손익계산서

2020년 1월 1일 ~ 2020년 12월 31일

단위 : 원

1. 매출액	매출을 올리는 것은 판매담당자 책임
2. 매출원가	매출원가를 줄이는 것은 생산담당자 책임
3. 매출총이익	매출을 늘리거나 매출원가를 줄인다.
4. 판매비와관리비	판매담당자의 절약이나 관리비 절감
5. 영업이익	판매비와 관리비를 줄여서 영업이익 ↑
6. 영업외수익과 차익	영업외손익은 대다수 금융손익이므로 재무담당
(기타수익 + 금융수익)	자의 역할이 중요하다.
7. 영업외비용과 차손	
(기타비용 + 금융비용)	영업외수익 ↑, 영업외비용↓
8. 법인세비용차감전계속사업이익	
9. 계속사업이익법인세비용	
10. 계속사업이익	
11. 중단사업이익(세후순액)	
12. 당기순이익	

💕 **손익계산서를 보면 알 수 있는 것** 💬

1. 매출과 비용 금액은 그 기간의 매출과 매출원가가 얼마인지, 판매비와관리비 중 접대비는 얼마나 사용을 했는지와 같은 한 회계기간에 사용한 각 항목의 금액을 알 수 있다.

2. 이익을 얻기까지의 과정. 바꾸어 말하면 회사의 주요 소득원인 상품을 판매해서 어느 정도의 수익이 발생했는지, 또 이익을 얻기 위해 비용이 얼마나 들었는지, 그 결과 이익이 얼마나 발생했는지 알 수 있다.

3. 매출액 증감액, 매출원가, 판매비와 관리비 증감액과 증감비액 등을 비교·검토함으로써 비용이 증감되는 경향을 읽고 적절하게 대처할 수 있다.

부문별 담당자가 주목해야 할 숫자

1. 매출총이익을 올리려면 매출을 늘리거나 매출원가를 줄이면 된다. 매출을 올리는 것은 판매담당자의 책임이며, 매출원가를 줄이는 것은 공장의 생산담당자와 구매담당자의 책임이다.

2. 영업이익을 올리려면 판매비와 관리비를 줄여야 한다. 판매비는 판매담당자의 절약에 따라 관리비는 관리담당자의 노력에 따라 줄일 수 있다.

3. 금융수익과 금융비용을 올리고 줄이는 것은 재무 담당자의 역할이므로 재무담당자가 신경써야 할 부분이다.

4. 당기순이익에서 세금이 차지하는 비중도 크므로 세금을 담당하는 경리담당자는 절세에 신경써야 한다.

K-IFRS 재무제표를 볼 때 유의할 사항

K-IFRS에 따른 재무상태표와 포괄손익계산서는 일단 그 형식이 매우 단순하기 때문에 재무제표 본문만 의존하기보다는 주석공시 내용을 반드시 이용할 필요가 있다. 각 기업들이 주석으로 공시하는 내용을 얼마나 상세하게 제시하는지가 관건이지만, K-IFRS를 적용한 기업들은 대체로 충실하게 주석 사항을 공시하였다. 따라서 회계정보이용자의 유용성은 제한되지는 않을 전망이다.

포괄손익계산서에는 당기순손익 이외에 기타포괄손익의 당기 변동액이 포함되며, 기타포괄손익의 잔액은 재무상태표의 자본에 표시된다. 이렇게 작성하는 포괄손익계산서의 형식이 처음에는 생소할 수 있으나, 논리적으로 볼 때 타당하다고 판단된다. 왜냐하면, 통상적인 수익과 비용이 당기순손익으로 집계되는데, 당기순손익의 누적 잔액은 재무상태표의 이익잉여금으로 표시된다. 마찬가지로 기업의 순자산에 변동(단, 자본거래로 인한 변동은 제외)을 가져왔지만, 당기순손익을 구성하지 못하는 금액도 그 잔액만 재무상태표에 표시할 것이 아니라 당기 변동액을 포괄손익계산서를 통해서 제공해주는 것이 바람직할 것이다. 또한, 차제에 기업의 성과를 당기순손익이 아니라 총 포괄손익까지 확대하는 것으로 그 개념을 전환하는 것도 고려해볼 만하다.

K-IFRS에서는 포괄손익계산서의 영업손익 구분표시가 의무사항은 아니지만, K-IFRS

의 적용 기업들은 영업손익을 구분표시하고 있다. 그러나 영업손익을 구성하는 항목들은 기업마다 상이할 수 있다. 중소기업회계기준에 따라 손익계산서를 작성할 때 영업외수익·비용으로 구분되던 항목 중 일부가 K-IFRS를 적용할 경우 기업의 재량에 따라 영업손익에 포함될 수 있으며, K-IFRS 적용 기업의 영업손익도 그 구성 내용이 기업마다 다소 상이함을 알 수 있다. 따라서 회계 정보이용자는 기업들이 영업손익을 단순 비교하기보다는 영업손익을 구성하는 개별항목에 대해서도 주의 깊게 살펴볼 필요가 있다.

당기순이익과 포괄이익은 무엇이 다른가?

2××3년 (주)지식은 (주)만들기의 주식 100주를 2억을 주고 구입했다. 2××3년 말 주식의 시가가 2억 5천으로 평가되었다. 이 경우 가격상승분 5천만 원은 당기순이익을 구성할 수 없다. 실제로 판매해서 얻은 이익이 아닌 평가이익이다. 이러한 이익을 포괄이익으로 측정한다. 기타포괄손익으로 해서 포괄이익으로 잡아준다.

전표발행과 장부작성

복식장부기장 시 매일매일 작성해야 하는 장부

1 매일 기록해야 할 장부

매일 기록해야 하는 장부에는 일반적으로 전표, 현금출납장과 예금기록부, 어음거래가 있을 경우는 어음기입장인데, 전표는 일반적으로 기업회계 등 각종 법률에서 장부를 복식부기에 의해서 작성을 하도록 하고 있으므로 이에 적합한 가장 원초적인 장부이기 때문이다.

그리고 현금출납장, 어음기입장, 예금기입장 등은 기업에 있어서 가장 중요한 현금거래와 관련된 장부로서 이를 통해서 기업의 기초적인 현금입출금 내역과 기타 재무정보를 파악하기 위해서이다.

그러나 기업에 따라 각각 경영환경이 다르므로 다른 중요한 사항이 있을 경우는 기타 보조부(매출장, 매입장 등)를 만들어 작성·관리를 하면 된다. 그리고 동 양식에는 특별한 제한이 없다.

참고로 세무사 사무실 등에 기장을 의뢰할 경우 원초적인 장부로 현금출납장, 어음기입장, 급여대장 등을 요구하는 것이 일반적이다.

현금출납장의 기록

현금출납장은 현금의 입출금 내역을 기록하는 장부로 매일매일 기록을 해야 나중에 현금이 남거나 모자라는 사태가 벌어지지 않는다.

그리고 기업의 매입 매출과 관련된 거금의 입출금 내역은 별도의 매출장이나 매입장 등을 별도로 작성하는 것도 좋은 방법이 될 수 있다.

판매 내역과 입금 내역의 기록

상점이나 음식점, 서비스업 등 현금 매상이 중심이 되는 업종의 경우에는 매출전표(또는 매출장)를 사용해서 매상에 대한 기록을 명확하게 남길 필요가 있다.

매일 매출의 합계를 판매(매출)란에 기입하고 외상거래는 따로 구분해서 기록해 두는데, 특히 외상거래에 대한 대금 회수는 외상란을 별도로 만들어 기록한다.

그리고 상대방에게 발행해 준 법정지출증빙이 있을 경우는 이를 기간별로 별도로 챙겨두는 것도 관리의 한 방법이다.

지출내역의 기록

판매와 대응되는 구매에 대한 지출기록은 현금출납장 중 현금지출란에 기록하며, 그 내역은 매입장 등을 별도로 작성해서 보관하는 것도 좋은 방법이 될 수 있다.

그리고 만일 현금으로 매입했다면 매입장의 매입지출 내역과 현금출납장의 현금지출 내역은 반드시 일치해야 한다.

금융거래

기업과 관련해서 외상대금의 결제, 신용카드 대금의 결제, 계좌이체 등 여러 가지 은행과 관련된 거래 내역이 나타나게 된다.

그리고 현재는 모든 거래가 대다수 금융기관을 이용해서 이루어지므로 그 내역을 파악하는 것은 그만큼 중요한 업무 중의 하나이다.

따라서 이의 관리를 위해서는 예금기입장이나 별도의 은행별 예금기입장 등을 만들어 그 내역을 명확히 해두는 것도 하나의 방법이 될 수 있으며, 동 장부를 비치하는 경우는 매일매일 일일 결산 시 이를 체크해서 기록해 두는 것이 좋다.

그리고 다른 거래처에 송금하는 경우 송금명세서는 반드시 챙겨 두어야 한다.

어음거래

어음거래를 주로 하는 업종의 경우에는 어음기입장이 필수적이다. 어음이 있는 경우에는 동 기입장을 통해서 돌아오는 어음과 결제할 어음을 한눈에 파악함으로써 그날의 결제 여부와 자금계획에 있어서 중요한 하나의 항목이 될 수 있기 때문이다.

최근에는 어음도 전자어음이 발행되므로, 관리가 편리해졌지만, 관련 계좌도 주의 깊게 살펴보고 관리해야 한다.

매일매일 기록해야 하는 장부의 흐름

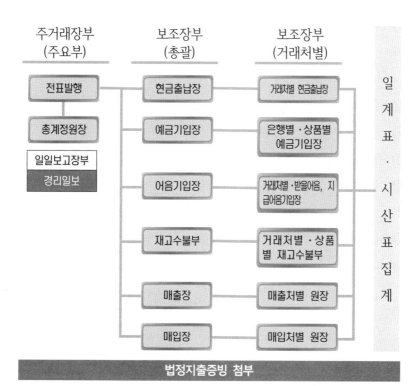

주거래장부 (주요부)	보조장부 (총괄)	보조장부 (거래처별)	
전표발행	현금출납장	거래처별 현금출납장	일
총계정원장	예금기입장	은행별·상품별 예금기입장	계 표
일일보고장부	어음기입장	거래처별·받을어음, 지 급어음기입장	· 시
경리일보	재고수불부	거래처별·상품 별 재고수불부	산 표 집
	매출장	매출처별 원장	계
	매입장	매입처별 원장	

법정지출증빙 첨부

❶ 전표 : 전표는 거래내역을 분개하기 위해 만들어진 양식으로 회계프로그램이 있는 경우 프로그램을 사용해서 발행하고 프로그램이 없으면 문구점에서 전표를 구입해서 사용을 하거나 직접 양식을 만들어 사용한다.

❷ 총계정원장 : 총계정원장은 전표와 일계표 등을 집계해서 각 계정과목을 집합시킨 장부이고, 회사에서는 결산 시 이를 이용해서 재무제표를 작성한다.

❸ 현금출납장 : 현금의 수입과 지출을 기록하는 장부이다.

❹ 예금기입장 : 회사 예금의 입출금 내역을 기록하는 장부이다.

❺ 어음기입장 : 어음의 거래내역을 기록하는 장부이다.

가. 받을어음수불부 : 받을어음의 변동을 기록하는 장부이다.

나. 지급어음수불부 : 지급어음의 변동을 기록하는 장부이다.

❻ 재고수불부 : 재고자산의 입고, 출고를 기록하는 장부이다.

❼ 매출장 : 매출 품목, 수량, 단가 등을 기록하는 장부이다.

❽ 매입장 : 매입 품목, 수량, 단가 등을 기록하는 장부이다.

❾ 매출처원장 : 거래처별로 매출채권의 거래처와 그 내역을 기록하는 장부이다.

❿ 매입처원장 : 거래처별로 매입채무 거래처와 그 내역을 기록하는 장부이다.

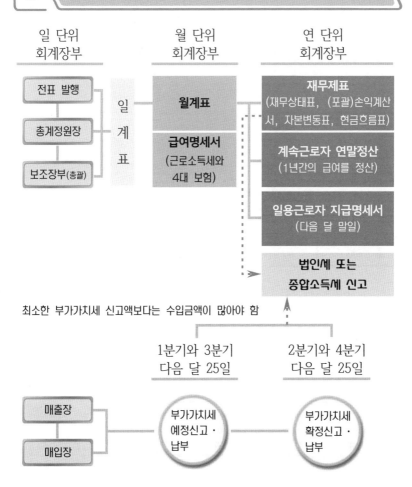

전표의 작성방법

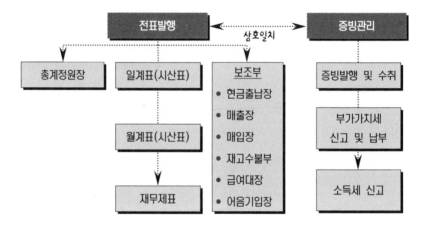

1 전표의 작성방법

전표는 실무상 분개를 위해서 고안해 낸 전표라는 글자가 인쇄되어 있는
용지에 불과하다. 따라서 그 형식은 법적으로 정해진 것이 아니다. 다만,
실무상으로는 주로 매입매출전표, 일반전표(입금전표와 출금전표, 대체
전표) 등 그 형식이 일정 형식으로 고정되어 사용한다. 물론 전표 대신
분개장이라는 장부를 사용해 분개해도 된다.

2 분개전표의 작성법

전표를 여러 종류로 구분해서 사용하지 않고 모든 거래를 하나의 전표로 발행할 때 사용하는 전표의 명칭을 분개전표라고 한다.

따라서 거래가 발생하면 어떤 전표를 발행해야 하나 고민할 필요가 없고 작성방법에 대해서 고민할 필요가 없으므로 초보자가 작성하기에 좋다는 장점이 있다.

예를 들어 (주)지식만들기는 전자 부품을 제조·판매하는 회사로서 20×1년 9월 7일 컴퓨터용 부품을 500만 원(10,000개 × @500원)에 판매하고 대금 중 20만원은 현금으로 받고 나머지는 3개월 만기 어음으로 받았을 경우(부가가치세는 별도로 현금으로 받음.) 다음과 같이 작성한다.

흔히 전표를 보면 과목이라는 란이 있는데 이는 계정과목을 말하는 것으로 거래에 따른 계정과목을 실무담당자가 선별해서 기입하는 란으로 전표 작성에 있어서 가장 중요한 것은 계정과목의 선별이다.

초보 실무자들은 때때로 회계프로그램을 구입해서 전표를 발행하면 계정과목도 자동으로 선별해주는지 착각하는 사람들이 많은데, 이는 아무리 프로그램이라도 해주지 못하는 일이며, 사람 즉 실무자가 직접 선별해야 한다.

따라서 전표작성 시에는 계정과목의 숙지가 가장 중요한 작성방법이 될 수 있다.

현금	2,500,000	/	재고자산	5,000,000
받을어음	3,000,000		부가가치세예수금	500,000

분 개 전 표 20×1년 9월 7일					계	과장	부장

계정과목	원면	금액	계정과목	원면	금액
현　금		₩ 2 5 0 0 0 0 0	재고자산		₩ 5 0 0 0 0 0 0
받을어음		3 0 0 0 0 0 0	부가가치세예수금		5 0 0 0 0 0
합　계		₩ 5 5 0 0 0 0 0	합　계		₩ 5 5 0 0 0 0 0
적　요	컴퓨터용 부품 10,000개(@500원) 판매				

분개전표는 일반 분개형식으로 거래를 기록하는 전표로서 분개한다는 생각으로 기록을 하면 된다.

❶ 차변의 계정과목과 금액란에는 거래를 분개한 내용 중 차변 계정과목과 금액을 기입한다.

❷ 대변의 계정과목과 금액란에는 거래를 분개한 내용 중 대변 계정과목과 금액을 기입한다.

❸ 원면란에는 해당 계정의 원장 번호 또는 면수를 기입한다.

❹ 적요란에는 거래내용을 간단하게 기입한다.

❺ 일자란에는 거래 발생 날짜를 기입한다.

❻ 합계란에는 차변과 대변의 합계를 표시해서 빈칸이 있을 경우는 차후의 분식을 방지하기 위해서 사선을 긋는다.

❼ No. 란에는 거래 발생 순서에 따른 거래 기장순서를 적으며, 이는 전표의 페이지 역할을 하기도 한다.

2 입금전표의 작성법

입금전표는 현금이 들어오는 거래를 기입하는 전표이다. 입금전표의 차변은 항상 현금이므로 입금전표 상의 계정과목에는 대변계정만 적는다. 이때 유의할 사항은 입금의 상대 계정과목이 두 개이면 두 장의 전표를 작성해야 한다는 점이다.

예를 들어 업무용 책상을 판매하면서 부가가치세 포함 11만원을 현금으로 받았다.

현금   110,000   / 상품   100,000
                                부가가치세예수금   10,000

입 금 전 표											사 장
2××3년 8월 3일											
과 목	상품	항 목	사무용책상								부 장
적 요			금 액								
사무용 책상 판매						1	0	0	0	0	과 장
											담 당
합 계						1	0	0	0	0	

입 금 전 표											사 장
2××3년 8월 3일											
과 목	부가세예수금	항 목	사무용책상								부 장
적 요			금 액								
사무용 책상 부가세							1	0	0	0	과 장
											담 당
합 계							1	0	0	0	

❶ 일자란 : 판매한 연월일을 기입한다.

❷ 과목란 : 상대계정과목을 기입한다.

❸ 적요란 : 정확하게 알 수 있도록 상세한 거래의 내용을 기입한다.

❹ 금액란 : 500만 원의 공급가액과 50만원의 부가가치세를 기입한다.

❺ 합계란 : 상기한 금액의 합계액을 기입한다.

출금전표는 현금이 지출되는 거래를 기입하는 전표이며, 출금전표의 대변
은 항상 현금이므로 출금전표 상의 계정과목에는 차변계정만 기입한다.

그러나 만일 다음과 같이 대변의 현금에 대응하는 차변의 계정과목이
두 개가 나온다면 두 장의 출금전표를 발행해야 하며, 세 개의 계정과목
인 경우 세 장의 출금전표를 발행해야 한다.

예를 들어 회사업무용 책상을 구입하면서 부가가치세 포함 11만원을 현
금 지급했다.

비품	100,000	/	현금	110,000
부가가치세대급금	10,000			

출 금 전 표 2××3년 8월 3일											사 장
과 목	비품	항 목		사무용책상							부 장
적 요					금		액				
사무용 책상 구입						1	0	0	0	0	0	과 장
												담 당
합 계						1	0	0	0	0	0	

출 금 전 표 2××3년 8월 3일											사 장
과 목	부가세대급금	항 목		사무용책상							부 장
적 요					금		액				
사무용 책상 구입 부가세							1	0	0	0	0	과 장
												담 당
합 계							1	0	0	0	0	

☎ 위의 출금전표는 종류를 쉽게 구별할 수 있도록 청색으로 인쇄되어 있다.

❶ 일자란 : 매입한 연월일을 기입한다.

❷ 과목란 : 상대계정과목을 기입한다.

❸ 적요란 : 정확하게 알 수 있도록 상세한 거래의 내용을 기입한다. 이때 매입처의 상호를 기입한다.

❹ 금액란 : 매입가액과 부가가치세를 기입한다.

❺ 합계란 : 상기한 금액의 합계액을 기입한다.

4 대체전표의 작성법

대체전표는 일부는 현금이고 일부는 비현금인 거래 또는 전부 비현금거래인 경우 발행하는 전표이다.

예를 들어 강사를 초빙해서 2시간 강의료 40만 원 중 사업소득으로 13,200원을 원천징수 한 후 통장으로 송금해 주었다.

| 교육훈련비 | 440,000 | / | 보통예금 | 386,800 |
| | | | 예수금 | 13,200 |

대 체 전 표							계	주임	과장
2◯◯1년 9월 3일									
계정과목	금		액			계정과목	금		액
교육훈련비	4	0	0	0	0	0	보통예금		3	8	6	8	0	0
							예수금							
합 계	4	0	0	0	0	0	합 계		3	8	6	8	0	0
적 요	사내강사 초청 교육훈련비													

❶ 차변의 금액과 계정과목란에는 거래를 분개한 내용 중 차변계정과목과 금액을 기입한다.

❷ 대변의 금액과 계정과목란에는 거래를 분개한 내용 중 대변계정과목과 금액을 기입한다.

❸ 적요란에는 거래내용을 간단하게 적는다.

❹ 일자란에는 거래발생 날짜를 적는다.

❺ 합계란에는 차변과 대변의 합계를 표시하며, 빈칸이 있을 경우는 차후의 분식을 방지하기 위해서 사선을 긋는다.

❻ No. 란에는 거래 발생순서에 따른 거래 기장 순서를 적으며, 이는 전표의 페이지 역할을 한다.

🔹🔹 전표와 세금계산서 발행일이 반드시 일치해야 하나? 🔹🔹

세법상으로는 원칙적으로 물품의 인도시점에 세금계산서를 발행하도록 하고 있다. 따라서 정상적인 전표가 발행되고 세금계산서가 발행된다면 대다수 전표의 발행일과 세금계산서 발행일이 일치하게 된다.

그러나 실무상으로는 발생주의에 따라 거래가 이루어진 후 전표가 발행되고 며칠 후에 세금계산서가 발행된다든가 세금계산서 수취인이 부가가치세 납부액을 조정하기 위해서 인위적으로 세금계산서 발행일을 조정해 달라고 요구하는 경우가 종종 있다. 따라서 이 경우 전표는 이미 발행이 되었고 세금계산서는 며칠 후 발행일자로 해서 발행이 되게 되는 데 전표발행일과 세금계산서 발행일의 차이로 인해서 실무담당자는 난처하지 않을 수 없다.

이 같은 경우 실무자는 당황하지 않아도 된다. 즉, 전표발행일과 세금계산서 발행일이 며칠의 차이가 나는 경우는 문제가 되지 않는다. 다만, 부가가치세 과세기간을 넘어가는 경우 과세기간 차이로 인해서 부가가치세 신고 상에 약간의 문제가 될 수 있으므로 세금계산서 발행 또는 수취기준일을 정해서 부가가치세 신고 기간 중 며칠 안에 모든 세금계산서의 수불이 이루어지도록 하면 된다.

예를 들어 거래처에 부가가치세 1기 확정신고를 위해서 모든 세금계산서 발행은 6월 30일까지 요청해 달라고 한다든지 모든 영업사원은 수취한 세금계산서를 6월 30일까지 경리부로 제출해 달라는 등 일정한 기준을 정해서 시행을 한다면 관리의 편리함을 줄 수 있다.

또한, 일정 거래에 대한 세금계산서를 해당 전표 뒷면에 붙여서 보관하거나 전표와 증빙을 따로 보관하는 경우 전표와 세금계산서 날짜에 차이가 발생하는 것은 해당 전표의 비고란 등에 차이 나는 세금계산서의 발행번호 등을 기재해둠으로써 나중에 전표와 세금계산서를 상호대조하는 데 편리함을 주는 것도 좋은 방법이다.

영수증 없는 비용의 처리

1. 영수증이 없는 비용의 처리

교통비/출장비 등 객관적으로 영수증을 구비하기 힘든 항목은 지출결의서를 작성해서 내부결재를 받은 후 지출결의서를 영수증으로 사용한다. 비용 지출증빙과 관련해서 세제 상 제약이 많으므로 우선으로는 법정지출증빙을 갖추어야 하며, 웬만하면 신용카드를 사용하는 것도 좋은 방법이다.

2. 세금계산서 등 법정지출증빙을 받는 것이 우선

세금계산서의 발행, 회수는 일반적으로 영업부에서 많이 하므로 영업부 직원은 세금계산서를 수불하는 경우 즉각 경리부 직원에게 주어야 나중에 세무상 불이익을 당하는 일이 없으므로 이점을 항상 영업부 직원에게 인식시켜야 한다.

또한, 개인회사의 경우 사장이 귀찮아서 지출하고도 세금계산서를 잘 챙기지 않는 경우가 있는데 이는 결국 자기 손해이므로 주의를 해야 한다.

거래야! 계정과목별로 모여라
(총계정원장의 작성)

총계정원장은 줄여서 원장이라고도 부른다. 전표나 분개장이 거래를 발생순서에 따라 기록하는 장부라면 총계정원장은 계정과목별로 분류해서 기록하는 장부라고 보면 된다. 따라서 총계정원장의 내용을 보면 필요할 때마다 계정과목의 증감변동 상황을 쉽게 파악할 수 있으며, 회계 기말에 재무제표 작성 시 필요한 계정과목 정보를 쉽게 얻을 수 있다.

한편 실무에서는 일반적으로 총계정원장을 계정과목별로 고유번호를 부여해서 고유번호로 각 계정을 관리한다.

예를 들어 상품을 판매하는 기업의 경우 상품별로 상품코드를 부여한 후 판매 시 동 상품코드로 해당 상품을 찾아 판매한다. 그 후 해당 상품의 판매량만 보고 싶을 때 해당 상품의 코드나 상품명으로 찾으면 해당 상품의 내역이 나올 것이다. 여기서 상품명이 계정과목명, 상품코드가 계정과목 고유번호라고 생각을 하면 되고, 해당 상품별 판매량만 보고자 작성하는 장부가 회계에서는 총계정원장이라고 보면 된다.

[사례]

전일까지 기장한 총계정원장의 잔액과 당일(9월 7일)의 거래내용은 다음과 같다.

1. 총계원장의 전일잔액

차변		대변	
현금	350,000	외상매입금	1,620,000
당좌예금	350,000	단기차입금	1,200,000
상품	4,800,000	부가세예수금	500,000
외상매출금	2,000,000	자본금	3,000,000
부가세대급금	480,000	매출	5,000,000
비품	1,800,000		
보증금	1,000,000		
급여	500,000		
접대비	40,000		

2. 당일 중의 거래

❶ 갑상점의 외상매출금 중 80만원이 당좌예금(K은행 본점 영업부)에 입금되다.

❷ A회사의 외상매입금 중 60만을 당좌예금(K은행 본점 영업부)에서 지급하다.

❸ A회사로부터 A상품 50개를 40만원(@8,000원)에 매입하고 부가가치세 4만원을 포함한 합계 44만원을 외상으로 하다.

❹ 갑상점에 A상품 100개를 100만원(@10,000원)에 매출하고 부가가치세 10만원을 포함한 합계 110만원을 외상으로 하다.

❺ 갑상점 관계 접대비 3만원을 현금으로 지급하다.

❻ B회사로부터 B상품 50개를 5만원(@1,000원)에 매입하고 부가가치세 5,000원을 포함해서 합계 5만 5천원을 현금으로 지급하다.

❼ 을상점에 B상품 40개를 6만원(@1,500원)에 매출하고 부가가치세 6천원을 포함해서 합계 6만 6천원을 현금으로 받다.

[총계정원장 작성]

❶ [분개]

당좌예금	800,000	/	외상매출금	800,000

❷ [분개]

외상매입금	600,000	/	당좌예금	600,000

❸ [분개]

상품	400,000	/	외상매입금	440,000
부가가치세대급금	40,000			

❹ [분개]

외상매출금	1,100,000	/	매출	1,000,000
			부가가치세예수금	100,000

❺ [분개]

접대비	30,000	/	현금	30,000

❻ [분개]

상품	50,000	/	현금	55,000
부가가치세대급금	5,000			

❼ [분개]

현금	66,000	/	매출	60,000
			부가가치세예수금	6,000

총계정원장

현 금

일 자	적 요	차 변	대 변	잔 액
XXXX	XXXX			350,000
9. 7	XXXX	66,000	85,000	331,000

당좌예금

일 자	적 요	차 변	대 변	잔 액
XXXX	XXXX			350,000
9. 7	XXXX	800,000	600,000	550,000

상 품

일 자	적 요	차 변	대 변	잔 액
XXXX	XXXX			4,800,000
9. 7	XXXX	450,000		5,250,000

외상매출금

일 자	적 요	차 변	대 변	잔 액
XXXX	XXXX			2,000,000
9. 7	XXXX	1,100,000	800,000	2,300,000

부가세대급금

일 자	적 요	차 변	대 변	잔 액
XXXX	XXXX			480,000
9. 7	XXXX	45,000		525,000

비 품

일 자	적 요	차 변	대 변	잔 액
XXXX	XXXX			1,800,000

임차보증금

일 자	적 요	차 변	대 변	잔 액
XXXX	XXXX			1,000,000

급 여

일 자	적 요	차 변	대 변	잔 액
XXXX	XXXX			500,000

접 대 비

일 자	적 요	차 변	대 변	잔 액
XXXX	XXXX			40,000
9. 7	XXXX	30,000		70,000

외상매입금

일 자	적 요	차 변	대 변	잔 액
XXXX	XXXX			1,620,000
9. 7	XXXX	600,000	440,000	1,460,000

단기차입금

일 자	적 요	차 변	대 변	잔 액
XXXX	XXXX			1,200,000

부가세예수금

일 자	적 요	차 변	대 변	잔 액
XXXX	XXXX			500,000
9. 7	XXXX		106,000	606,000

자 본 금

일 자	적 요	차 변	대 변	잔 액
XXXX	XXXX			3,000,000

매   출

일 자	적 요	차 변	대 변	잔 액
XXXX	XXXX			5,000,000
9. 7	XXXX		1,060,000	6,060,000

각종 보조장부의 작성방법

1 현금출납장의 기록

현금거래와 관련해서 많이 작성하는 장부는 현금출납장, 금전출납장, 소액현금출납장 등 보조장부이다.

그러나 현금출납장, 금전출납장, 소액현금출납장은 명칭상에 약간의 차이가 있을 뿐 실질적인 사용 및 사용 방법은 같다고 보면 된다.

현금출납장은 현금의 입·출금내역을 기재하는 장부이므로 반드시 현금으로 입·출금된 명세(금고 속에 있는 돈이 나간 경우에만)만을 기재한다. 즉, 통장을 통한 현금인출이나 입금이 아닌 계좌이체 등 통장 자체를 통한 거래는 현금출납장에 기록하지 않는다.

또한, 현금출납장은 현금의 입·출금 내역을 기록하는 것뿐만 아니라 현금잔고에 대한 내부통제 목적이 있으므로 항상 잔액을 유지해야 한다.

경리담당자는 현금의 입·출입과 관련하여 실제 잔고와 장부를 매일매일 대조해서 이상 유무를 확인하고 이를 일계표 등에 옮겨 적음으로써 현금과 관련한 하루의 업무는 종결되는 것이다.

현금출납장

회사명 : 지식만들기

월	일	적요	수입	지출	잔액
1	3	점심식대 지급액		10,000	-10,000
1	3	예금 통장에서 현금인출	5,000,000		4,990,000
1	5	영업사원 주유비 지급액		100,000	4,890,000
1	9	외상대금 지급액	500,000		5,390,000
1	12	직원회식비 지급액		500,000	4,890,000
1	13	점심식대 지급액		10,000	4,880,000
1	21	장비대금 지급액		3,000,000	1,880,000
1	23	볼펜구입액(잡비)		200	1,879,800
1	30	볼펜구입액(잡비)		5,000	1,874,800
		합계	5,500,000	3,625,200	1,874,800
2	1	전월이월	1,874,800		1,874,000

작 성 방 법

① 회사명란 : 회사명란에는 자사의 상호를 기입한다.

② 월일란 : 월일란에는 해당 날짜를 기입한다.

③ 적요란 : 적요란에는 현금입·출입 내역을 간단하게 기입한다.

적요는 간결하면서 해당 비용이 지출된 내역을 잘 알 수 있게 작성해야 하며, 금액은 검정색 볼펜으로 기재하면 된다. 만약 글자나 숫자를 잘못 기재해서 정정시는 수정할 내용에 빨간색 볼펜으로 선을 두 줄을 긋고 그 위에 정정내용을 기재하면 된다.

④ 수입란 : 수입금액을 기입한다.

⑤ 지출란 : 지출금액을 기입한다.

⑥ 잔액란 : 현재의 잔액 즉 시재를 기입한다.

제품 등을 매출하고 어음이나 대금을 일정기간 후 받기로 하는 외상거래의 경우에는 어음기입장이나 외상매출금 명세서를 작성해서 이를 관리해야 한다. 외상매출금명세서의 경우에는 외상 매출 시 순수금액과 부가가치세를 구분해서 기장하며, 에누리 또는 할인액이 발생하는 경우 이를 구분할 수 있도록 서식이 이루어져야 하고, 어음기입장의 경우에는 다음과 같은 필수적 기재사항을 담고 있는 서식이어야 한다.

❶ 수취인의 이름

❷ 액면금액

❸ 지급기일

❹ 지급지

❺ 발행일

❻ 발행일 또는 발행인의 주소

❼ 발기인의 기명날인

외상매출금명세서

외상매출금명세서										
일자	적 요	외상매출내역			할인 및 에누리액	조정후 잔 액	외상대금 수취내역			잔 액
월|일		공급가액	부 가 가치세	계			현금	어음	계	계
2|1	(주)대한에 제품매출	1,000,000	100,000	1,1000,000		1,100,000				1,100,000
|2					200,000	900,000				900,000

① 일자란 : 일자란에는 외상과 관련된 거래가 발생한 날을 기입한다.

② 적요란 : 외상시 상대방을 기입하고 거래의 내역을 간략히 기입한다.

③ 외상매출내역

가. 공급가액 : 공급가액은 판매 시 부가가치세를 차감한 금액으로 세금계산서를 발행하는 회사의 경우에는 세금계산서에 구분 기재된 금액을 기입하고, 세금계산서를 발행하지 않음으로써 판매액 중 부가가치세액을 구분할 수 없는 경우에는 판매금액에 100/110을 하면 동 금액의 공급가액(판매금액)이 된다(예 : 110,000원에 판매한 경우 공급가액은 110,000원 × 100/110 = 100,000원).

나. 부가가치세 : 부가가치세는 재화나 용역의 공급 및 재화의 수입에 부과되는 것으로 일반적으로 10%가 부과된다.

다. 계 : 공급가액과 부가가치세를 구분 기재하는 경우에는 공급가액과 부가가치세의 합계액을, 구분 기재하지 않는 경우는 판매금액을 기입한다.

④ 할인액 및 에누리 : 매출에누리는 고객에게 물품을 판매한 후 그 물품의 수량부족이나 불량품 발생 등으로 인해서 판매대금을 감액해주는 것을 말하며, 매출할인은 매출대금을 그 지급기일 이전에 회수함으로써 회수기일까지의 일수에 따라 일정한 금액을 할인해 주는 것을 말한다.

받을어음기입장

받을어음기입장												

월 일	적요	금액	어음 종류	어음 번호	발행인 (배서인)	발행일	발행지	만기일 (지급기일)	지급 장소	처리	
										월일	적요
3 1	(주)민국에 제품매출	880, 000	약속 어음	050 318	이영운	13.3.1	(주)한국	13.8.30	외환은행 강남점	8 30	

① 월일란 : 어음을 받은 날짜는 기입한다.

② 적요란 : 어음과 관련된 사항을 간략히 기입한다.

③ 금액란 : 어음금액을 기입한다.

④ 어음종류란 : 어음의 종류를 기입한다.

⑤ 어음번호란 : 어음번호를 기입한다.

⑥ 발행인란 : 어음의 발행인을 기입한다.

⑦ 발행일란 : 어음의 발행일을 기입한다.

⑧ 발행지란 : 어음의 발행지를 기입한다.

⑨ 만기일(지급기일)란 : 어음의 지급제시일, 즉 어음금액을 받을 수 있는 날을 기입한다.

⑩ 지급장소란 : 어음 만기일의 지급장소를 기입한다.

⑪ 처리란

가. 월일 : 어음금액을 실제로 지급받은 날을 기입한다.

나. 비고 : 어음의 처리와 관련해서 필요한 사항을 기입한다.

3 재고수불부

재고수불부는 재고의 입출고 내역 및 재고를 나타내는 장부로서 이를 통해 적절한 재고관리가 가능하게 한다. 참고로 재고자산은 그 평가방법에 따라 장부상 가액이 달라질 수 있다는 점에 유의해야 한다.

재고수불부

품목 : 컴퓨터　　　　　　　　　　　　　　　　　　　　　평가방법 : 선입선출법

일자		적 요	입　　고			출　　고			재　　고		
월	일		수량	단가	금 액	수량	단가	금 액	수량	단가	금 액
12	1	전기이월	4,000	9,000	36,000,000				4,000	9,000	36,000,000
	6	매 입	2,000	10,400	20,800,000				4,000	9,000	36,000,000
									2,000	10,400	20,800,000
	7	매 출				1,500	9,000	13,500,000	2,500	9,000	22,500,000
									2,000	10,400	20,800,000
	10	매 입	2,000	10,600	21,200,000				2,500	9,000	22,500,000
									2,000	10,400	20,800,000
									2,000	10,600	21,200,000
	31	매 출				2,500	9,000	22,500,000	2,000	10,400	20,800,000
									2,000	10,600	21,200,000

① 품목란 : 품목란에는 재고자산 평가대상인 재고자산의 품명을 기입한다.

② 평가방법 : 평가방법란에는 재고자산의 평가방법을 기입한다.

가. 선입선출법 : 선입선출법은 재고자산의 취득순서에 따라 재고자산이 판매되는 것으로 보고 단가를 산정하는 방법이다.

나. 후입선출법 : 후입후출법은 재고자산의 취득시기가 가장 빠른 것, 즉 가장 최근에 취득한 자산부터 판매되는 것으로 보고 단가를 산정하는 방법이다.

다. 총평균법

$$단위당\ 원가 = \frac{기초재고원가 + 당기매입원가}{기초재고수량 + 당기매입수량}$$

라. 이동평균법 : 이동평균법은 재고자산을 취득할 때마다 취득가액과 재고액의 합계액을 취득수량과 재고수량의 합계액으로 나누어 단위당 원가를 산정하는 방법을 말한다.

③ 일자란 : 일자란에는 재고자산의 입고 또는 출고 날짜를 기입한다.

④ 입고란 : 입고란에는 재고자산의 입고시 수량, 단가, 금액을 기입한다(금액 = 수량 × 단가).

⑤ 출고란 : 출고란에는 재고자산의 출고시 수량, 단가, 금액을 기입한다.

⑥ 재고란 : 재고란에는 재고자산의 입·출고 단가를 평가방법에 따라 조정한 후의 수량, 단가, 금액을 기입한다.

4 매출장

매출장은 매출에 대한 내역을 기록하는 장부로서 일반적으로 상대방이 주문장 등으로 구입 의사표시를 하면 거래명세서나 납품서를 작성해서 물품과 함께 보내며, 이 중 공급자용은 보관한다. 그 후 동 거래명세서를 기초로 매출장이나 매출처별 원장을 기록한다.

매 출 장								

일자		거래명세서 번 호	적 요	신용조건	전표번호	매출액	부가가치세	수취액
월	일							
2	1	102	제품판매	100,000 할인	250	1,500,000	150,000	1,550,000
합 계				100,000		1,500,000	150,000	1,550,000

작 성 방 법

① 일자란 : 매출일자를 기입한다.

② 거래명세서 번호란 : 출고시 거래명세서의 발행번호를 기입한다.

③ 적요란 : 매출과 관련된 사항을 간략히 기입한다.

④ 신용조건란 : 매출에 따른 옵션을 기입한다.

⑤ 매출액란 : 매출시 부가가치세를 제외한 판매액을 기입한다.

⑥ 부가가치세액란 : 판매에 따른 부가가치세액을 기입한다.

⑦ 수취액란 : 판매액과 부가가치세의 합계액을 기입한다.

5 매입장

매입장은 매입에 대한 내역을 기록하는 장부로서 일반적으로 상대방에게 주문장 등으로 구입 의사표시를 하고 물품의 수령시 거래명세서(공급자용)와 거래명세서(공급받는자용) 2장을 수취한 후 거래명세서(공급자용)는 매출자에게 반송시킨다. 그 후 동 거래명세서를 기초로 매입장이나 매입처별원장을 기록한다.

매 입 장									

일자		거래명세서 번 호	적 요	신용 조건	전표 번호	매입액	부가가치세	지급액
월	일							
2	1	100	원료매입	100,000 할인	250	1,500,000	150,000	1,550,000
합 계				100,000		1,500,000	150,000	1,550,000

① 일자란 : 매입일자를 기입한다.

② 거래명세서 번호란 : 입고시 거래명세서의 수취번호를 기입한다.

③ 적요란 : 매입과 관련된 사항을 간략히 기입한다.

④ 신용조건란 : 매입에 따른 옵션을 기입한다.

⑤ 매입액란 : 매입시 부가가치세를 제외한 구입액을 기입한다.

⑥ 부가가치세액란 : 매입에 따른 부가가치세 부담분을 기입한다.

⑦ 수취액란 : 매입액과 부가가치세의 합계액을 기입한다.

6 급여명세서

급여명세서는 지급받는 기본급여와 상여금, 퇴직급, 제수당 등을 구분기
재하고 이에 따른 근로소득세, 건강보험, 국민연금, 고용보험 등 제 공
제액을 구분해서 기재할 수 있도록 작성이 되어야 하며, 급여명세서는
급여의 지급시 근로자에게 배부하고 회사보관용 급여명세서는 철을 해
서 별도의 급여지급 증빙으로 관리를 해야 한다.

××년 1월 개인(상여)급여명세서

근로자 신상명세	성명		소속	사번	직위	급호	호봉
급여내역	기 본 급						원
	수 당	식대	직책수당	가족수당			
	상 여 금						원
	합 계						원
공제액명세	근 로 소 득 세						원
	지 방 소 득 세						원
	국 민 연 금						원
	건 강 보 험						원
	고 용 보 험						원
	경 조 사 비						원
	기 타						원
	합 계						원
급여지급액							원

① 근로자 신상명세란 : 근로자 신상명세란에는 근로자의 회사에서의 신상명세를 기입한다.

② 기본급란 : 급여를 지급받는 자의 기본급여를 기입한다.

③ 수당란 : 수당란에는 직책수당 등 각종 수당을 기입한다.

④ 상여란 : 상여금을 기입한다.

⑤ 근로소득세란 : 근로소득세란에는 근로소득세 중 원천징수하는 근로소득세를 기입한다.

⑥ 지방소득세란 : 지방소득세는 근로소득세의 10%이다.

⑦ 국민연금란 : 국민연금은 (총급여액 - 비과세급여)의 4.5%이다.

⑧ 건강보험란 : 건강보험은 (총급여액 - 비과세급여)의 3.545%와 (총급여액 - 비과세급여)
× 3.545%의 7.09%의 합이다.

⑨ 고용보험란 : 고용보험은 (총급여액 - 비과세급여)의 0.9%이다.

⑩ 경조사비란 : 동료의 경조사의 발생으로 급여에서 지불한 것이 있는 경우 이를 기입한다.

⑪ 기타란 : 기타란에는 위의 ⑤~⑩란의 공제액을 제외한 공제액을 기입한다.

⑫ 합계란 : 합계란에는 위의 ⑦~⑪의 합계액을 기입한다.

⑬ 급여지급액란 : 급여지급액란에는 급여명세에서 공제액명세의 금액을 뺀 금액을 기입한다.

경리일보는 경리부에서 매일매일의 경리 관련 업무 내용을 총괄적으로 정리하기 위해 작성하는 장부를 말한다.

경 리 일 보 20××년 5월 10일						

현 금 출 납		은 행 예 금			어 음 수 불		
전일잔액	1,000,000원	전 일 잔 액	정 기 예 금		받 을 어 음	금일수입	
현금입금	500.000원		당 좌 예 금	50,000,000		매 수	금 액
현금지급	400.000원		보 통 예 금	40,000,000			
금일잔액	1.100.000원					보유잔액	
주요입금							
결제 대금			계	90,000,000		매 수	금 액
		예 입	당 좌 예 금		지 급 어 음		
			보 통 예 금	20,000,000		금일지급	
			어 음 입 금			매 수	금 액
주요지급							
대출금 상환			계	20,000,000		지급잔액	
						매 수	금 액
		인 출	수 표 발 행	40,000,000			
			보 통 인 출	40,000,000		금일 차입액	
입금예정액			어 음 지 급				
						금일 상환액	
						40,000,000	
			계	80,000,000		차입금 잔액	
		금 일 잔 액	정 기 예 금				
지급예정액			당 좌 예 금	10,000,000		비 고	
			보 통 예 금	20,000,000			
			계	30,000,000			

① 현금출납란 : 현금의 출납과 관련된 주요내용을 기입한다.

② 주요입금란 : 주요입금란에는 주요입금과 관련해서 그 내역을 기입한다.

③ 주요지급란 : 주요지급란에는 주요지급과 관련해서 그 내역을 기입한다.

④ 입금예정액 : 입금예정액은 입금이 예상되는 내역과 그 금액을 기입한다.

⑤ 지급예정액 : 지급예정액은 지급이 예상되는 내역과 그 금액을 기입한다.

⑥ 은행예금란 : 은행예금과 관련하여 그 종류별로 전일, 당일, 차일로 구분해서 기입한다.

⑦ 어음수불란 : 어음수불란에는 어음의 수불과 관련해서 받을어음과 지급어음의 매수와 금액을 기입한다.

⑧ 금일차입액란 : 금일차입액란에는 금일 금융기관 등으로부터 차입한 금액을 기입한다.

⑨ 금일상환액란 : 금일상환액란에는 차입금 중 금일상환액을 기입한다.

⑩ 차입금잔액란 : 차입금 중 금일상환하고 남은 금액을 기입한다.

사례연구 **흑자도산 가능성을 나타내주는 현금흐름표**

흑자도산이라는 말을 들으면 의아해하는 사람들이 많다. 흑자라면 영업활동을 통해 이익을 창출했다는 뜻인데 왜 도산을 할까?

흑자도산은 장부상 이익이 발생했지만, 현금이 잘 돌지 않아 지급해야 할 수표나 어음 등을 결제하지 못해 부도 처리되는 경우를 말한다. 기업에 돈을 빌려주는 은행이나 주식투자자들은 도산할 가능성이 있는 기업을 피해야 한다. 재무상태표를 보면 재무상태가 상당히 양호하고, 손익계산서상의 이익도 지속적으로 발생하는데도 불구하고 어느 날 기업이 도산했다면 황당하지 않겠는가. 이런 지표를 미리 알려주는 재무제표가 바로 현금흐름표이다.

재무상태표는 기업의 건강상태를 나타내는 재무제표다. 반석 위에 지어진 건축물이 튼튼하듯이 기업도 기초가 튼튼해야 오랫동안 수명을 이어갈 수 있다. 기업이 튼실한지를 알고 싶으면 재무상태표를 보면 된다. 반면에 손익계산서는 기업이 돈을 얼마나 잘 벌고 있는 지를 알려주는 재무제표다. 아무리 튼튼한 기업이라도 돈을 잘 벌지 못하면 가지고 있는 돈을 지속적으로 까먹게 될 것이고, 결국에는 문을 닫게 된다. 그래서 기업을 살펴볼 때는 재무상태표와 손익계산 서를 분석하는 것이 기본이다. 은행은 기업에 대출을 해주기 전에 반드시 해당 기업에 대해 신용분석을 한다. 과거에는 주로 재무상태 표와 손익계산서를 가지고 분석했다. 그런데 지금은 현금흐름표를 중 요하게 다룬다. 왜냐하면, 재무상태표와 손익계산서만으로는 알 수 없는 것이 있기 때문이다. 바로 현금의 유입과 유출이다.

손익계산서상의 이익은 장부상 이익이다. 만약 각종 비용으로 200 원이 들어간 물건을 250원에 팔았다고 가정하면 50원이 남는다. 그 러면 손익계산서상에는 50원이 이익으로 표시된다. 이런 영업활동 이 지속되면 당연히 좋은 기업으로 평가를 받는다. 그런데 물건값 250원을 현금이 아닌 외상으로 팔았다면 어떻게 될까? 외상 기간 이 짧고 기일 이내에 외상이 잘 회수가 된다면 별문제가 없겠지만 외상 기간이 길어지고, 외상 대금이 회수가 잘 안 된다면 어떻게 될지 쉽게 상상이 된다.

손익계산서를 통해서는 장부상의 이익만 알 수 있을 뿐이지 현금으 로 거래를 했는지, 외상으로 거래를 했는지 알 수가 없다. 손익계 산서상에는 분명히 이익이 발생하는데도 불구하고 기업이 도산하는 것은 현금이 돌지 않아서인데, 기업의 현금 유입과 유출을 표시한 것이 현금흐름표이다.

전표발행에서 재무제표 작성까지의 장부흐름

(주)이지는 세무서비스를 제공하는 회사이다. 다음 자료를 보고 (주)이지의 거래에 대한 분개부터 결산보고서 작성의 흐름을 살펴보면 다음과 같다.

1 거래의 분개

❶ 소유주로부터 1,000만 원의 현금을 납입받아 영업을 시작하였다.

현금	10,000,000	/	자본금	10,000,000

입 금 전 표										사 장
2××3년 1월 1일										부 장
과 목	자본금	항 목	자본금 출자							
적 요			금 액							과 장
회사설립 자본금 출자액			1	0	0	0	0	0	0	
										담 당
합 계			1	0	0	0	0	0	0	

❷ 연초에 컴퓨터를 100만 원에 구입하면서 50만원은 현금으로 지급하고, 나머지는 외상으로 하였다.

비품	1,000,000	/	현금	500,000
			미지급금	500,000

대 체 전 표								계		주임		과장	
2◯◯1년 9월 3일													
계정과목	금			액			계정과목	금				액	
비품	1	0	0	0	0	0	현금		5	0	0	0	0
							미지급금		5	0	0	0	0
합 계	1	0	0	0	0	0	합 계	1	0	0	0	0	0
적 요	회사 컴퓨터 구입비용												

❸ (주)경리의 세무 상담을 해주고 100만 원은 나중에 받기로 하였다.

외상매출금	1,000,000	/	용역매출	1,000,000

대 체 전 표								계		주임		과장	
2◯◯1년 9월 3일													
계정과목	금			액			계정과목	금				액	
외상매출금	1	0	0	0	0	0	용역매출	1	0	0	0	0	0
합 계	1	0	0	0	0	0	합 계	1	0	0	0	0	0
적 요	세무상담비용 미수금												

❹ (주)지식의 장부기장을 해주기로 하고 200만 원을 받아 당좌예입 하였다.

당좌예금	2,000,000	/	선수금	2,000,000

대 체 전 표								계		주임		과장	
2◯◯1년 9월 3일													
계정과목	금			액			계정과목	금				액	
당좌예금	2	0	0	0	0	0	선수금	2	0	0	0	0	0
합 계	2	0	0	0	0	0	합 계	2	0	0	0	0	0
적 요	미리 받은 세무기장비용												

❺ 소모품을 5만원 어치 구입하고 현금으로 지급하였다.

소모품   50,000   /   현금   50,000

출 금 전 표										사 장
2××3년 1월 1일										
										부 장
과 목	소모품	항 목		소모품 구입						
적 요				금 액						과 장
문고에서 회사 사무용품 구입					5	0	0	0	0	
										담 당
합 계					5	0	0	0	0	

❻ 신문구독료 10,000원을 현금으로 지급하였다.

도서인쇄비   10,000   /   현금   10,000

출 금 전 표										사 장
2××3년 1월 1일										
										부 장
과 목	도서인쇄비	항 목		신문구독료						
적 요				금 액						과 장
조선일보 월구독료					1	0	0	0	0	
										담 당
합 계					1	0	0	0	0	

❼ 거래처 직원에게 식사를 대접한 후 대금 5만원을 카드로 결제하였다.

접대비   50,000   /   미지급금   50,000

대 체 전 표								계	주임	과장
2××3년 1월 1일										
계정과목	금				액	계정과목	금			액
접대비			5	0	0	0	0	미지급금		5	0	0	0	0
합 계			5	0	0	0	0	합 계		5	0	0	0	0
적 요	거래처 직원 식사비용									

❽ 종업원의 급여 70만원을 수표를 발행하여 지급하였다.

대 체 전 표 2××3년 1월 1일									계	주임	과장		
계정과목	금			액				계정과목	금			액	
급여		7	0	0	0	0	0	당좌예금		7	0	0	0	0	0
합　계		7	0	0	0	0	0	합　계		7	0	0	0	0	0
적　요	종업원 급여 지급액												

급여　　　　　　　　700,000　/　당좌예금　　　　　700,000

❾ (주)경리의 외상대금 중 80만원을 현금으로 회수해서 당좌예입하였다.

당좌예금　　　　　　800,000　/　외상매출금　　　　800,000

대 체 전 표 2××3년 1월 1일									계	주임	과장		
계정과목	금			액				계정과목	금			액	
당좌예금		8	0	0	0	0	0	외상매출금		8	0	0	0	0	0
합　계		8	0	0	0	0	0	합　계		8	0	0	0	0	0
적　요	거래처 외상대금 회수액												

❿ 고려은행에서 100만원을 차입하고 이를 당좌예입하였다.

당좌예금　　　　　　1,000,000　/　단기차입금　　　1,000,000

대 체 전 표 2××3년 1월 1일									계	주임	과장		
계정과목	금			액				계정과목	금			액	
당좌예금	1	0	0	0	0	0	0	단기차입금	1	0	0	0	0	0	0
합　계	1	0	0	0	0	0	0	합　계	1	0	0	0	0	0	0
적　요	은행에서 빌린 돈												

총계정 원장

현 금		
❶ 10,000,000	❷	500,000
	❺	50,000
	❻	10,000

당좌예금		
❹ 2,000,000	❽	700,000
❾ 800,000		
❿ 1,000,000		

외상매출금	
❸ 1,000,000	❾ 800,000

비 품
❷ 1,000,000

소모품
❺ 50,000

미지급금	
	❷ 500,000
	❼ 50,000

선수금	
	❹ 2,000,000

단기차입금	
	❿ 1,000,000

자본금	
	❶ 10,000,000

용역배출	
	❸ 1,000,000

급 여
❽ 700,000

도서인쇄비
❻ 10,000

접대비
❼ 50,000

합계잔액시산표

차 변		계정과목	대 변	
잔 액	합 계		합 계	잔 액
9,440,000	10,000,000	현 금	560,000	
3,100,000	3,800,000	당 좌 예 금	700,000	
200,000	1,000,000	외 상 매 출 금	800,000	
1,000,000	1,000,000	비 품		
50,000	50,000	소 모 품		
		미 지 급 금	550,000	550,000
		선 수 금	2,000,000	2,000,000
		단 기 차 입 금	1,000,000	1,000,000
		자 본 금	10,000,000	10,000,000

차 변		계정과목	대 변	
잔 액	합 계		합 계	잔 액
		용 역 매 출	1,000,000	1,000,000
700,000	700,000	급 여		
10,000	10,000	도 서 인 쇄 비		
50,000	50,000	접 대 비		
14,550,000	16,610,000	합 계	16,610,000	14,550,000

3 기말정리사항(수정분개)

❶ 컴퓨터의 감가상각비 10만원을 계상하다.

감가상각비   100,000 / 감가상각누계액(비품)   100,000

❷ 급여 30만원을 미지급하였다.

급여   300,000 / 미지급급여   300,000

❸ 5만원 중 남아있는 소모품은 2만원이다.

소모품비   30,000 / 소모품   30,000

❹ 차입금에 대한 미지급 이자가 10만원이 있다.

이자비용   100,000 / 미지급이자   100,000

❺ (주)지식은 장부기장 선수금 200만원 중 100만원 어치를 제공하였다.

선수금   1,000,000 / 용역매출   1,000,000

4 수정후시산표(일계표) 작성

(수정후)합계잔액시산표

차 변		계정과목	대 변	
잔 액	합 계		합 계	잔 액
9,440,000		현　　　　금	560,000	
3,100,000	10,000,000	당 좌 예 금	700,000	
200,000	3,800,000	외 상 매 출 금	800,000	
1,000,000	1,000,000	비　　　　품		
(100,000)	1,000,000	감 가 상 각 누 계 액		
20,000	(100,000)	소　　　모　　　품	30,000	
	50,000	미 지 급 금	550,000	550,000
		미 지 급 비 용	400,000	400,000
		선　　　수　　　금	1,000,000	1,000,000
		단 기 차 입 금	1,000,000	1,000,000
		자　　　본　　　금	10,000,000	10,000,000
		용 역 매 출	2,000,000	2,000,000
1,000,000	1,000,000	급　　　　여		
10,000	10,000	도 서 인 쇄 비		
50,000	50,000	접　　　대　　　비		
100,000	100,000	감 가 상 각 비		
30,000	30,000	소 모 품 비		
100,000	100,000	이 자 비 용		
14,950,000	17,040,000	합　　　　계	17,040,000	14,950,000

손익계산서

(주)이지   2××3년 1월 1일 ~ 2××3년 12월 31일   (단위 : 원)

Ⅰ 수　　　익		2,000,000
용 역 매 출	2,000,000	
Ⅱ 비　　　용		1,290,000
급　　　여	1,000,000	
도서인쇄비	10,000	
접 대 비	50,000	
감가상각비	100,000	
소 모 품 비	30,000	
이 자 비 용	100,000	
Ⅲ 당 기 순 이 익		710,000

재무상태표

(주)이지   2××3년 12월 31일 현재   (단위 : 원)

현　　　　　금	9,440,000	미 지 급 금	550,000
당 좌 예 금	3,100,000	선　수　금	1,000,000
외 상 매 출 금	200,000	단 기 차 입 금	1,000,000
비　　　　　품	1,000,000	미 지 급 비 용	400,000
(감가상각누계액)	(100,000)	자　본　금	10,000,000
소　모　품	20,000	당 기 순 이 익	710,000
합　　　　　계	13,660,000	합　　　　계	13,660,000

입금표와 거래명세서, 지출결의서의 관리방법

1 입금표의 관리

입금표는 상대방의 지급사실을 증명하는 것으로 입금표를 제시하고 현금 등을 바로 받는 경우가 대다수이므로 오너가 외상대금 등을 직접 받으러 가는 경우가 아니라 영업사원을 이용하는 경우는 입금표 관리가 중요하다(최근에는 금융거래로 인해 중요성이 많이 떨어짐).

따라서 오너는 입금표에 순번을 메겨 관리하고 수금자가 반드시 대금 수취시 사인을 하게 해서 수취·보관을 하도록 한다. 또한, 입금표와 세금계산서를 상호 대조해서 이상이 없는지 주기적으로 확인을 한다. 그리고 입금표의 발행이 많은 경우에는 일정기간을 단위로 묶어서 보관하도록 한다.

2 거래명세서 관리

거래명세서를 전표와 같이 보관할 필요는 없다. 사실 거래가 끝나고 나면 거래명세서는 별 필요가 없으나 반품 등의 문제가 있을 때나 거래관계로 인해서 쌍방 간에 분쟁발생 시, 세무조사가 나올 때 필요한 경우가 있다.

거래상대방이나 본사에 세무조사가 나왔을 때 실제 거래인지 아닌지를 증명하기 위해 거래내역을 요구할 수가 있다.

세금계산서에는 목록이 다 안 나오고 거의 다 ○○○외 이렇게 나오니까 믿지 않는 경우가 많으므로 세부 내역을 대라고 하는 경우 거래명세서를 제출하면 된다.

반면, 회사 내부적으로는 잘못된 전표 발행이 있는 경우 거래명세서를 통해서 해당 거래내역을 확인할 수 있다는 장점이 있다.

거래명세서는 전표의 보관 방법과 같이 거래명세서끼리 일정기간 단위로 묶어서 보관하면 된다.

3 지출결의서 관리

지출결의서는 업무 간소화를 위해서 전표를 발행하지 않고 지출에 관한 내용 및 증빙서류만을 보관하기 위해서 작성하는 것이다.

매출 대금 회수 및 금액이 큰, 중요 지출에 대해서는 사장 또는 업무총괄자가 집행 및 관리하고, 사무실의 일반경비 지출에 대해서 경리담당자가 관리하는 것이 실무상 일반적인데, 경리담당자가 관리자에게 결재받기 위해서 지출결의서를 작성하고 각종 경비지출 후 그 뒷면에 영수증 등을 첨부해서 보관한다. 즉, 지출결의서는 직원이 많고 적음을 떠나 경비 처리를 할 때 담당자 임의가 아닌 부서장이나 사장의 허락을 받는 행위의 일종이다. 물론 회사에서 꼭 작성·보관해야 하는 의무는 없지만, 업무가 진행되다 보면 상사와 종업원 간의 지출행위를 놓고 책임 여부를 가르는 일이 종종 발생한다. 그럴 때 상사의 지출결의서에 찍힌 도장은 큰 역할을 하기도 한다.

결국, 회사에서 의무적으로 지출결의서를 작성할 필요는 없으나 회사 자체적인 내부 관리목적으로 활용하는 것이라면 잘 활용하는 것도 좋은 방법이다.

제5장

손쉽고 확실한 결산업무

기업이익의 계산단위

기업이 영업활동을 통해 얻은 이익을 계산할 때는 분기의 이익을 계산할지, 반기의 이익을 계산할지 아니면 1년의 이익을 계산할지 그 기간을 정해야 하는 데 이를 각각 분기, 반기, 회계기간 또는 회계연도라고 한다.

우리나라는 일반적으로 1월 1일부터 12월 31일까지 1년을 회계기간으로 정하고 중간에 분기 및 반기 재무제표를 공시하는 경우가 많으며, 회계기간을 반드시 1년으로 할 필요는 없다.

그리고 재무제표상 제○○기 등으로 표기되는 것이 그 기업의 회계연도를 표기하는 것이다. 이 중 회계연도가 시작되는 시점을 기초, 끝나는 시점을 기말이라고 한다. 또한, 이익계산의 대상이 되는 해당 회계기간을 당기라고 하고, 이전 회계기간을 전기, 다음 회계기간을 차기라고 한다.

예를 들어 2○○3년 1월 1일부터 2○○3년 12월 31일까지가 회계기간인 (포괄)손익계산서를 작성하는 경우 1월 1일이 기초, 12월 31일이 기말이 되는 것이며, 2○○3년이 당기, 2○○2년이 전기, 2○○4년이 차기가 되는 것이다.

또한, 1년을 회계기간으로 하는 기업이라고 해도 분기 또는 반기 등으로 일정기간을 단위로 나누어 재무제표를 작성하는 때가 있는데, 분기는 우리가 일상에서 말하는 3개월 단위 재무제표이고, 반기는 6개월 단위 재무제표를 말한다.

예를 들어 1월 1일부터 3월 31일까지의 재무제표를 만드는 경우 이는 (1) 분기 재무제표가 되는 것이며, 1월 1일부터 6월 30일까지의 재무제표를 작성하는 경우 (상) 반기 재무제표가 되는 것이다.

이같이 분기 또는 반기 재무제표를 작성하는 이유는 이해관계자에게 적시에 기업의 경영성과를 알려주기 위함이다. 참고로 상장사들은 분기, 반기 재무제표를 공시하고 있다.

영업활동을 통해 얻은 이익 계산

[분기의 이익계산]　　　　[반기의 이익계산]　　　　[1년의 이익계산]

분기　　　　　　**반기**　　　　　　**회계연도**

회계기간을 반드시 1년으로 할 필요 없음

▶ **1월 1일부터 12월 31일까지 1년을 회계기간으로 정함**

▶ **중간에 분기 및 반기재무제표를 공시하는 경우가 많음**

3개월 단위 재무제표 : 분기재무제표(1월~3월, 4월~6월, 7월~9월, 10월~12월)

6개월 단위 재무제표 : 반기재무제표(1월~6월, 7월~12월)

(회계연도) 재무제표 : 일반적인 재무제표(회계연도(일반적으로 1월~12월))

기초　　　　**기말**

회계연도가　회계연도가
시작되는　　끝나는
시점　　　　시점

전기　[당기의 이전 회계기간(2022년)]

당기　[이익계산 대상의 기준이 되는 연도(2023년)]

차기　[당기의 다음 회계기간(2024년)]

중소기업회계기준

중소기업회계기준도 국제회계기준(K-IFRS) 및 일반회계기준과 함께 정식 회계기준의 하나로 사용할 수 있다. 이렇게 되면 정책자금 융자나 조달시장 참여는 물론 은행권 대출에도 증빙자료로 쓸 수 있게 된다.

외부감사 대상이 아닌 중소기업들이 중소기업회계기준을 사용할 수 있게 된다. 일반회계기준이 요구하는 자본변동표와 현금흐름표를 작성할 필요 없이 재무상태표와 손익계산서, 그리고 이익잉여금처분계산서 또는 결손금처리계산서만 작성하면 된다. 중요사항을 기재하게 돼 있는 주석 역시 필요에 따라 간략하게 작성하면 된다.

또 일반기업회계기준이 직전년도 재무제표를 요구하는 것과 달리 당해 연도 재무제표만 작성하면 되며, 과거기간에 발생했던 오류를 바로잡을 때도 자산이나 부채, 자본 항목 반영 없이 당기 영업외손익만 수정하면 된다. 회계정책을 바꿀 경우도 중소기업회계기준은 과거 재무제표 수정 없이 해당 연도부터 새로운 회계정책을 적용하면 된다.

이밖에 금융상품 가치 계상 시 일반기업회계기준은 공정가치를 반영하도록 하고 있으나 중소기업회계기준에서는 금융자산은 취득원가로 금융부채는 실제 부담하는 채무액으로 기재하면 된다. 파생상품 평가 시에는 매매목적이나 위험회피 등 보유목적과 관계없이 평가손익을 당기손익으로 인식하면 된다.

회계는 1년 단위로 순환한다.

앞서 설명한 바와 같이 회계는 일반적으로 1월 1일부터 12월 31일까지를 1 회계기간이라고 한다. 따라서 1 회계기간을 하나의 패키지로 해서 기초에서 기말까지의 업무가 계속 반복되게 되는데 이를 회계의 순환과정이라고 한다.

1 재무제표상 제○○기의 의미

회계에서는 한해 한해를 일반적으로 '제○○ 회계연도'라고 명명한다. 이는 다른 법이나 규정에서 말하는 사업연도와 동일한 의미로 사용되므로 회계연도와 사업연도는 그 단어표현의 차이일 뿐 동일한 의미로 생각해도 무방하다.

회계에서도 인간과 같이 특별한 사건이 발생하지 않는 한 그 생명이 존속한다는 가정을 하고 회계처리를 하는 데 이를 회계에서는 '계속기업의 가정'이라고 한다. 즉, 기업도 인간과 같이 생명을 영원히 존속한다는 가정하에서 거래가 이루어지고 인간의 나이와 같이 회계장부 속에 그 기업의 나이(회계연도)를 남긴다.

하지만 기업은 사람이 아니므로 기업의 정관에는 동 기업의 사업연도 또는 회계연도는 ○○년 ○○월 ○○일로부터 ○○년 ○○월 ○○일까지를 1사업연도 또는 회계연도로 본다고 규정하고 있다. 즉, ○○년 ○○월 ○○일날 동 기업이 설립되었으므로 1년이 되는 ○○년 ○○월 ○○일을 1년으로 간주해서 기업의 나이를 계산하겠다는 것이다.

그러면 인간은 주민등록증으로 그 사람의 나이를 알 수 있는 데 기업의 나이는 무엇으로 알 수 있겠는가?

기업의 나이는 재무제표를 보면 그 나이를 쉽게 알 수 있다. 재무제표의 상단에 보면 제○기라는 표현이 나오는데, 이것이 바로 그 기업의 나이인 것이다.

이 회사는 몇 년 된 회사지?

회계에서는 한해 한해를 제○기 또는 제○○회계연도라고 명명

회사의 정관

동 기업의 사업연도 또는 회계연도는 ○○년 ○○월 ○○일로부터 ○○년 ○○월 ○○일까지를 1사업연도 또는 회계연도로 본다.

제1회계연도(제1기)　　　제2회계연도(제2기)

 ➡

2023년 1월 5일 설립　　　회계연도 말일　　　2024년 회계연도 말일

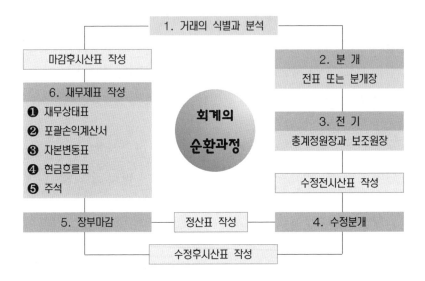

회계상의 거래를 장부상에 기록해서 재무보고서를 작성하는 절차는 일련의 정해진 과정을 따르게 된다. 이를 회계의 순환과정이라고 하는데 이에는 여섯 단계의 필수적인 절차와 몇 가지의 선택적인 절차가 있다. 여섯 단계의 필수적 절차는

❶ 회계거래의 식별·분석

❷ 분개(전표 또는 분개장)

❸ 전기(총계정원장)

❹ 수정분개

❺ 장부 마감

❻ 재무제표의 작성 순서로 이루어진다.

❶부터 ❸번까지의 절차는 거래의 발생 시마다 행하는 절차이며, ❹번과

❻번의 절차는 재무제표를 작성할 때 행하는 절차이면서 일반적으로 회계기말에 행해지고 ❺번 절차는 회계 기말에만 해당하는 절차이다. 한편, 시산표의 작성과 정산표의 작성은 선택적일 뿐만 아니라 보조적인 수단이며, 장부상에 기록하거나 보고하는 대상이 아니다. 역분개는 선택적인 절차이지만 일단 선택하면 장부상에 기록한다는 점에서 시산표 및 정산표와 다르다고 할 수 있다.

거래의 식별과 분석

기업에는 한 회계기간 동안 수많은 경제적 사건, 즉 거래가 발생한다. 어떠한 경제적 사건이 회계상의 거래인가, 아닌가? 의 여부는 그 사건 자체가 회사의 자산, 부채, 자본, 수익, 비용 항목에 변화를 가져오는 가의 여부로 결정된다. 일단 회계상의 거래가 발생하면 거래에 대한 요약적인 분석이 필요하다.

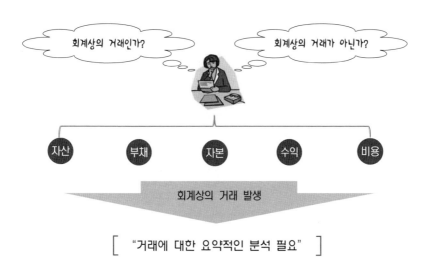

분개

거래의 분석이 이루어지면 복식부기의 원리에 따라 차변과 대변으로 분개를 실시한다. 분개의 원리는 흔히 거래의 8요소라고 부른다.

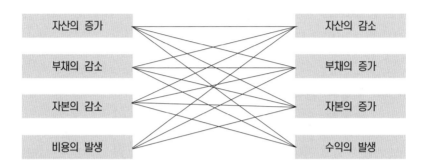

지식주식회사는 세무자문 업무를 하기 위해 2××1년 1월 1일에 설립되었다. 1월 중 이 회사에서 발생한 거래는 다음과 같다.

❶ 3월 1일 : 액면 5,000원의 주식 10,000주를 액면가액으로 발행하고 주주로부터 전액 현금으로 납입 받았다.

| 현금 | 50,000,000 | / | 자본금 | 50,000,000 |

❷ 3월 28일 : 1년분 보험료 24만원을 현금으로 지급하다.

| 선급보험료 | 240,000 | / | 현금 | 240,000 |

❸ 3월 30일 : 3월중 세무자문 업무를 수행하고 고객으로부터 현금 300만원을 받다.

| 현금 | 3,000,000 | / | 용역매출 | 3,000,000 |

❹ 3월 30일 : 3월분 급여 2백만원을 현금으로 지급하다.

| 급여 | 2,000,000 | / | 현금 | 2,000,000 |

❺ 4월 1일 : 은행에서 현금 5백만원을 차입하다.

| 현금 | 5,000,000 | / | 단기차입금 | 5,000,000 |

전기

기업은 재무상태의 변동내용을 기록하기 위해서 자산, 부채, 자본, 수익 및 비용 항목에 대해서 각 해당 계정과목마다 독립적인 계정을 사용하고 있다. 이러한 각 계정의 집합체를 총계정원장이라고 하며, 분개장에 기입된 분개의 내용을 총계정원장으로 옮겨 적는 절차를 바로 전기라고 한다.

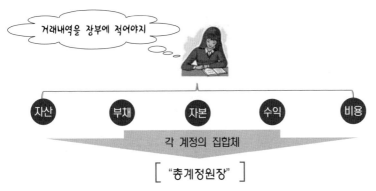

이러한 전기의 절차는 분개의 발생 시 마다 혹은 일주일마다, 열흘마다 이루어지게 되는데 전기의 수행 시기는 회사의 규모 및 거래의 복잡성 등에 따라 기업의 상황에 맞게끔 결정된다. 물론 회계프로그램을 사용하는 경우에는 분개와 동시에 전기가 이루어진다.

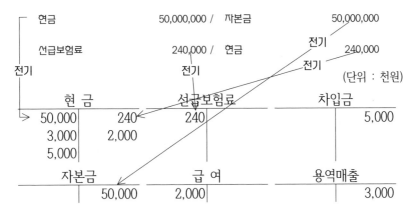

분개장의 모든 기록이 원장으로 전기된 후, 다음과 같은 1월 31일 현재의 시산표를 작성하면 차변 총계와 대변 총계가 일치하는지? 여부를 확인할 수 있다.

수정전시산표

수정전시산표

구 분	차 변	대 변
현금	55,760,000원	
선급보험료	240,000원	
차입금		5,000,000원
자본금		50,000,000원
용역매출		3,000,000원
급여	2,000,000원	
총계	58,000,000원	58,000,000원

결산 기말 수정분개

결산 기말수정분개란 발생주의 회계에 따라 기업의 재무상태와 경영성과를 적정하게 나타내기 위해 회계 기말에 내부적 혹은 암묵적 거래를 파악해서 그에 대한 조정 분개를 하는 행위를 말한다. 이를테면 회계거래가 발생했지만, 외부와의 교환거래가 발생하지 않아서 기중에 그 기록을 하지 않는 경우는 회사의 장부상의 금액과 기업의 실제 재무상태 및 경영성과와 일치하지 않게 된다. 이 같은 경우 장부상의 금액을 실제의 금액으로 조정해야 하는데 이러한 행위를 수정분개라고 한다.

결산기말 수정분개

발생주의 회계에 따라 기업의 재무상태와 경영성과를 적정하게 나타내기 위해 회계기말에 내부적 혹은 암묵적 거래를 파악해서 그에 대한 조정분개를 하는 행위

앞서 설명한 거래 분개의 예에서 ❷번 거래의 경우 미리 지급된 보험료 24만원은 1년분이었기 때문에 선급보험료로 자산계정에 기입한다.

이 중 20만원 (3월~12월)은 이미 보험서비스를 받았으므로 12월 말 현재 시점에서는 선급보험료가 아니고 실질 보험료로서 12월 말 현재 비용으로 계상해야 하므로 다음과 같은 수정분개를 해야 한다.

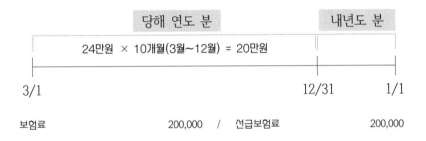

당해 연도 분	내년도 분

24만원 × 10개월(3월~12월) = 20만원

3/1   12/31   1/1

보험료   200,000   /   선급보험료   200,000

이와 같은 수정분개를 하고 이를 원장으로 전기하면 다음과 같이 선급보험료 계정의 잔액은 4만원이 되고, 보험료 계정의 잔액은 20만원이 된다.

선급보험료		보 험 료	
240,000	200,000	200,000	

원장잔액의 수정이 완료된 후 시산표를 작성하면 다음과 같다.

수정후시산표

수정후시산표

구 분	차 변	대 변
현금	55,760,000원	
선급보험료	40,000원	
차입금		5,000,000원
자본금		50.000,000원
용역매출		3,000,000원
급여	2,000,000원	
보험료	200,000원	
총계	58,000,000원	58,000,000원

재무제표의 작성

최초분개와 수정분개 후 전기가 완료된 상태에서 수익 및 비용에 해당
하는 포괄손익계산서 계정들의 잔액을 옮겨 적음으로써 포괄손익계산서
를 작성할 수 있다. 수익의 계정잔액은 포괄손익계산서의 대변에, 비용
의 계정잔액은 포괄손익계산서의 차변에 옮겨 적는다. 대변합계(수익의
합)에서 차변합계(비용의 합)를 차감해서 대변합계가 더 큰 경우는 그
차이가 바로 당기순이익이고 반대로 차변합계가 더 큰 경우는 그 차이
가 당기순손실이다.

포괄손익계산서

구　분	차　변	대　변
용역매출		3,000,000원
급여	2,000,000원	
보험료	200,000원	
총계	2,200,000원	3,000,000원
당기순이익	800,000원(3,000,000원 - 2,200,000원)	

재무상태표

구　분	차　변	대　변
현금	55,760,000원	
선급보험료	40,000원	
차입금		5,000,000원
자본금		50,000,000원
이익잉여금		800,000원
총계	55,800,000원	55,800,000원

임시계정의 마감

모든 포괄손익계산서 계정은 명목계정 혹은 임시계정이라고 불린다. 다시 말해, 모든 손익계산서계정은 회계 기말에 손익계산서를 작성한 후 잔액이 "0"으로 마감되고, 다음 회계기간 초에 "0"에서부터 다시 시작한다.

반면에 모든 재무상태표 계정은 다음 회계기간으로 이월이 된다. 따라서 재무상태표 계정은 마감의 대상이 아니다.

❶ 모든 수익을 집합손익 계정에 마감

용역매출	3,000,000	/	집합손익	3,000,000

❷ 모든 비용을 집합손익 계정에 마감

집합손익	2,200,000	/	급여	2,000,000
			보험료	200,000

❸ 1단계와 2단계 후의 집합손익 잔액, 즉 당기순이익을 이익잉여금에 마감

집합손익	800,000	/	이익잉여금	800,000

이런 식으로 마감분개를 하고 이를 전기한 후에 남아 있는 재무상태표 계정의 잔액을 차변과 대변에 맞춰 집합 나열한 것이 마감 후 시산표이다. 마감 후 시산표는 차기 회계기간으로 이월되는 재무상태표의 잔액을 보여주므로 이월시산표라고 부르기도 한다.

(포괄) 손익계산서 계 정	• 회계 기말에 손익계산서를 작성 후 잔액 "0"으로 마감 • 다음 회계기간 초에 "0"에서부터 다시 시작
재무상태표 계 정	• 다음 회계기간으로 이월 • 마감의 대상이 아님

마감분개를 하고 이를 전기한 후에 남아 있는 재무상태표 계정의 잔액을 차변과 대변에 맞춰 집합 나열한 것이 마감 후 시산표

마감후시산표

마감후시산표

구 분	차 변	대 변
현금	55,760,000원	
선급보험료	40,000원	
차입금		5,000,000원
자본금		50.000,000원
이익잉여금		800,000원
총계	55,800,000원	55,800,000원

위와 같은 마감의 절차로 인해서 다음 회계기간에 동일한 회계장부를 사용하더라도 회계기록이 어디서부터 시작되고 있는지를 분명히 알게 되고, 특히 재무상태표 계정의 경우 기초잔액이 얼마인지가 분명해진다는 이점이 있다. 새로운 회계장부를 이용할 경우 다음 회계기간의 거래가 기록되기 전에는 분개장 및 임시계정에는 어떤 금액도 기재되어 있지 않으나 재무상태표 계정에는 전기이월액(기초잔액)이 이미 기재되어 있게 된다. 이렇게 마감이 모두 끝나게 되면 이제 다음 회계기간의 회계순환 과정이 또다시 시작되게 된다.

1년을 마무리하는 결산방법

1 결산은 왜 하는가?

경리는 회사에서 발생하는 거래를 전표를 통해서 장부에 기록하고 매월 별 또는 분기별로 시산표를 작성해서 일정 시점의 재무상태나 그 기간 의 경영성과를 대략적으로 파악해 볼 수 있다.

그러나 이때의 회계기록은 회사의 재무상태나 경영성과를 올바르게 표 시하고 있다고 볼 수 없다. 왜냐하면, 이 시점에서는 회사의 재무상태나 경영성과에 중요한 영향을 미치는 회계 사실이 장부에 반영되지 않았기 때문이다. 따라서 회사에서는 어느 정해진 시점에서 경영활동을 마감했 다고 가정하고 그 시점에서의 재무상태를 명확히 평가해서 반영하고, 그 시점까지의 경영성적을 확정하기 위한 정리절차가 필요하게 되는데, 이 와 같은 회계상의 절차를 결산이라고 한다.

월차결산

제조기업은 일반적으로 원가회계 기간을 1개월로 정하고 있으므로 매월 말에 그달의 손익을 계산하는 경우가 많다. 이것을 월차결산이라고 하며, 회계기말에 실시하는 연차결산과 구별한다. 월차결산은 경영관리에 필요한 회계자료를 얻으려는 목적과 연차결산의 준비로서 이루어지는 것이며, 외부에 공표하기 위한 것은 아니다.

연차결산

연차결산은 회계기말에 기업의 재무상태를 확정하고, 당 회계기간 중의 경영성과를 파악하기 위해서 제 장부를 마감하는 일반적 의미의 결산을 말한다.

월차결산에 의해서 월차손익 계정에 누적된 영업이익을 연차손익 계정 대변에 대체하고 그 밖의 당기에 속하는 수익과 비용을 연차손익 계정에 대체해서 당기순손익을 계산한다.

② 결산하는 순서

결산의 예비절차

결산의 예비절차는 결산 준비과정으로 결산을 하기 위해서는 가장 먼저 결산일까지의 거래에 의한 시산표부터 작성해야 한다.

그리고 결산 정리사항을 조사해서 정리분개와 기장을 한다.

월	일	주요사항	내용
		결산준비위원회의 구성	결산의 일정과 절차, 업무 분담, 회계처리의 기본 방침 등 협의 - 준비 직원
			감사 시 제출서류 리스트, 체크포인트 등의 방침지시 - 준비 팀장

월	일	주요사항	내용
		결산 제출서류 및 업무 협조전 발송	각 부분에 대한 결산 시 주의점과 작업순서를 지시하고 공장 및 타 부서에 결산업무 협조전을 발송
		시산표 마감(수정전 시산표), 각 계정의 잔고조사	전표, 증빙, 장부 등을 마감하고 전 계정잔액명세서 작성과 수정정리
		부가가치세 확정신고 준비 및 연말정산 준비	부가가치세 신고 대비, 연말정산 구비서류 수취
		전기 세무처리사항 검토	미비 항목 회계처리
			평가방법 및 상각방법 등 신고사항 점검
			자본금과 적립금조정명세서 잔액 처리
		결산 정리사항의 계산 준비	감가상각비 계산준비
			유형자산관리대장 정리
			재고자산 수불 사항 정리
			건설가계정 계정분류
			퇴직금추계액 개인별 명세
			부도어음 명세 및 세무신고서 등 필요서류 구비
		재고 실사 준비	재고조사표 배부 및 실사 계획표 체크
			작업분담표 배부
		현금, 받을어음, 유가증권 실사, 재고조사 체크	현금출납부, 어음명세서, 유가증권대장 확인
			은행잔액조회서, 잔액조정표 작성, 각 은행장 확인
			재고조사표 회수
			재고조사표 ➜ 원시카드 ➜ 수불카드의 체크
		채권·채무조회서 발송	채권·채무조회서 발송
			채권·채무 차액 조정표 작성

월	일	주요사항	내용
		매출, 매입 계상 체크	전표의 매출·입 관련 사항 체크

결산의 본절차

결산의 본절차는 정리분개에 의해 정리된 각 손익계정의 금액을 손익계정에 대체해서 마감하고 손익계정의 잔액을 자본계정인 처분전이익잉여금으로 대체한 후 일단 이익처분 전 상태의 재무제표를 작성해서 이익처분의 참고자료로 제공한다.

그리고 이익처분 계산이 이루어지면 이에 관한 분개와 기장을 해서 자산·부채·자본계정을 차기 이월 기장해서 마감한다.

월	일	주요사항	내용
		손익계정의 정리	손익계정의 결산 정리
		제 충당금 계산 완료	대손충당금
			퇴직급여충당부채
			감가상각누계액
			위 사항들의 기초자료 계상명세서 작성
		장부 1차 마감, 계정명세서 작성	장부 1차 마감 후 결산 정리사항 수정 분개표 작성
			장부 마감 후 시산표 작성
			계정잔액명세표 작성
		원부자재·제품수불 마감, 노무비·경비 확정	제품, 상품 수불 마감
			재공품 평가 확정
			원부자재, 저장품, 기초자재 수불 마감
			노무비, 경비집계표 및 배부표 확정

월	일	주요사항	내용
		결산위원회	정리분개 전표 발행
		의결 사항 하달	장부 마감
			시산표 확정(수정 후 시산표)
		공장방문	재고자산 수불 확정
		원가계산	재료비, 노무비, 경비, 제품 배부

결산보고서 작성

모든 결산이 끝나면 재무상태표, (포괄)손익계산서, 현금흐름표, 자본변동표, 주석 등 결산재무제표를 작성한 후 감사 및 주주총회에 보고해야 한다.

월	일	주요사항	내용
		결산 완료	계산서류 작성, 부속명세서 작성, 재무제표 작성
		재무제표 임원회의 상정 (미 감사 재무제표)	재무제표 임원회의 상정
		회계감사 실시	결산서류는 감사받고 최종 확정된다(내부감사).
			공인회계사 감사(외부감사)
		감사보고서 수령	회계법인 감사 결산서류 정비·보관
		주주총회 소집통지서 등 주주총회 자료 인쇄 발주	표시 형식의 재편성이 필요한 경우 소집통지서, 주주총회자료의 은행 제출용, 세무서 제출용, 사내용 작성
		주주총회 통지서 발송	
		주주총회	회의장 준비 및 의사진행 준비

월	일	주요사항	내용
		재무상태표 공고	신문 공고
		세무조정 확정신고 및 법인	세무조정계산서
		세 납부 완료	생산수율신고서

연말결산 시 준비해 두어야 할 서류

- 현금출납장, 어음발행 대장 사본
- 12월 31일 현재 재고자산명세서(품목, 수량, 금액)
- 12월 31일 현재 외상매출금, 받을어음, 미수금, 단기대여금 명세서
- 12월 31일 현재 외상매입금, 지급어음, 미지급금, 은행차입금명세서
- 당해 연도 은행에서 받은 이자(원천징수) 명세서
- 당해 연도 증빙서류 중 누락분 체크(전기료, 수도료, 신문 대금, 임차료 등 정기적인 지출금 등)

가. 외상매출금, 받을어음 등의 부도 내역을 확인하고, 사본 준비(당해 연도 중에 상대 거래처의 부도 등)

나. 연구소를 등록한 업체는 연구소 등록 서류 사본

다. 국가로부터 지원을 받은 보조금이 있었는지 확인(특히 고용노동부 등의 보조금이나 손실보상금 등 수령시)

라. 특허권, 상품권, 실용신안권 등을 취득한 것이 있는지 확인

- 당해 연도 중 임대차계약 변동 시 임대차계약서 사본
- 직원 퇴직금 명목으로 퇴직보험에 가입한 내용이 있는지 확인

1. 법인의 결산 추가 준비서류
- 법인등기부등본 1부
- 토지대장 1부(법인명의 토지), 건축물대장 1부(법인명의 건물)

- 당해 연도에 주주나 자본금 변동이 있었는지 확인(증자, 감자, 주주변동 등)
- 법인명의 통장 전체 사본(대출금, 정기예금, 정기적금, 보통예금 통장)
- 당해 연도 중 개설해서 당해 연도에 말소된 통장 및 보험해지증서
- 법인명의 대출금 잔액명세서(은행 차입금, 보험사 등 기타 차입금)

2. 개인사업자의 결산 추가 준비서류
- 주민등록등본, 호적등본(부양자가 별도 주민등록시), 장애인증명서
- 대출금 잔액명세서(은행차입금, 보험사 등 기타 모든 차입금), 이자 내역(대출) 할부금 내역
- 국민연금 납입내역, 개인연금, 연금저축, 기부금 등

모든 지출 중 3만원 초과분에 대해서 반드시 세금계산서, 계산서, 현금영수증, 신용카드 매출전표 등 법정지출증빙 서류가 있어야 한다.

---

③ 결산 시 정리해야 할 사항

회계기간 중에 발생한 거래를 기록한 원장의 각 계정잔액, 즉 잔액시산표 상의 금액은 결산 시점의 현재액을 정확히 표시하고 있다고 볼 수 없다.

예를 들어 정확한 자산의 조사와 측정, 아직 지출되지 않은 비용의 계상, 미리 받은 수입금 및 아직 받지 못한 수입금의 계상, 미리 지출한 비용의 정리, 채권·채무의 확정, 각종 충당금의 설정, 감가상각 등과 같은 항목을 기왕에 작성된 장부에서 수정하지 않고 재무상태표와 (포괄) 손익계산서를 작성하면 회사의 정확한 재무상태와 경영성과를 파악할 수 없다.

따라서 결산할 때 원장의 각 계정 잔액을 수정하는 것은 필수적인 절차

라고 할 수 있는데, 이러한 수정 절차를 결산 정리라고 한다.

그리고 결산 정리를 위한 분개를 정리 분개 또는 수정분개라고 하며, 이 분개를 총계정원장에 전기하는 것을 정리기입 또는 수정기입이라고 한다.

결산 정리사항은 매년 결산 월에 임시계정을 정리하고 원가명세서, 재무상태표, (포괄)손익계산서, 자본변동표, 현금흐름표, 주석 등에 이르기까지 완벽한 재무제표를 만드는 절차 중의 하나이다.

결산 정리는 다양한 정리가 필요하다.

· 기말원가 조사, 매출원가로 계상한다.
· 단기매매증권이 있으면 현재가로 평가한다.
· 매출채권의 대손충당금을 설정한다.
· 유형자산의 감가상각, 무형자산의 감모상각
· 현금과부족 계정을 정리한다.
· 소모품의 미사용액을 계상한다.
· 인출금을 정리한다.
· 가수금과 가지급금을 정리한다.
· 선수수익과 선급비용을 정리한다.
· 미수수익과 미지급비용의 정리가 필요하다.

이렇게 결산 정리사항은 12월 31일 자로 대체전표로 정리한다.

구 분	내 용
현금과부족 정리	● 현금 실사 후 현금과부족 원인 규명 처리
상품 등 재고자산평가	● 재고조사표 등을 통해 재고조사 및 평가
	● 재고 실사 및 감모손실 확인
	● 공정가치로 평가

구 분		내 용
당좌예금		• 은행잔액증명서 확인
		• 은행계정조정표 작성 및 수정분개 여부
제예금의 이자수익 등		• 요구불예금 현금합산
		• 금융상품의 초단기 · 단기 · 장기 구분
		• 사용 제한 여부 확인
		• 미수이자 계상
유가증권평가(단기매매증권, 매매가능증권, 만기보유증권 등)		• 보유목적 변경 여부 확인
		• 공정가액평가
		• 감액손실 검토
매출채권 및 매입채무		• 기말채권 조회(채권 · 채무확인서)
		• 장기성매출채권(현재가치 평가) 확인
		• 대손충당금 설정
각종 충당금 (대손충당금과 퇴직급여충당부채)		• 결산일 현재 적립해야 할 총액으로 하며, 기존의 기준 또는 절차를 변경해서는 안 된다.
퇴직급여충당부채 설정		• 필요한 퇴직금추계액과 충당금 잔액 확인
		• 당기분 계산의 적정성
기타의 충당부채		• 기타 충당부채 설정의 필요성 및 적정성 여부 확인
손익사항	미경과수익(선수수익)	• 선수이자 등
	미경과비용(선급비용)	• 선급비용 등
	미수수익	• 연체료미수금
	미지급비용	
불확정 채권 · 채무	가수금, 가지급금	• 불확정 채권 · 채무는 구속, 귀책 사유가 확정되지 않는 한 계상하지 않는다.
유형자산 감가상각 및 무형자산 감모상각		• 자본적 지출의 적정성 여부 검토
		• 감가상각

구 분	내 용
	● 감액손실 검토
차입금 이자비용	● 유동성장기부채 대체 여부
	● 미지급이자 계상
사채상각	● 사채이자의 미지급액 계상
	● 사채발행차금의 적정한 상각 여부
수익	● 매출수익의 실현 여부 확인
	● 특수매매의 수익 인식의 적정성 확인
	● 미수수익/선수수익의 계상
비용	● 미지급법인세의 계상
	● 이연법인세 계상액 확인
	● 미지급비용/선급비용 계상

4 재고조사표의 작성과 재고자산의 평가

재고조사표의 작성

재고조사표란 재고자산에 관한 장부 기록과 그 실제 재고상태를 일치시키기 위해서 그 수량, 품질 등을 실제로 조사하고 그 가격을 적당하게 측정, 수정하는 문서를 말한다. 즉, 자산, 부채, 자본, 수익, 비용의 모든 항목에 대해서 결산에 필요한 정리사항을 모은 것이다.

· 실제로 창고나 상점 내에 있는 상품이나 제품의 상태 확인 또는 수량 파악, 파손, 감모, 도난 등으로 감소된 것이 없는가를 확인하는 작업이다.

· 결산기에 행하는 재고조사는 재고자산 가액을 정확히 평가해서 이를 재무상태표에 계상하고, 매출원가를 계산해서 이를 (포괄)손익계산서에 계상하기 위해서 실시한다.

재고자산의 측정

매출원가를 계산하기 위해서는 기말재고액을 알아야 한다. 이때 기말재고액은 재고수량에 단가를 곱해서 계산하는데, 기중에 이 단가는 변동되기 때문에 어떤 단가를 적용할 것인지의 문제가 발생하게 된다. 이같이 단가를 결정하는 것을 재고자산의 측정이라고 한다.

매출원가 = 기초재고금액 + 당기매입액 - 기말재고금액

기말재고금액 =

기말재고수량(재고수량 파악방법) × 단위당 원가(원가흐름의 가정)

구 분		내 용
원가법	개별법	개별법이란 개개의 상품 또는 제품에 대해서 개별적인 원가를 부여하는 방법을 말한다. 즉, 갑이라는 상품을 1월 1일 100원에 구입하고, 동일한 상품을 1월 1일 200원에 구입했다고 가정하면 두 상품에 대한 원가를 평균해서 150원으로 한다거나 다른 가격으로 정하지 않고 두 상품의 원가를 각각 100원과 200원으로 정해서 적용하는 방법(본래의 가격대로, 실물 흐름에 따른 단가 결정 방법)을 말한다.
	선입선출법	선입선출법은 품목이 같은 것은 먼저 취득한 것부터 먼저 처분한다는 가정 하에 계산하는 방법이다. 따라서 먼저 입고된 재고자산의 순서로 매출원가가 계산되고, 가장 나중에 입고된 재고자산이 기말재고자산으로 남는다.
	총평균법	총평균법은 「기초원가 + 당기매입원가」를 「기초재고수량 + 당기매입수량」으로 나누어 계산하는 방법으로 이는 실제재고조사법에서만 사용할 수 있다.

구 분		내 용
원가법		1. 단위당 평균원가 = $\dfrac{\text{기초재고원가 + 당기매입원가}}{\text{기초재고수량 + 당기매입수량}}$ 2. 기말재고원가 = 단위당 평균원가 × 기말재고수량 3. 매출원가 = 단위당 평균원가 × 매출수량
	이동평균법	이동평균법은 재고자산을 취득할 때마다 취득가액과 재고액(당기 보유액)의 합계액을 취득수량과 재고수량의 합계액으로 나누어 단위당 원가를 계산하는 방법으로 계속기록법에서 주로 사용된다.
	후입선출법	후입선출법은 품목이 같은 것은 나중에 취득한 것부터 먼저 처분한다는 가정하에 계산하는 방법이다. 따라서 가장 오래된 매입가격으로 기말재고자산을 평가하고, 매출원가의 산정에는 가장 최근의 매입가격이 적용된다. 기업이 후입선출법을 사용하는 주된 목적은 일반적으로 물가가 상승하고 재고수량이 증가할 경우 법인세를 적게 부담하기 위해서이다(국제회계기준에서는 불인정).
저가법		저가법은 취득원가와 순실현가능가치를 비교해서 그 가운데 낮은 가액으로 평가하는 방법이다. 여기서 순실현가능가치는 추정판매 가액에서 판매 시까지 정상적으로 발생하는 추정비용을 차감한 가액이다. 저가법에서는 재고자산의 순실현가능가치가 취득원가 이하로 하락하는 경우 재고자산평가손실을 인정함으로써 취득원가주의의 결점을 보완하려는 보수주의적 사고(보수주의의 대표적인 사례)가 내포되어 있다. 다만, 이 방법은 순실현가능가치가 하락할 경우는 평가손실을 인식하지만 순실현가능가치가 회복되는 경우는 평가이익을 인식하지 않기 때문에 일관성이 없다.

■ 계속기록법

계속기록법은 재고자산의 입고 및 출고상황을 계속적으로 장부에 기록해서 그 기록된 내용에 의해 일정 시점의 재고자산을 파악하는 방법이다. 그때그때 장부상 재고가 파악되어서 통제에 필요한 적시성이 있는 정보를 제공할 수 있는 이점이 있으나, 작업이 번거롭다는 것이 단점으로 지적되고 있다.

상품을 판매할 때마다 매출원가를 기록하기 때문에 결산정리분개가 불필요하다.

상품매출원가 = 기초 상품재고액 + 당기 상품매입액 - 기말 상품재고액
- 상품이 들어오고, 판매될 때만 기록
- 상품이 들어올 때 들어온 금액을 기록한다.
- 상품이 판매될 때 판매된 금액을 기록한다.

그러면 창고에 남아 있는 금액 = 들어온 금액 - 판매된 금액

🌀 분개 사례 ···

기초에 3,000원의 재고가 있고 10,000원의 상품을 매입했으며 원가 11,000원의 상품을 15,000원에 매출하고, 기말에 2,000원의 재고가 남아 있다.

❶ 구입시

재고자산	10,000	/ 현금	10,000

❷ 판매시

현금	15,000	/ 매출	15,000
매출원가	11,000	재고자산	11,000

계속기록법에서는 실지재고조사법과 달리 매입계정을 사용하지 않고 바로 재고자산을 수정해 준다. 또한, 매출 시에도 매출원가를 계상하고 재고자산을 수정해주기 때문에 기말에 매출원가를 구하거나 재고자산을 수정해주는 별도의 분개가 필요 없다

■ 실지재고조사법

실지재고조사법은 기말 또는 일정한 기간마다 실제재고상품을 종류별로 재고조사를 해서 보관 중의 손실, 즉 수량 부족이나 품질 저하 등을 파악해서 정상적인 재고량을 파악하는 방법이다. 기말에 실질적으로 남아 있는 수량이 재고량이 되며, 수량부족 등은 손실로 파악되는 것이다. 상품을 판매할 때 매출액만 기록하므로 결산 시점에서 매출원가와 기말 상품평가를 위한 결산정리분개가 필요하다.

- 상품이 들어올 때만 기록, 회기에 창고에서 상품수를 파악
- 창고에 가서 남아 있는 상품의 수량을 측정한다.
- 구입 시에만 매입 수량을 기록하고 판매 시에는 기록하지 않는다.
- 판매된 금액 = 구입한 금액 - 남아 있는 금액

🔵 분개 사례 ···

기초에 3,000원의 재고가 있고 10,000원의 상품을 매입했으며, 원가 11,000원의 상품을 15,000원에 매출하고, 기말에 2,000원의 재고가 남아 있다.

❶ 구입시

| 매입 | 10,000 | / | 현금 | 10,000 |

❷ 판매시

| 현금 | 15,000 | / | 매출 | 15,000 |

❸ 기말수정분개 시

기말재고자산	2,000	/	기초재고자산	3,000
매출원가	11,000		매입	10,000

실지재고조사법에서는 구입 시에는 매입계정을 사용하며, 별도로 재고자산을 수정하지 않는다. (포괄)손익계산서 상에는 매출원가의 형태로 나타나야 하므로 기말에 매입계정을 매출원가 계정으로 대체하는 수정분개가 필요하다.

■ 재고자산감모차손 및 재고자산평가손실의 정리

계속기록법으로 산정한 기말 재고수량은 장부상 수량이므로, 실제 창고에 보관된 재고 수량과는 다르다. 즉, 상품은 보관 중에 도난, 분실, 파손, 증발 등의 원인에 의해서 장부상의 재고액과 실제재고액이 일치하지 않는 경우가 있다. 이때 정상적인 발생 부분은 매출원가에 반영해 주고 비정상적으로 발생한 부분은 재고자산감모차손으로 처리해서 상품 재고액을 감소시켜야 한다.

또한 상품의 시가가 취득원가보다 낮을 때는 취득원가와 시가와의 차액을 재고자산평가손실로 처리해서 상품 재고액을 감소시켜야 한다.

예를 들어 마트에서 만두 100봉지를 팔면서 시식 코너에서 시식용으로 2봉지를 제공하는 경우 이것이 정상 발생한 부분이다.

이 2봉지의 만두는 나머지 98개의 만두를 판매하기 위해서 시식용으로 제공한 것이다.

그래서 2봉지의 판매금액은 98봉지의 만두 원가에 분산해 줘야 한다.

그러나 보관상 실수로 유통기한이 지나 2봉지를 못 쓰게 되었을 경우 이것이 비정상적으로 발생한 부분이고, 이것을 감모차손으로 반영한다.

• 상품재고액 > 실제재고액

매출원가	900	/	재고자산	1,000
재고자산감모차손	100			

* 취득원가(1,000원) > 시가(900원)

재고자산평가손실	100	/	재고자산평가충당금	100

5 현금 및 예금계정의 결산 정리

현금계정의 결산 정리

경리의 핵심은 '잔액 맞추기'라고 해도 과언이 아니다.

현금출납부 상의 잔액이 실제 현금 잔액과 일치해야 하는 것은 말할 것도 없고, 통장, 카드, 어음장 등 모든 입·출금 장부의 잔액은 실제 시재와 완전히 일치해야 한다.

회계기간 중 현금의 실제 잔액이 장부상 금액과 차이가 발생한 경우 이를 먼저 현금과부족계정에 기록해서 현금계정과 시재액을 일치시키고, 조사 결과 현금과부족의 원인이 밝혀지면 해당 계정에 대체해야 하나, 결산일까지도 그 원인이 밝혀지지 않을 경우는 부족액은 잡손실 계정에, 과잉액은 잡이익 계정에 대체해 현금과부족계정을 소멸시킨다.

거래처원장에서의 기록 역시 거래입력의 핵심은 '잔액 맞추기'이다. 거래처원장에서의 최종 잔액은 해당 거래처에서 받거나 주어야 할 외상미수, 미지급 잔액을 뜻한다.

현금과잉(장부 < 실제)		현금부족(장부 > 실제)	
❶ 현금과잉액 발견 :		❶ 현금부족액 발견 :	
현 금 XXX / 현금과부족 XXX		현금과부족 XXX / 현 금 XXX	

현금과잉(장부 < 실제)	현금부족(장부 > 실제)
❷ 원인규명 :	❷ 원인규명 :
현금과부족 XXX / 해당원인계정 XXX	해당원인계정 XXX / 현금과부족 XXX
❸ 결산 시까지 원인 불 규명 :	❸ 결산 시까지 원인 불 규명 :
현금과부족 XXX / 잡이익　　　 XXX	잡손실　　 XXX / 현금과부족 XXX

예금계정의 결산 정리

당좌예금 계정의 회사 측 잔액과 은행 측 잔액의 일치 여부를 확인한다. 당좌예금잔액조회서를 청구해서 회사 측 장부와 대조해 불일치 원인을 파악한다.

회사 측의 장부상 잔액과 은행 측 잔액이 오류가 없어도 일치하지 않는 경우가 종종 발생하는 데 이 경우에는 수표발행 후 수취인에게 인도되지 않은 것이 있는지, 미 추심 수표가 있는지, 은행 마감 후 입금된 것이 없는 지 확인한 후 수시로 은행과 회사 간의 잔액을 확인해야 한다.

· 미인도수표는 미인도현금과 같이 부외수표가 되는 것이므로 결산 시에는 당좌예금 계정에 환입 처리해서 세무상 오해를 받지 않도록 한다.

· 추심 의뢰 수표에 대해서 은행측 교환이 미완료된 경우 부도 될 확률이 있으므로 유의한다.

당좌차월이자가 있는 경우 이를 이자비용으로 처리한다.

그리고 예금이자 미수액이 있는 경우에는 기간이자를 계산해서 이자수익을 미수수익으로 처리한다.

이자비용 미지급액	이자수익 미수취액
이자비용　　 XXX / 미지급비용　 XXX	미수수익　　 XXX / 이자수익　　 XXX

예금관련 결산 체크포인트

❶ 은행 잔액조회서를 통해 회사 측 잔액과 은행 측 잔액의 일치여부를 확인한다.

❷ 이자수익의 계상누락이 있는지 검토하며, 이자수익에 대한 원천징수액을 선납세금으로 적절히 반영한다.

❸ 단기예금의 만기일에 대해서 예금기입장 등을 대조, 확인한다.

❹ 이자수익의 미계상액의 회계처리는 정확히 되었는가?

❺ 은행별, 예금 종류별 장부의 잔액합계와 시산표 또는 일계표, 월계표의 계정 잔액은 일치하는가?(예금기입장, 은행조회서, 은행계정조정표 등)

❻ 단기예금의 만기일이 1년을 초과하는 경우 장기예금으로 대체를 하였는가?

---

6 유가증권(단기매매증권 등)의 결산정리

보유하고 있는 유가증권은 가격변동에 따라 결산 기말 장부가액과 시장가액이 일치하지 않는 것이 보통이다. 시장성 있는 일시 소유의 유가증권으로서 취득원가와 공정가액이 다른 경우 공정가액에 따라 평가해서 장부가액을 조정해야 한다.

구 분		후속측정	
		평가방법	평가손익 처리
지분증권	단기매매지분증권	공정가치법	당기손익 인식 (공정가치 - 장부가액)
	매도가능 지분증권 공정가치를 아는 경우	공정가치법	기타포괄손익누계액
	공정가치를 모르는 경우	원가법	해당 사항 없음

구 분		후속측정	
		평가방법	평가손익 처리
만기보유증권		상각후원가로 평가	유효이자율법에 따른 이자수익 인식
채무증권	단기매매채무증권	공정가치법	당기손익
	매도가능채무증권	상각후원가법 + 공정가치법	기타포괄손익누계액
	만기보유채무증권	상각후원가법	해당 사항 없음
대여금 및 수취채권		상각후원가로 평가	유효이자율법에 따른 이자수익 인식

단기매매증권의 평가

상승 시의 회계처리(공정가액 > 취득원가)	하락 시의 회계처리(공정가액 < 취득원가)
단기매매증권 XXX / 　　　　단기매매증권평가이익 XXX	단기매매증권평가손실 XXX / 　　　　단기매매증권 XXX

❶ 10월 15일 (주)이지주식을 주당 2만 원(액면가 1만 원)에 50주를 단기 보유목적으로 현금 취득하였다.

단기매매증권　　　　　　　1,000,000　/　현금　　　　　　　　　　1,000,000

🔑 취득원가 = 공정가액, 거래수수료 등 취득부대비용은 당기 비용처리, 취득단가는 개별법, 평균법, 이동평균법 또는 기타 합리적인 방법을 사용해서 종목별로 적용한다.

❷ 12월 31일 (주)이지주식 공정가액 105만 원

단기매매증권　　　　　　　　50,000　/　단기매매증권평가이익　　　50,000

🔑 재무상태표일 현재의 공정가액과 장부가액을 비교해서 차액을 단기매매증권평가손익 계정으로 당기손익에 반영한다.

가. 장부가액 > 공정가액

| 단기매매증권평가손실 | ××× | / | 단기매매증권 | ××× |

나. 장부가액 < 공정가액

| 단기매매증권 | ××× | / | 단기매매증권평가이익 | ××× |

❸ 5월 30일 (주)이지주식 배당금 수입 5만원

| 현금 | 50,000 | / | 배당금수익 | 50,000 |

㊐ 주식의 경우 현금배당금 수령 시 배당금수익을 금융수익으로 인식한다. 채권 등에 대해서 이자를 받았을 경우는 이자수익 계정 대변에 기장한다.

❹ 6월 30일 (주)이지주식 102만 원에 처분하고 수수료 3천 원을 제외하고 현금으로 받았다.

| 현금 | 1,017,000 | / | 단기매매증권 | 1,050,000 |
| 단기매매증권처분손실 | 33,000 | | | |

㊐ 처분금액과 장부가액의 차액을 단기매매증권처분손익으로 해서 당기손익에 반영한다.

㊐ 단기매매증권 처분 시 지급하는 수수료 등의 비용은 단기매매증권처분이익(손실)에 그대로 반영한다.

만기보유증권의 평가

만기보유증권으로 분류되는 채무증권은 상각후원가로 재무상태표에 표시한다. 즉, 유효이자율을 이용해서 취득원가와 만기 액면 가액의 차이를 상환기간에 걸쳐 상각하고 취득원가와 이자수익에 가감한다.

| 현금 | XXX | / | 이자수익 | XXX |
| | | | 만기보유증권 | XXX |

매도가능증권의 평가

기말 공정가치 > 평가직전 장부가액	기말 공정가치 < 평가직전 장부가액
매도가능증권 / 매도가능증권평가손실 XXX XXX 매도가능증권평가이익 XXX	매도가능증권평가이익 / 매도가능증권 XXX XXX 매도가능증권평가손실 XXX

🌀 분개 사례

비금융회사로서 12월 결산법인인 (주)이지는 상장법인인 (주)경리의 주식을 0.2% 취득해서 처분하였는바 그 내역은 다음과 같다. (주)이지는 (주)경리의 주식을 투자목적으로 취득하였다.

구 분	내 역	1주당 공정가치	금 액
2020년 4월 20일 취득	200,000주	@1,000	200,000,000
2020년 12월 31일 평가	증가	@1,100	220,000,000
2021년 3월 25일 현금배당	-	@150	30,000,000
2021년 12월 31일 평가	증가	@900	180,000,000
2022년 12월 31일 평가	증가	@1,200	240,000,000
2023년 10월 20일 양도	200,000주	@1,150	230,000,000

(주)이지는 지급이자가 없는 것으로 가정한다.

❶ 2020년 4월 20일 취득시

매도가능증권	200,000,000	/	현금	200,000,000

❷ 2020년 12월 31일 평가시

매도가능증권	20,000,000	/	매도가능증권평가이익	20,000,000

❸ 2021년 3월 25일 현금배당 시

현금	30,000,000	/	배당금수익	30,000,000

❹ 2021년 12월 31일 평가 시

매도가능증권평가이익	20,000,000	/	매도가능증권	40,000,000
매도가능증권평가손실	20,000,000			

❺ 2022년 12월 31일 평가 시

매도가능증권	60,000,000	/	매도가능증권평가손실	20,000,000
			매도가능증권평가이익	40,000,000

❻ 2023년 10월 20일 양도 시

현금	230,000,000	/	매도가능증권	240,000,000
매도가능증권평가이익	40,000,000		매도가능증권처분이익	30,000,000

7 | 매출채권 등의 대손충당금 설정

채권채무조회서

채권채무조회서는 회사가 상대방이 보유한 채권과 채무에 대해서 거래 상대방에 확인을 요청하는 작업이다. 회계감사를 위한 방법 중 하나이다.

회사의 대표적인 채권·채무는 외상매출금과 외상매입금이다. 외상매출금과 외상매입금은 거래가 빈번하고 기록이나 거래상의 오류가 생길 소지가 크며, 쌍방 간에 매출 인식기준의 차이 등으로 인해 채권·채무 금액이 서로 차이가 발생하는 경우가 많다.

따라서 결산기에 상대방에게 잔액조회확인서를 우편으로 발송해서 채권·채무의 잔액을 확인하는 절차가 필요하다.

잔액 확인서에 의해 차액이 발견되면 그 이유를 조사해서 차액 조정표를 작성해 둘 필요가 있다. 이는 채권·채무의 잔액을 바로잡는데, 그치지 않고 잘못된 원인을 분석해서 앞으로의 잘못을 예방하는 데 목적이 있다.

대손충당금의 설정

외상매출금이나 받을어음 같은 매출채권은 거래처의 파산, 폐업, 행방불명 등으로 그 회수가 불가능하게 되는 경우가 있는데 이를 대손이라고 한다.

첫째, 기업은 외상매출금 중에서 몇 %는 회수되지 않음을 과거의 경험에 의해서 알 수 있다. 따라서 기말 외상매출금 계정 잔액 중 미래에 예상되는 대손액을 추산한다.

둘째, 추산된 대손액을 (포괄)손익계산서의 대손상각비라는 비용계정으로 처리하고, 재무상태표의 외상매출금을 감액시켜 기재한다.

셋째, 추산액은 확정된 금액이 아니므로 외상매출금에서 직접 차감하지 않고 외상매출금 계정의 부속 계정인 대손충당금 계정을 설정해서 외상매출금 계정에서 차감하는 형식으로 기재한다.

세법에서는 대손추산의 자의성을 배제하기 위해서 기말의 매출채권, 부가가치세 매출세액 미수금, 정상적인 영업과 관련된 선급금·미수금, 수익과 직접 관련된 대여금의 합계액에 대해서 1%에 상당하는 금액과 채권 잔액에 대손 실적률을 곱해서 계산한 금액 중 큰 금액을 한도로 대손충당금을 손금(또는 필요경비)으로 인정한다.

구 분	회계처리
설 정 시	대손상각비　　　×××　　/　　대손충당금　　×××
결 산 시	1. 회수불능채권 ❶ 대손액 < 대손충당금 잔액 대손충당금　　　×××　　/　　매출채권　　　×××

구 분	회계처리
결 산 시	❷ 대손액 > 대손충당금 잔액
	대손충당금　　　×××　　/　　매출채권　　　××× 대손상각비　　　×××
	2. 대손추산액
	❶ 대손추산액 > 대손충당금 잔액
	대손상각비　　　×××　　/　　대손충당금　　　×××
	❷ 대손액 < 대손충당금 잔액
	대손충당금　　　×××　　/　　대손충당금환입　　×××
대 손 시	1. 대손액 < 대손충당금 잔액
	대손충당금　　　×××　　/　　매출채권　　　×××
	2. 대손액 > 대손충당금 잔액
	대손충당금　　　×××　　/　　매출채권　　　××× 대손상각비　　　×××
상각채권회수시	매출채권　　　×××　　/　　대손충당금　　　××× 현금　　　　　×××　　　　매출채권　　　×××

8 퇴직급여충당부채의 설정

퇴직금은 종업원이 퇴직할 때까지 실제로 지급되는 금액은 아니지만, 종업원의 근속연수를 기준으로 계산되기 때문에 매년 그 금액이 증액된다. 회사입장에서는 매년 퇴직금으로 지급해야 할 부채가 늘어나는 셈이다. 이렇게 발생한 부채 상당액(퇴직금추계액)을 매년 설정하는 것을 퇴직급여충당부채라고 한다. 퇴직금추계액은 전직원이 퇴사하는 경우(K- IFRS

: 보험수리적 방법으로 측정) 지급해야 하는 총퇴직금을 의미하는 것으로 적절한 산정을 통해 충당부채를 설정한다. 결산시 퇴직금추계액(또는 보험수리적 방법에 의한 금액)과 장부상 퇴직급여충당부채 잔액을 비교해서 차액을 추가로 설정한다.

🔖 분개 사례 ··

1. (주)이지는 회계연도 말 퇴직금추계액 200만 원에 대해서 충당부채를 설정하였다.
2. (주)이지는 영업부 직원 이운임씨의 퇴직으로 퇴직금 400만 원을 지급하였다. 단, 퇴직급여충당부채 200만 원이 설정되어 있었다(퇴직소득세 5만원 가정).
3. 국민연금법에 의하면 근속기간 중 사용자가 부담한 퇴직금전환금은 사용자가 근로자에게 지급할 퇴직금 중 해당 금액을 미리 지급한 것이다. 따라서 이를 퇴직금에서 차감하도록 하고 있다.
위의 예에서 퇴직금전환금이 10만 원이 있는 경우

···

1. 퇴직급여충당부채의 설정시 분개 사례

퇴직급여	2,000,000	/	퇴직급여충당부채	2,000,000

2. 퇴직금 지급 시 분개 사례

퇴직급여충당부채	2,000,000	/	현금	3,950,000
퇴직급여	2,000,000		퇴직급여예수금	50,000

🔟 연도 중에 퇴직자에 대해 퇴직금을 지급하지 않은 경우 미지급퇴직금으로 처리한다.

3. 퇴직금전환금(국민연금전환금)의 분개 사례

퇴직급여충당부채	2,000,000	/	현금	3,850,000
퇴직급여	2,000,000		퇴직금전환금	100,000
			퇴직급여예수금	50,000

9 유형자산의 감가상각과 무형자산의 감모상각

유형자산의 감가상각

영업활동에 사용되는 유형자산 중에서 토지 및 건설중인자산을 제외한 건물, 기계장치, 비품, 차량운반구 등은 시간의 경과나 매 년도 사용에 따른 비용을 수명 기간에 걸쳐 조금씩 유형자산의 가액을 감소시켜야 한다. 이를 감가상각이라고 하며, 유형자산의 매 년도 가치감소에 따른 비용을 감가상각비라고 한다. 또한, 감가상각비의 상대편 계정과목은 감가상각누계액을 사용한다(예 : 감가상각비/감가상각누계액).

기중 취득자산은 월할상각한다. 예를 들어 10월 1일 취득자산의 경우 1년 치 감가상각비 중 10월~12월의 3개월분만 감가상각비로 처리한다.

무형자산의 감모상각

무형자산은 기업의 영업활동에 효익을 제공하는 자산이므로 영업활동에 사용됨에 따라 가치의 감소가 이루어진다. 따라서 무형자산 역시 합리적인 기간에 걸쳐 상각으로 비용처리 해야 한다. 무형자산의 상각액은 비용으로 (포괄)손익계산서에 기록하며, 상대편 계정과목으로 재무상태표에 동 금액만큼을 직접 차감해서 기록한다.

특허권상각비		XXX / 특허권		XXX

10 수익 및 비용의 결산정리

미지급비용(비용의 예상)

미지급비용은 비용이 발생하였으나 결산 시점일 현재까지 현금 지급이 이루어지지 않은 경우이다. 따라서 (포괄)손익계산서 차변에 발생한 비용(이자비용 가정)을 기록하고, 재무상태표에는 미지급비용이라는 부채를 기록한다(결산 시점에 아직 지급하지 않은 이자).

🔵 분개 사례 ···

1. 6월 1일 사무실 임차료 4개월분 160,000원을 미리 현금으로 지급하다.
2. 12월 31일 기말 결산 시 당기분 임차료 미지급액 120,000원을 계상하다.
3. 12월 31일 기말결산 시 당기분 임차료 280,000원을 손익계정에 대체하다.
4. 익년 1월 1일 미지급 임차료 120,000원을 지급했다.

···

임차료	160,000	/	현금	160,000
임차료	120,000	/	미지급비용	120,000
손익	280,000	/	임차료	280,000
미지급비용	120,000	/	현금	120,000

미수수익(수익의 예상)

미수수익은 수익이 발생하였으나 결산 시점일 현재까지 현금수입이 이루어지지 않은 경우이다.

따라서 (포괄)손익계산서 대변에 발생한 수익(이자수익 가정)을 기록하고, 재무상태표에는 미수수익이라는 자산을 기록한다. (결산시점에 아직 받지 않은 이자)

1. 7월 1일 대여금에 대해서 4개월분의 이자 240,000원을 현금으로 받다.
2. 12월 31일 결산 시 2개월분의 이자 미수액 120,000원을 계상하다.
3. 12월 31일 결산 시 당기분 이자 360,000원을 손익계정에 대체하다.
4. 익년 1월 1일 미수이자 120,000원을 받았다.

현금	240,000	/	이자수익	240,000
미수수익	120,000	/	이자수익	120,000
이자수익	360,000	/	손익	360,000
현금	120,000	/	미수수익	120,000

선급비용(비용의 이연)

선급비용은 이미 지급한 비용 중에서 내년 이후에 해당하는 비용 분까지 현금 지급이 먼저 이루어진 경우이다.

🎯 분개 사례 ···

1. 8월 1일 건물의 화재보험료 1년분 240,000원을 현금으로 지급하다.
2. 12월 31일 결산 시 보험료 선급분 140,000원을 계상하다.
3. 12월 31일 결산 시 보험료 당기분 100,000원을 손익계정에 대체하다.
4. 익년 1월 1일 선급보험료 140,000원을 보험료 계정에 재대체하다.

보험료	240,000	/	현금	240,000
선급비용	140,000	/	보험료	140,000
손익	100,000	/	보험료	100,000
보험료	140,000	/	선급비용	140,000

선수수익(수익의 이연)

선수수익은 이미 받은 수익 중에서 내년 이후에 해당하는 수익분까지 현금수입이 먼저 이루어진 경우이다.

🅰 분개 사례 ···

1. 6월 1일 사무실 임대료 1년분 240,000원을 현금으로 받다.
2. 12월 31일 결산 시 임대료 선수분 100,000원을 대체하다.
3. 12월 31일 결산 시 임대료 당기분 140,000원을 손익계정에 대체하다.
4. 익년 1월 1일 선수임대료 100,000원을 임대료 계정에 재대체하다.

···

현금	240,000	/	임대료	240,000
임대료	100,000	/	선수수익	100,000
임대료	140,000	/	손익	140,000
선수수익	100,000	/	임대료	100,000

11 │ 기타 결산 조정사항

미사용 소모품의 결산 정리

소모품 구입 시 자산으로 처리한 경우와 비용으로 처리한 경우 둘 다 미사용 소모품에 대한 정리 분개를 해야 한다.

▣ 소모품 구입 시 자산으로 처리한 경우의 분개

(구입 시)

소모품	XXX	/	현금	XXX

(결산수정분개)

소모품비	XXX	/	소모품(사용액)	XXX

■ 소모품 구입 시 비용으로 처리한 경우의 분개

(구입 시)

소모품비	XXX	/	현금	XXX

(수정분개)

소모품(미사용액)	XXX	/	소모품비	XXX

장기차입금(장기대여금) 계정의 결산 정리

장기차입금(장기대여금)을 조달한 후 시간이 경과 하면 지급기일이 1년
이내로 도래하게 되는 때에는 장기차입금(장기대여금)으로 회계처리 되었
던 계정과목을 유동부채(유동자산)인 단기차입금(단기대여금)으로 재분류
해야 한다.

단기차입금	XXX	/	장기차입금	XXX

인출금의 결산 정리

개인사업자의 인출금은 자본금과 동일한 성격으로 사업주가 개인적 사
용을 위해 별도 계정인 인출금을 설정해서 자본증감을 파악하고자 할
때 이용된다. 따라서 결산 시에는 인출금 계정의 잔액을 자본금계정으로
대체해야 한다.

| 인출금 | XXX | / | 자본금 | XXX |

12 계정의 마감

기말수정분개를 해서 정확한 계정 잔액들을 계산한 후에는 총계정원장의 계정들을 마감해 다음 회계기간의 거래 내역을 기록하기 위한 준비를 한다.

(포괄)손익계산서 계정의 마감

수익계정과 비용계정은 당기의 영업 성과를 나타내주는 것으로, 다음 기에 영업 성과를 파악할 때 영향을 미쳐서는 안 된다. 따라서 수익계정과 비용계정은 한 회계기간이 끝나면 잔액을 0(영)으로 만들어 다음 기의 손익계정은 0에서부터 출발하도록 해야 한다.

■ 수익계정의 마감

수익계정은 대변에 나타나므로 이를 마감해서 0(영)으로 만들기 위해서는 차변에 수익계정 잔액을 기록한다.

| 수익계정 | ×××| / | 집합손익 | ××× |

■ 비용계정의 마감

비용계정은 차변에 나타나므로 이를 마감해서 0(영)으로 만들기 위해서는 대변에 비용계정 잔액을 기록한다.

| 집합손익 | ××× | / | 비용계정 | ××× |

■ 집합손익계정의 마감

집합손익의 차변잔액(당기순이익)이나 대변 잔액(당기순손실)의 상대 계정에 동일 금액을 기록해서 집합손익계정의 잔액을 0(영)으로 만들고, 그 금액을 이익잉여금 계정에 대체한다.

❶ 당기순이익이 발생한 경우

집합손익 ××× / 이익잉여금 ×××

❷ 당기순손실이 발생한 경우

이익잉여금 ××× / 집합손익 ×××

재무상태표 계정의 마감

재무상태표 계정은 포괄손익계산서 계정의 마감과 달리 한 회계기간이 종료되어도 잔액이 0(영)으로 되는 것이 아니라 계속해서 잔액을 유지한다. 따라서 한 회계기간이 종료되면 자산, 부채, 자본 잔액을 다음 회계기간으로 넘겨(이월)야 한다.

구 분	해 설
차기이월	현재 회계기간을 기준으로 다음 회계기간으로 장부를 이월한다는 의미
전기이월	현재 회계기간을 기준으로 이전 회계기간에서 장부가 이월되었다는 의미
참고로 일일 단위로 장부를 이월시키는 경우 차일이월, 전일이월이라는 표현을, 월 단위로 장부를 이월시키는 경우 차월이월, 전월이월로 표현한다.	

🔲 자산계정의 마감

🔲 부채계정의 마감

🔲 자본계정의 마감

---

13 재무상태표와 포괄손익계산서 등 결산서의 작성

재무제표는 회사의 이해관계자에게 회사의 현재 재무 상태와 경영성과를 보여주기 위해 1년 단위로 작성하는 재무보고서라고 보면 된다.
재무제표의 종류는 국제회계기준과 일반기업회계기준에서는 재무상태표와 (포괄)손익계산서, 자본변동표, 현금흐름표, 주석 등이 있으며, 중소기업회계기준에서는 대차대조표, 손익계산서, 이익잉여금처분계산서 또는 결손금처리계산서, 주석 등이 있다.

중소기업회계기준	일반기업회계기준	K-IFRS
❶ 대차대조표	❶ 재무상태표	❶ 재무상태표
❷ 손익계산서	❷ 손익계산서	❷ 포괄손익계산서
❸ 이익잉여금처분계산서 또는 결손금처리계산서	❸ 현금흐름표	❸ 현금흐름표
	❹ 자본변동표	❹ 자본변동표
❹ 주석	❺ 주석	❺ 주석

(포괄)손익계산서

(포괄)손익계산서는 일정 기간의 경영성과를 이해관계자에게 제공하는 재무제표이다. 즉, 기업의 매출을 통한 수익과 이에 드는 비용에 대한 정보를 보여줌으로써 그에 따른 이익도 알 수 있게 해준다.

(포괄)손익계산서
(XXXX년 1월 1일부터 12월 31일까지)

수익	
매 출	6,060,000
비용	
급 여	500,000
접 대 비	70,000
당기순이익	5,490,000

재무상태표

재무상태는 일정 시점의 기업의 재무 상태 즉 기업이 영업활동을 위해 보유하고 있는 자산의 총규모와 보유하고 있는 자산의 종류 및 자산 취득을 위해 타인으로부터 빌린 자본의 규모와 소유주의 투자액 및 그

동안 발생한 이익의 규모와 그 보유 형태를 보여주는 보고서이다.

재무상태표

(XXXX년 12월 31일 현재)

자 산		부 채	
현 금	331,000	외 상 매 입 금	1,460,000
당 좌 예 금	550,000	단 기 차 입 금	1,200,000
상 품	5,250,000	부 가 세 예 수 금	606,000
외 상 매 출 금	2,300,000	자 본	
부 가 세 대 급 금	525,000	자 본 금	3,000,000
비 품	1,800,000	이 익 잉 여 금	5,490,000
임 차 보 증 금	1,000,000		
합 계	11,756,000	합 계	11,756,000

☑ 앞의 시산표 예를 이어서 재무상태표를 작성해 보면 차변의 금액과 대변의 금액이 일치하지 않는 것을 알 수 있는데, 이는 손익계산서의 당기순이익으로 이익잉여금을 구성한다. 따라서 재무상태표의 당기 이익잉여금과 손익계산서의 당기순이익 금액이 일치해야 한다.

자본변동표

자본변동표는 한 회계기간 동안 발생한 자본의 변동내용을 일목요연하게 표시하는 재무제표로서, 자본을 구성하는 자본금, 자본잉여금, 이익잉여금, 자본조정, 기타포괄손익누계액의 변동에 관한 포괄적인 정보를 제공한다.

· 자본의 기초잔액과 기말잔액을 모두 제시함으로써 두 회계기간의 재무상태를 연결할 수 있다.
· 자본의 변동내용을 보여줌으로써 포괄손익계산서와 현금흐름표에 나타난 정보와 연결할 수 있어서 정보이용자들이 재무제표 간의 관계를

명확히 파악할 수 있도록 한다.

- 재무상태표의 자본에 직접 가감되는 기타포괄손익 항목에 대한 정보를 표시함으로써 포괄적인 경영성과에 관한 정보를 제공한다.

자본변동표

20×3년 1월 1일 ~ 20×3년 12월 31일

회사명 (단위 : 원)

구 분	납입자본	이익잉여금	기타자본요소	총계
20×3년 1월 1일 현재 잔액	×××	×××	×××	×××
회계정책의 변경		×××		×××
재작성된 금액	×××	×××	×××	×××
20×3년 자본의 변동				
연차배당		(×××)		(×××)
기타이익잉여금 처분액		(×××)	×××	-
중간배당		(×××)		(×××)
유상증자	×××			×××
당기순이익		×××		×××
자기주식 취득			(×××)	(×××)
매도가능증권평가이익			×××	×××
재평가잉여금			×××	
재평가잉여금의 대체		×××	(×××)	×××
20×3년 12월 31일 현재 잔액	×××	×××	×××	×××

현금흐름표

현금흐름표는 기업의 현금유출 및 현금 유입 내역에 대한 정보를 제공하는 재무제표이다.

현금흐름의 변동을 현금주의에 따라 보고하는 명세서이다.

- (포괄)손익계산서상의 이익과 현금흐름표상의 현금흐름 정보를 동시에 이용하면 기업의 미래현금흐름 창출 능력을 예측하고 평가하는 데 유용하다.
- 기업이 일상적인 영업활동과 관련해 현금지출을 하고도 채무를 변제할 수 있는 능력, 주주에게 적정한 배당을 할 수 있는 배당지급 능력, 외부자금의 조달 필요성을 평가하는데 필요한 정보 등을 제공한다.
- 당기순이익과 현금 유입 및 유출 간에 차이가 나는 원인에 대한 정보를 제공해주므로 순이익의 질을 평가하는 데 유용하다.

▣ 현금흐름표상 현금의 범위

현금흐름표상 현금은 재무상태표상의 현금 및 현금성 자산이다.

▣ 현금흐름을 3가지 활동으로 구분

영업활동, 투자활동, 재무활동으로 구분해서 표시한다.

영업활동 현금흐름

기업의 경영에 필요한 현금을 외부로부터 조달하지 않고 매출 등 기업의 자체적인 영업활동으로부터 얼마나 창출했는지에 대한 정보를 제공한다. 영업활동 현금흐름은 크게 현금 유입과 현금유출로 구분된다.

일반적으로 (+)가 되어야 좋다. 만약 (−)일 경우 이것은 영업활동을 해서 회사의 현금자산이 늘어나질 않고 계속 줄어들고 있다는 신호로 해석된다. 원인은 계속 적자이거나 혹은 적자가 아니더라도 기술우위에 있지 못하거나 시장에서의 과당경쟁으로 인해 적정이윤을 확보하지 못하고 노마진, 역마진의 매출을 감행하는 등의 출혈경쟁을 하는 경우로 추정된다.

투자활동 현금흐름

미래 영업현금흐름을 창출할 자원(유·무형자산)의 확보(설비투자)와 처분에 관련된 현금흐름에 대한 정보를 제공한다. 즉, 회사의 설비투자나 여유자금의 운용 활동의 정도를 나타낸다. 기계나 시설투자를 많이 하는 회사는 투자활동으로 인한 현금흐름이 (−)일 것이고 이미 과거연도에 설비투자를 많이 한 경우는 투자활동으로 인한 현금흐름이 (−)폭이 줄어들거나 설비자산을 매각하는 경우는 (+)로 돌아설 수도 있다.

이 경우는 숫자의 부호에 의미를 두기는 좀 힘들지만, 이익이 많이 나서 현금이 많아지는 회사라면 설비투자에 자금을 재투자하는 경우의 (−)라면 긍정적일 것이다. 한편 몇 년간 영업현금흐름이 계속 (−)가 나는데도 투자현금흐름이 (−)라면 이 회사는 심각한 자금압박에 시달릴 것이다. 획기적인 아이템으로 신규사업에 투자한다면 모르겠지만 일반적으로는 부정적으로 볼 수밖에 없다. 갑자기 도산할 수도 있기 때문이다

재무활동 현금흐름

회사의 주주, 채권자 등이 회사의 미래현금흐름을 예측하는 데 유용한 정보로서, 영업활동 및 투자활동의 결과 창출된 잉여 현금흐름이 재무활

동에 어떻게 배분되었는지를 나타내 준다.

재무 현금흐름은 일반적으로 회사의 자금조달 및 운용을 보여주고 (+)라면 차입이나 증자 등을 많이 해서 자금조달을 한 것이다. 그리고 (-)라면 잉여현금으로 차입금 등을 상환한 경우이다.

하지만 이것은 부호로만 판단하기는 좀 어렵다. 이유는 IMF 이후에 많은 회사가 무차입 경영을 선포하고 있으므로 과거의 부채비율이 200%에서 1,000%까지도 되었던 회사들이 이익이 나면 차입금을 계속 상환하고 있기 때문이다.

그리고 무차입 경영이 반드시 좋은 것은 아니다. 이유는 주식회사의 주목적이 차입이자율 이상의 영리 추구이기 때문이다.

저리로 자금을 조달해서 설비투자를 하고, 이를 통해서 대량생산하고 더 많이 팔면 이익은 더 늘어나는 것이다.

구 분	현금 유입	현금유출
영업활동으로 인한 현금흐름	• 제품 등의 판매 • 이자수익, 배당금수익	• 상품의 구입 • 용역공급자와 종업원에 대한 지출 • 이자비용, 법인세비용 등
투자활동으로 인한 현금흐름	• 대여금 회수 • 유가증권의 처분 • 비유동자산의 처분	• 현금의 대여 • 유가증권의 취득 • 비유동자산의 취득
재무활동으로 인한 현금흐름	• 현금의 차입 • 주식의 발행	• 차입금의 상환 • 유상감자 및 자기주식의 취득 • 배당금의 지급

영업 활동	투자 활동	재무 활동	판단	설명
+	-	-	초우량기업	꾸준한 영업활동을 통한 현금흐름을 바탕으로 투자활동을 하면서 차입금을 갚은 기업
+	-	+	신규성장기업	영업활동 및 재무 활동의 현금 조달을 바탕으로 더욱 적극적 설비투자를 하는 기업. 단, 금융상품가입 유가증권 매수도 투자활동에 포함되므로 현금흐름표의 투자활동 부분에 대한 확인이 필요
+	+	-	구조조정기업	과잉설비(공장부지, 기계설비)나 무리한 투자자산 처분(금융상품, 증권, 투자부동산 등)을 통해 차입금을 상환하는 기업
-	-	+	재활기업	차입금, 유상증자 등의 자금조달을 통한 설비투자
-	+	-	위험기업	영업활동이 마이너스이므로 유형자산, 투자자산의 처분을 통해 차입금을 상환하는 경우
-	-	-	도산가능기업	영업활동, 투자활동, 재무활동이 마이너스이므로 그동안 축적해 놓은 이익으로 시설투자를 하면서 차입금을 상환하는 경우(리스크가 높음)

■ 현금흐름의 변동내역 총액표시

현금흐름 변동은 총액으로 표시하는 것을 원칙으로 하며, 기초의 현금에 3가지 활동별 순현금흐름을 가산해서 기말의 현금을 산출하는 형식으로 나타낸다.

이익이 늘어나도 이를 곧이곧대로 받아들이다 낭패를 볼 수가 있다.

첫째 연구개발비를 체크해야 한다.

이익을 늘리기 위해 연구개발비를 과다하게 자산으로 인식한 경우도 있기 때문이다.

일시에 매출원가나 판관비 등 비용으로 처리할 수도 있지만 향후 매출에 끼치는 영향을 고려해서 자산으로 옮겨 몇 년간 상각할 수도 있다.

둘째 재고자산이 갑자기 늘어난 기업도 요주의 기업이다.

매출 변화가 거의 없는 상태에서 재고자산을 늘려 잡으면 매출원가가 떨어져 이익이 급증하게 된다.

이런 경우 예전의 결산보고서를 뒤져 재고자산회전률을 면밀히 살펴보아야 한다.

셋째 주석 확인은 필수

보고서에는 회계법인들이 작성한 검토보고서가 첨부되어 있다. 다소 어렵지만, 일반인에게 유용한 정보가 많이 있다.

넷째 요약정보에도 오류가 있을 수 있다.

요약정보의 매출액, 영업이익, 순이익 등의 항목은 중요한 투자지표이다. 잘못 작성된 경우가 의외로 많다.

부속명세서의 손익계산서를 찾거나 첨부된 검토보고서를 확인해야 한다.

다섯째 보고서를 정정해 손실이 늘어나는 기업도 조심해야 한다.

프로직장인의 재무제표분석

회사의 경영상태를 파악하는 방법과 재무 보고서를 볼 때 유의할 사항

1 회사의 건강상태는 결산보고서로 파악

사람에 대한 건강 상태는 건강진단을 받아보면 알 수 있고, 그 결과는 건강진단서를 보게 되면 알 수 있듯이, 회사의 건강 상태는 재무 사항을 종합한 결산보고서를 보고 알 수 있다. 일정기간동안에 영업을 얼마나 잘했는지는 (포괄)손익계산서를 통해서 알 수 있고, 회사가 얼마나 재산이 많이 있는지, 그리고 그 재산이 어디 어디에 사용되고 있는지는 재무상태표를 보면 알 수 있다.

 회사의 건강 상태는 재무 사항을 종합한 결산보고서를 보고 알 수 있다.

- 일정기간동안의 경영성과 ➡ (포괄)손익계산서
- 일정시점의 재무상태 ➡ 재무상태표

기업회계에서 인정하는 재무제표의 종류

한국채택국제회계기준에서는 재무제표를 **재무상태표, (포괄)손익계산서, 자본변동표, 현금흐름표, 주석** 등으로 규정하고 있다.

반면 중소기업회계기준에서는 **재무상태표, (포괄)손익계산서, 이익잉여금 처분계산서**를 재무제표로 인정하고 있으므로 자본변동표, 현금흐름표는 작성하지 않아도 된다.

재무제표 분석 시 유의할 사항

재무제표를 분석할 때 해당 재무제표가 적절히 작성되었는지 확인부터 해야 한다. 즉 해당 재무제표가 분식회계 등 허위로 작성된 재무제표라면 분석의 의미 자체가 없는 것이다. 재무제표의 신뢰성과 관련해서는 일정 기준 이상인 기업은 공인회계사의 외부감사를 받도록 하고 있으므로 감사의견을 가지고 판단하면 된다.

❶ 금융감독원 전자공시시스템(http://dart.fss.or.kr) 이용

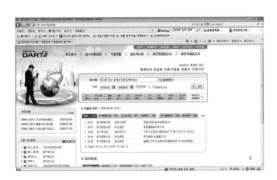

❷ 감사보고서의 검색

❸ 감사보고서의 첫 화면

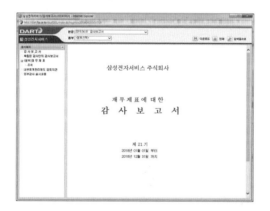

❹ 감사의견과 특기 사항 : 감사인이 정보이용자에게 유용한 정보가 될 것이라고 판단해서 재무제표에 대한 주석에 기재된 사항을 감사보고서 본문의 의견 문단 하단에 강조공시 하는 것을 말한다.

 감사의견을 통한 재무제표 판단 🍎🍎

구 분	내 용
적정의견	재무제표가 일반적으로 인정된 회계처리기준에 따라 적정하게 작성 되었다고 판단하는 경우 표명하는 의견이다. 그러나 회계처리가 적 정하다는 것이지 재무상태가 적정하다는 의미는 아니므로 주의해야 한다. 따라서 재무상태와 경영성과가 좋지 않은 기업도 회계기준에 따라 결산 후 재무제표를 작성한 경우 적정의견을 받을 수 있다.
한정의견	전체적으로 회계기준에 맞추어 작성되었지만, 감사인과 경영자 간의 의견불일치나 감사 범위의 제한 등으로 재무상태에 미치는 영향이 중요해서 적정의견을 표명할 수는 없지만, 부적정의견이나 의견거절 을 표명해야 할 정도로는 중요하지 않거나 전반적이지 않은 경우 표 명하는 의견이다. 따라서 일부 왜곡표시 된 항목이 손익에 미치는 영향을 따로 고려해야 한다.
부적정의견	감사인과 경영자 간의 의견불일치로 인한 영향이 매우 중요하고 전 반적이어서 한정의견의 표명으로는 재무제표의 오도나 불완전성을

구 분	내 용
	적절히 공시할 수 없다고 판단하는 경우 표명하는 의견이다. 즉, 재무제표가 전체적으로 회계기준에 맞지 않기 때문에 재무제표의 수치를 도저히 믿을 수 없는 경우를 말한다.
의견거절	감사범위의 제한에 의한 영향이 매우 중요하고 전반적이어서 감사인이 의견표명을 거절하는 것을 말한다.

또한, 재고자산평가 방법이나 감가상각방법 등의 변경을 통해 손익이 달라질 수 있으므로 주석 등을 통해 이를 확인할 필요가 있다.

2 재무제표분석으로 기업의 경영상태를 판단

병원에 가게 되면 의사 선생님은 손으로도 또는 눈으로도 진찰하지만, 청진기를 사용하는 경우가 일반적인 것처럼 기업의 경영상태를 진찰하기 위해서는 재무분석이라는 도구를 통해서 공식이나 비율 또는 금액과 추세를 통해서 기업의 경영상태를 판단하게 된다.

💕 재무제표 분석의 순서 💕

3 숫자로 표시할 수 없는 질적 요인

사람의 건강상태도 모두 숫자로 표시할 수 있는 것은 아니다. 의학적인 전문지식은 없지만 아마 정신의학적인 분야는 환자의 상태를 숫자로 나타내기가 쉽지 않을 것 같다.

이와 마찬가지로 기업 내 종업원의 질, 근로 의욕, 노사관계, 연구개발력, 제품의 성장성 등은 결산서의 분석만으로 전부 파악할 수 있는 것은 아니다. 그러나 재무제표와 같은 회계자료 없이는 기업의 경영상태를 파악할 수 없다는 것은 확실하다.

기업의 경영상태를 파악하는 전통적인 방법으로 수익성, 안정성, 생산성, 성장성의 4가지로 대변할 수 있는데 이것은 서로 원인과 결과가 되는 밀접한 관련성을 가지고 있다.

- 수익성이란 : 얼마만큼 이익을 냈는지, 영업성적은 어떤가를 주로 손익계산서를 통해 분석하는 것이다.
- 안정성이란 : 유동성이라고도 하는데 주로 재무상태표를 통해 재정상태의 양부나 지불능력의 정도를 측정한다.
- 생산성이란 : 투입에 대한 산출의 비율로써 생산성이 향상되지 않으면 인건비의 압박으로 이익이 감소 되며, 자금관리 또한 어려워진다.
- 성장성이란 : 기업의 발전성 또는 신장도를 나타내는 것으로써 매출액, 이익, 부가가치 등을 사용해서 기간비교, 즉 전연도와 비교해보는 것이다.

4 재무분석은 전체에서 부분으로

분석을 모르는 사람은 보물을 찾을 때 온 땅을 찾아 헤매는 것과 같다고 분석의 중요성을 표현한 철학자가 있으며, 우리는 가끔 나무만 보고 숲을 보지 못한다든가, 숲 만 보고 나무를 보지 못했다고 하는 이야기를 듣곤 한다. 이는 모든 사물을 볼 때 전체와 부분의 조화를 이루어야 한다는 말이 아닐까 생각한다.

기업을 볼 때도 마찬가지이다. 결산서를 보고 우선 전체의 상황을 알아보는 것이다. 기업의 전체규모는 연간 매출액... 등등

5 기업의 도산 예방을 위해 경영분석을 철저히

사람도 갑자기 사망하는 경우는 없다고 보아야 하지 않을까? 심장마비도 평상시 신체의 어딘가 이상이 있었기 때문에 갑작스러운 상황이 발생한다고 생각한다. 요즈음 많은 기업이 부도로 쓰러지고 있는데 이 또한 그럴만한 이유가 있다. 일반적으로 기업이 도산하는 요인을 보면

• 외부적 요인 : 수요구조, 노무 수급, 시장구조의 변화
• 잠재적 요인 : 경영 능력의 부족, 관리능력의 부족, 기술 수준의 하락, 설비수준
• 겉으로 나타나는 현재화(顯在化) 요인 : 투자관계, 인적관계, 재무관계, 판매관계

6 결산서를 분석·판단하는 척도

동업자의 평균치 또는 동업 타사의 상태

키가 크다고 하면 얼마나 큰지 누구와 비교해서 얼마나 큰지 비교 기준이 있어야 하는 것처럼 기업도 비교기준이 있어야 한다.

분석하는 기업의 과거 실적

사람의 몸무게가 10kg이 늘었다고 하면 언제와 비교해서 10kg이 늘었는지 과거의 자료가 있어야 하는 것처럼 기업의 과거 자료가 있어야 기업의 경영상황이나 재무 상태의 수준을 알 수 있다.

목표와 예산

자사 분석일 경우에는 실적과 목표 또는 예산과 실적을 비교할 필요가 있다. 이렇게 함으로써 경영활동의 반성과 개선 조치를 할 수가 있다.

회사대표는 재무제표를 파악할 수 있어야 한다.

1. 총자산을 파악하자

재무상태표에서 회사의 총자산은 부채와 자본으로 구성되는데, 부채는 채권자의 몫이고 자본만이 순수하게 주주의 몫이다. 회사의 총자산 구성을 전기와 비교하고, 동종업계의 다른 회사와 비교해 보자.

총자산 중 부채가 많다는 것은 장사해서 다른 사람에게 많이 준다는 것이므로 회사 입장에서는 좋을 게 없는 것이다.

사업을 하면서 부채 없이 장사한다는 것은 힘들기도 하지만 오히려 적정부채는 회사의 경영성과를 높게 하는 데 도움 된다. 동종업계의 다른 회사와 비교해 총자산으로 얼마의 매출과 이익을 내고 있는지 비교해보자.

당연히 적은 자산으로 많은 매출과 이익을 내는 회사가 유리하며, 다른 회사보다 자산 대비 매출이나 이익이 적다면 그 원인을 파악하자.

2. 자금사정에 대해 검토하자

회사가 사용할 수 있는 현금은 얼마나 있는지 재무상태표의 현금및현금성자산 계정을 보자. 부채와 자본계정의 증감내역을 살펴보고 추가 자금조달 가능액은 얼마인지 알아놔야 한다.

부채계정의 미지급금이나 미지급비용을 월별로 파악하고, 월별 손익계산서의 비용계정을 분석해 매월 지급해야 할 금액은 얼마인지 파악한다.

비율로서도 파악 가능한데, 유동비율(유동자산/유동부채), 부채비율(부채/자본)을 계산해 경쟁회사의 비율과 비교한 후 문제점을 파악한다.

3. 매출채권의 회수에 대해 검토하자

재무상태표에서 매출채권 금액은 매출액 중 미회수된 금액을 의미한다.

최근의 불경기 속에서 가장 관심 있게 보아야 할 사항으로 총자산에서 매출채권이 차지하는 비율, 월별 매출채권의 변화 여부 등이다. 또 매출채권 대비 대손충당금 비율을 계산, 전기비율 및 경쟁회사의 비율과 비교해보자. 매출액 대비 채권비율의 목표치를 설정하고 전임직원이 주지토록 하고, 채권 회수에 관심을 갖도록 해야 한다.

한편 매출채권 중에서 대손가능성이 있는 채권에 대해서는 대손충당금을 설정하여 회수가능한 채권 금액을 파악할 수 있도록 해야 한다.

4. 재고자산이 적정금액인지 검토하자

재무상태표에서 재고자산 금액을 파악해 재고자산관리가 제대로 되고 있는지 확인해야 한다.

총자산 대비 재고자산 비율을 전기 또는 동종회사와 비교하고, 매월 말 보유해야 할 적정재고 금액을 설정한다.

적정재고 금액은 매일매일 판매액과 주문 후 도착할 수 있는 시간, 대량 주문에 따른 할인액 등을 고려해 결정한다.

5. 유형자산을 적정하게 사용하고 있는지 확인하자

설비투자 자산의 자본조달 건전성을 파악하기 위해서는 설비투자에 소요되는 자금을 어디에서 조달했는지 확인해야 한다.

설비투자 자산을 효율적으로 사용했는지를 파악하기 위해서는 설비투자효율을 경쟁사와 비교하거나 전기와 비교하면 된다. 이때 비교 수치는 총자산회전율(매출액/평균총자산), 유형자산회전율(매출액/유형자산)을 계산하면 된다.

분식회계에 속지 않는 재무제표 분석 항목

❶ 현금흐름표는 조작 가능성이 거의 없다.

❷ 영업활동으로 인한 현금흐름이 상승하는 기업이 우량기업이다.

❸ 적자기업은 차입금 증가나 자산 매각을 통해서만 가능하다.

재무상태표 '자산' 항목에서 대여금 내역을 확인한다. 특히 대주주 대여금 비율이 높을수록 분식회계 가능성이 크다.

❹ 외형적 규모인 매출액증가율과 총자산증가율보다 영업이익증가율과 당기순이익증가율이 더 중요하다.

❺ 매출액 대비 재고자산 비율이 높은 기업은 분식회계 가능성이 크다.

❻ 매출채권회전율과 재고자산회전율이 높지 않은 기업은 분식회계 가능성과 유동성 악화로 도산 가능성이 크다.

❼ 유동비율(유동자산/유동부채)이 낮은 기업은 흑자도산 가능성이 크다.

❽ 이자보상배율이 연속으로 1 이하인 기업은 감자, 도산 가능성이 크다.

❾ 현금 및 현금성 자산 비율(현금 및 현금성 자산 ÷ 유동자산)이 높을수록 재무구조가 우량한 기업이고 저평가주식이다.

재무제표를 활용한 재무비율분석

재무 비율분석이란 재무제표 항목들 사이의 비율을 경제적 의미를 갖도록 산출해서 기업의 재무상태와 경영성과를 분석하는 전통적인 경영분석 방법이다.

재무 비율분석은 이미 공시된 재무제표를 가지고 분석하는 것이므로 자료를 얻기가 쉽고, 분석에 필요한 전문지식도 까다롭지 않으면서도 충분히 유용한 정보를 제공한다는 점에서 매력적이다.

첫째, 비율분석의 기초가 되는 재무제표 등의 자료는 정확하고 신뢰성이 있어야 한다.

둘째, 비율은 그 자체로는 의미를 가질 수 없으며, 비율분석의 결과를 보다 의미 있게 해석하기 위해서는 산정된 비율을 평가하기 위한 비교기준이 필요하다. 일반적으로 사용하고 있는 표준비율이 몇 가지 있으며, 분석목적에 따라 적합한 비율을 선택해서 사용할 수 있다.

❶ 산업평균비율   ❷ 과거비율   ❸ 경쟁기업의 비율
❹ 우량기업의 비율   ❺ 이상적 재무비율

이와 관련해서 한국은행에서는 매년 모든 기업의 재무제표를 분석한 기

업분석자료를 [기업경영분석]이라는 책자를 통해 공개하고 있다. 여기에는 다양한 업종별로 평균적인 재무비율이 나와 있으므로 해당 기업이 속해 있는 산업의 평균비율과 비교해보면 훨씬 더 의미 있는 해석이 가능할 것이다.

1 결산서를 분석·판단하는 척도

재무상태표

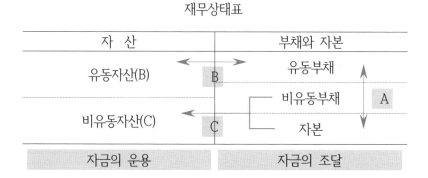

자금조달의 안정성(A)

자본에 비해서 부채가 너무 과다하지는 않은가를 나타내는 비율로 자기자본비율과 부채비율 등을 통해 분석한다.

지불능력의 안정성(B)

단기부채를 감당할 유동자산은 충분한가를 알아보는 지표로 유동비율, 당좌비율, 현금비율 등을 활용한다.

자산운용의 안정성(C)

설비투자가 적정성을 초과해서 과도하지는 않은가를 알아보는 지표로 비유동자산(고정) 비율과 비유동(고정)장기적합률을 주로 이용한다.

구 분	평가지표
기업의 순자산평가	자기자본비율
기업의 안전도	유동비율, 고정(비유동)비율
기업의 지불능력	유동비율, 현금비율, 당좌비율
기업의 자본수익성	총자산이익율, 자기자본이익율, 경영자본이익율
기업자산의 회전속도	유형자산회전율, 재고자산회전율, 매출채권회전율, 매입채무회전율
기업자본의 회전속도	총자산회전율, 자기자본회전율, 경영자산회전율, 타인자본회전율
기업의 자기자본	자기자본비율
한국은행에서 발표하는 실적 관련 비율(재무구조)	부채비율, 차입금의존도, 자기자본비율, 유동비율, 비유동(고정)비율

2 (포괄)손익계산서를 활용한 비율분석

재무상태표를 분석하는 비율체계가 주로 경영의 안정성을 검토하기 위한 것이라면 손익계산서를 분석하는 비율체계는 경영의 수익성을 나타낸다. 기업이 먹는 음식은 이익이며, 이것이 없으면 기업은 계속기업으로 생존할 수 없게 된다. 매출총이익은 회사의 진정한 이익으로 가는 입구에서 있는 이익이다.

손익계산서

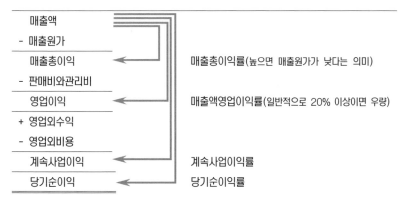

매출액
- 매출원가
매출총이익 ← 매출총이익률(높으면 매출원가가 낮다는 의미)
- 판매비와관리비
영업이익 ← 매출액영업이익률(일반적으로 20% 이상이면 우량)
+ 영업외수익
- 영업외비용
계속사업이익 ← 계속사업이익률
당기순이익 ← 당기순이익률

주 매출총이익률에 비해 매출액영업이익률이 낮다는 것은 판매비와관리비의 지출이 많다는 의미이므로 판매비와관리비의 관리가 필요하다.

3 ⟩ 재무상태표와 손익계산서를 활용한 비율분석

재무상태표와 손익계산서의 각 항목을 종합 활용해서 측정, 진단해 볼 수 있는 것이 활동성이다.

총자산회전율, 매출채권회전율, 재고자산회전율 등이 이에 속한다.

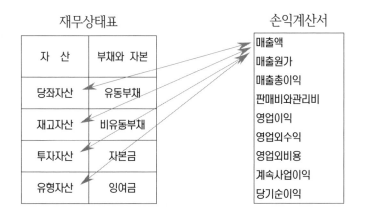

안정성 분석

1 자기자본비율(BIS)

자기자본비율은 기업이 차입한 자본(타인자본(= 빌린 돈))과 자기가 조달한 자본(자기자본(=자기 돈))의 비중을 표시하는 것이다. 즉, 총자본 중에서 자기자본(자산 - 부채)이 차지하는 비중을 나타내는 대표적인 재무구조 지표이다.

비율의 계산	표준비율
자기자본비율 = $\dfrac{\text{자기자본}}{\text{총자본(= 총자산)}} \times 100$	40% 이상이 양호

자기자본은 금융비용을 부담하지 않고 기업이 운영할 수 있는 자본이므로

이 비율이 높을수록 기업의 안정성이 높다고 할 수 있다(타인에 대한 빚이 적다는 의미이므로 빚 독촉 시 재무적 위험이 적다는 의미이다.)

세금 측면에서 타인자본에 대한 이자비용은 비용으로 인정받아 세금 절감 효과가 있지만, 자기자본에 대한 배당은 비용으로 인정받을 수 없어 세금 절감 효과가 없다. 따라서 기업들은 자기자본보다는 타인자본을 선호하게 된다.

또한, 자기자본이 늘어나면 주주의 투자금액에 대한 수익성 지표인 자기자본이익률(당기순이익/자기자본 × 100%)이 떨어진다는 점도 자기자본보다 타인자본을 기업이 선호하는 또 하나의 이유이다(당기순이익 100, 자기자본 10일 때 자기자본이익률은 10%지만 자기자본이 10에서 20으로 늘어나면 자기자본이익률은 5%가 된다.).

그러나 자기자본비율이 낮으면 자기자본보다 부채가 많다는 의미이므로 불황이 계속될 경우 순자산이 지속적으로 감소해 도산위험이 크다.

결과적으로 모든 회사가 지속적으로 수익만을 달성할 수 있다면 굳이 자본비용이 많이 소요되는 자기자본을 사용하지 않아도 된다.

하지만, 현실에서는 그것이 불가능하며, 따라서 자기자본비율을 어느 정도 유지하고 있어야 한다.

예를 들어(차입과 외부로부터 자금조달이 없다고 가정) 100억의 자산을 보유하고 있는 갑회사는 모든 자금을 부채로 조달했는데 회사 경영사정이 나빠져 1억원의 적자를 내면 어떻게 될까? 갑회사는 돈을 갚지 못해 결국 부도처리 될 것이다.

그러나 갑회사가 주식으로 30억 원의 자본을 조달했다면 상황은 달라지는데 채권과 달리 주식은 자본이기 때문에 자본을 1억 원만 차감하면 된다.

위의 예시는 극단적인 가정이지만, 이를 통해 자기자본이 미래에 발생할 수 있는 위험을 어느 정도 흡수할 수 있다는 것은 알 수 있다.

자기자본 조달비용이 타인자본 조달비용보다 비싼 이유

첫째, 타인자본은 지불한 이자비용에 대해 비용으로 인정되기 때문에 법인세 납부액이 감소하는 반면, 기업이 벌어들인 수익으로 주주들에게 배당하는 자기자본은 배당금에 대해서 비용으로 인정받지 못해 결국 타인자본에 대한 이자비용 만큼 법인세(법인세 = 수익 - 비용)를 더 내게 된다.

둘째, 과도한 주식발행은 주주들의 이해 상충으로 이어지게 되고, 최대주주는 경영권을 보호하기 위해서라도 높은 배당을 줄 수밖에 없다.

셋째, 자본비용은 투자자입장에서 그 투자자본에 대한 요구수익률의 개념을 적용 시켜야 한다. 채권의 경우 지급해야 하는 금액이 정해져 있는, 반면 주식은 만기가 없고 위험성이 높아 주주들은 채권보다 더 높은 요구수익률을 요구할 것이다.

결국, 장기적으로 봤을 때는 자기자본이 부채보다 비용이 크다.

그렇지만, 자기자본은 위기 상황에 충격을 완화하는데, 없어서는 안 될 구성요소이므로 회사는 손실, 충격을 완화할 수 있을 만한 최소의 수준으로 자기자본을 충당해놓는 것이 제일 좋은 전략이라고 할 수 있겠다.

표준비율

비율분석의 결과를 보다 의미 있게 해석하기 위해서는 산정된 비율을 평가하기 위한 비교기준이 필요하다. 일반적으로 사용하고 있는 표준비율이 몇 가지 있으며, 분석목적에 따라 적합한 비율을 선택해서 사용할 수 있다.

1. 산업평균비율   2. 과거비율   3. 경쟁기업의 비율
4. 우량기업의 비율   5. 이상적 재무비율

2 유동비율(단기적인 지불능력)

유동비율(유동자산/유동부채)은 단기채무에 충당할 수 있는 유동성 자산이 얼마나 되는가를 평가해서

- 단기채무 상환능력을 판단하는 지표이다. 즉, 빌려준 금융기관이나 회사가 상환을 요구할 때 단시간 내에 갚을 수 있는 능력을 나타내는 지표이다(유동자산 100, 유동부채 200인 경우 유동비율은 50%로 일시에 유동부채 200을 갚으라고 하면 유동자산이 100밖에 안 되므로 갚을 능력이 없다는 의미이다. 반면, 유동부채가 50인 경우 유동비율은 200%로 유동부채보다 유동자산이 2배 많다는 의미이다).

- 유동비율이 높을수록 쉽게 현금화가 가능한 자산이 많다는 의미로 단기에 부채에 대한 지급능력이 양호하다고 볼 수 있으나(채권자 입장),

- 과다한 유동자산의 보유는 설비투자 등 투자를 위축시켜 자산운용의 효율성이 떨어져 수익성이 상대적으로 저하될 수 있다(경영자 입장). 이는 소위 기업의 신용도를 표시하는 것이며, 특히 금융기관이 중요시하고 있다.

그리고 유의할 점은 연말에 측정된 유동비율은 연말 시점의 유동성을 나타내는 것이지 연중 유동성을 나타내는 것은 아니라는 점이다.

비율의 계산	표준비율
유동비율 = $\dfrac{\text{유동자산}}{\text{유동부채}} \times 100$	150% 이상이 양호

당좌비율은 유동부채에 대한 당좌자산의 비율로서 유동자산(당좌자산 + 재고자산) 중 현금화되는 속도가 늦고 현금화의 불확실성이 높은 재고자산 등을 제외(재고자산은 불황기일 때 물건이 팔리지 않아 창고에 재고가 쌓이게 되고 현금화시킬 수 있는 기간이 오래 걸림) 시킨 당좌자산을 유동부채에 대응시킴으로써 초단기채무에 대한 기업의 지급능력을 파악하는데, 사용된다. 흔히 일상에서 말하는 순수현금만을 가지고 단기지불능력을 파악하는 것이다.

비율의 계산	표준비율
당좌비율 = $\dfrac{\text{당좌자산}}{\text{유동부채}} \times 100$	100% 이상이 양호

💬 재고자산 과다기업은 조심하라! 💬

지금은 일반 투자자들의 관심권 밖으로 밀려난 섬유회사인 D사는 백화점까지 거느린 한 때 그룹 명칭까지 사용할 정도로 제법 규모가 컸었다. 그런데 이 회사의 재무제표에는 재미있는 내용이 담겨 있었다.

이 회사의 매출액은 3,801억 원이었는데 재고자산이 3,674억 원이나 됐다. 그 중 완제품 재고만도 2,332억 원이나 됐다고 한다.

제조업체의 재고가 1년 동안 팔만큼이나 된다면 어딘가 찜찜하지 않을 수 없다. 섬유제품이라도 값이 비싼 것이 있겠지만 평균적으로 1억 원어치면 트럭에 가득 채우고도 남을 것이다. 1억 원당 트럭 1대분이라 할 때 이 회사의 재고자산은 트럭 3,000대분이 넘는다. 회계법인이 실제로 감사를 한다고 할 때 헤아리는데 만도 엄청난 시간이 걸릴 물량이고 누구든 문제가 있다는 점을 바로 알 수 있을 것이다.

그러나 이제까지만 해도 감사보고서에 나타난 의견은 '적정' 이었다. 이 회사의 장부는 부도 전까지는 매년 30억원 대의 이익을 냈고 자본총계도 꽤 있는 것으로 치장됐다. 그러나 재무제표를 제대로 들여다본 사람이라면 재고자산이 이렇게 많으니 어딘가 잘못됐다는 것을 직감했을 것이다. 투자 결정에 앞서 재고자산의 적정성을 보는 게 얼마나 중요한지를 알려주는 단적인 사례이다.

> 당기의 재고자산 금액이 전기보다 증가한 경우 재고매입액 또는 생산물량에 비해 판매금액이나 판매량이 더 감소한 것을 의미한다. 따라서 생산을 위해 지출된 돈보다 회수된 돈이 적은 것을 의미하므로 현금흐름 상으로는 마이너스이다.

4 고정(= 비유동)비율과 고정(= 비유동)장기적합률(장기적인 지급능력)

기업은 비유동자산을 장기간 보유하기 때문에 여기에 소요된 자금은 장기자금으로 조달(투자수익률이 이자율보다 높은 경우 갚는 기간을 길게 잡아 유동성 자금을 다른 곳에 운영하기 위해, 지급은 단기에 하고 비유동자산을 이용한 수익은 늦게 발생하는 경우 회사의 수익률이 떨어질수 있다.)해야 하며, 될 수 있으면 장기차입금보다는 자기자본으로 조달하는 것이 좋은데, 비유동장기적합률과 비유동비율은 각각 이들을 측정하기 위해서 사용된다. 즉, 비유동비율은 기업자산의 고정화 위험을 측정하는 비율로서 운용기간이 장기에 속하는 유형자산 및 투자자산 등고정(비유동)자산을 어느 정도 자기자본으로 충당하였는가를 나타내는지표이다. 장기적으로 자금이 고착되어있는 고정(비유동)자산은 가급적자기자본으로 충당하는 것이 기업의 장기 안정성을 위해 바람직하다고판단하기 때문이다.

고정(비유동)비율이 100% 이하이면 고정(비유동)자산은 자기자본으로 충당한 것이 되며, 잔여분은 운전자본으로 활용되어 지급능력을 강화하는데, 사용하고 있다는 의미이다. 반면, 고정(비유동)비율이 100% 이상이면 자기자본만으로는 비유동자산을 조달할 수 없어 부족분은 타인자본(부채)으로 충당하고 있음을 알 수 있다.

그리고 타인자본에 의해 충당하였다고 해도 부채가 장기부채로써 저리의 부채에 의한 것이라고 하면 운전자본의 부족에 의한 경영상의 곤란한 문제는 어느 정도 피할 수 있으므로 비유동비율과 아울러 비유동장기적합율을 함께 검토해야 할 것이다.

비유동장기적합율은 유동비율이 높고 낮은 정도를 비유동자산과 비유동부채 및 자기자본의 비율의 통해 따져보는 것이므로 비유동장기적합율이 낮다는 것은 유동비율이 높다는 것을 의미한다. 반면, 이 비율이 높다는 것은 유동비율이 낮다는 것을 의미한다. 따라서 비유동장기적합율은 유동비율과 반대이므로 낮을수록 좋다.

비유동장기적합율이 100% 이하면 비유동자산에 투자된 자금이 모두 장기성 자금으로 조달되었음을 나타내고, 100%를 초과하는 경우는 일부 자금이 단기성 유동부채에서 조달되었음을 뜻한다. 이 비율은 60% 이상이면 재무상태가 아주 불량한 것으로 판단할 수 있다.

비율의 계산	표준비율
비유동비율 = $\dfrac{\text{비유동자산}}{\text{자기자본}} \times 100$	100% 이내가 양호
비유동장기적합율 = $\dfrac{\text{비유동자산}}{\text{자기자본 + 비유동부채}} \times 100$	60% 이내가 양호

5 부채비율

부채비율은 자기자본(자본금과 잉여금)과 타인자본(유동부채와 비유동부채)과의 관계를 나타내는 대표적인 안정성 지표이다. 이것은 자본의 구성상태를 표시하는 비율로서 자본부채 비율이라고도 한다.

이 비율은 채권자의 위험부담 정도와 고정적인 금융비용 발생에 의한 손익확대 효과의 가능성을 나타내 주는 비율이다.

• 부채비율은 자기자본비율과 역의 관계에 있어 자기자본비율이 높을수록 부채비율은 낮아지게 된다.

• 기업의 재무안정성 측면에서는 부채비율이 낮을수록 좋으나 이 비율이 지나치게 낮을 경우는 차입을 통한 적절한 수익투자를 하지 않은 것일 수도 있으므로 기업경영의 수익성이라는 측면에서 문제의 여지가 있을 수 있다.

따라서 부채비율의 적절한 수준은 기업의 업종, 규모, 자본투자수익률 및 부채에 대한 이자율 등을 종합적으로 고려해서 일정한 균형을 유지하는 것이 좋다.

일반적으로 100% 이하를 표준비율로 삼고 있으나 우리나라 기업 중에서 100% 이하인 기업은 좀처럼 찾기가 힘들다. 보통이 300%이고, 심하면 몇천 %가 된다. 쉽게 말해 내 돈은 1억 원인데, 몇십 억원 이나 되는 남의 돈을 빌려서 장사를 하고 있다는 이야기이다.

그리고 증권시장에서는 부채비율을 부도기업의 사전 감지에 사용하고 있다. 여기서 주의할 점은 단순히 부채비율이 몇백 %라는 게 중요한 것이 아니라 지난 몇 년간의 흐름이 중요하다는 것이다.

예를 들어 올해의 부채비율이 400%인 기업이 있다고 하자 단순히 부채

비율만 보면 위험한 회사이지만 지난 몇 년간의 흐름 속에서 파악해야 한다. 2017년 1,000%, 2018년 700%, 2019년 500%, 2020년 400%라면 상당히 부채를 줄이기 위해 노력하는 기업이고, 호감을 느끼고 지켜볼 필요가 있다.

반면 올해의 부채비율이 100%인 기업이 있다고 하자 단순히 부채비율만 본다면 초특급 주식이다. 그러나 이러한 주식도 지난 몇 년간의 흐름 속에서 파악해야 한다. 2020년 10%, 2021년 50%, 2022년 90%, 2023년 100%라면 주의를 기울일 필요가 있는 것이다. 또 단순히 부채비율만을 체크하는 것은 부도 기업의 사전 감지에 무리가 있다.

우리나라 기업의 경우 부채비율이 200% 이하이면 양호하고, 400% 이상이면 불량기업이다.

비율의 계산	표준비율
부채비율 = $\dfrac{\text{타인자본(유동부채 + 비유동부채)}}{\text{자기자본}} \times 100$	200% 이하면 양호

· 부채비율이 낮으면 도산의 위험은 작아서 채권자들에게는 좋은 상태라고 할 수 있다. 그러나 미래에 경기가 좋을 것이라고 예상이 될 때에는 적당한 부채를 도입해서 합리적인 투자도 모색해야 기업이 빨리 성장할 수 있다.

· 또한, 경영자 입장에서는 단기채무 상환의 압박을 받지 않고 투자수익률이 이자율을 상회하는 한 타인자본을 계속 이용하는 것이 유리하다.

그러나 채권 회수의 안정성을 중시하는 채권자는 부정적일 수 있는데 왜냐하면

• 기업의 부채비율이 지나치게 높은 경우 추가로 부채를 조달하는 것이 어려울 뿐만 아니라 과도한 이자비용의 지급으로 수익성도 악화하여 지급불능 상태에 직면할 가능성이 커지기 때문이다.

6 유동부채비율

유동부채비율(유동부채/자기자본)은 자본구성의 안정성을 측정하는 보조지표이다.

• 이 비율이 100%를 초과하는 경우 자본구성의 안정성은 물론 재무유동성도 불안정한 상태(= 단기에 갚아야 하는 부채가 많다는 의미)에 있음을 의미한다.

비율의 계산	표준비율
유동부채비율 = $\dfrac{\text{유동부채}}{\text{자기자본}} \times 100$	100% 이하면 양호

• 기업이 단기간 내에 지급해야 할 유동부채가 과다하면 유동성과 안정성이 불량한 것으로 판단되므로 기업은 단기차입을 통한 자금조달에 각별히 주의해야 한다.

• 또한, 부채비율이 100% 이상이고 유동부채 비율마저 100%를 초과하는 경우는 재무 유동성이 불안한 상태를 나타내는 것이므로 안정성에 대해 정밀히 검토해야 한다. 왜냐하면, 부채에 대한 만기가 돌아오는 경우 이에 대한 지불능력을 상실할 수도 있기 때문이다.

우리나라 기업의 경우 유동부채 비율이 100% 이하이면 양호하고, 200% 이상이면 불량기업이다.

• 유동부채 비율이 낮으면 채권자의 채권회수에 능동적으로 대응할 수 있다. 따라서 설비투자를 통해서 이자비용보다 높은 투자수익을 창출할 수 있는 경우 설비투자 등도 모색해 보는 것이 좋다.

7 비유동부채비율

비유동부채비율 (비유동부채/자기자본)은 자본구성의 안정성을 판단하는 보조지표로서 낮을수록 양호한 상태로 판단한다.

특히 비유동부채의 경우 주식의 발생비용 등 자본조달비용 면에서 자기자본보다 유리할 수가 있으므로 이 비율을 검토할 때는 부채비율이나 유동부채 비율 등을 비교하면서 다 같이 검토할 필요가 있다.

우리나라 기업의 경우 비유동부채 비율이 100% 이하이면 양호하고, 200% 이상이면 불량기업이다.

비율의 계산	표준비율
비유동부채비율 = $\dfrac{\text{비유동부채}}{\text{자기자본}} \times 100$	100% 이하면 양호

8 차입금의존도

차입금의존도는 기업 외부에서 차입형식으로 조달되는 차입금의 총자본(총자산)에 대한 비율이다. 즉, 총자본 중 외부에서 조달한 차입금(단기차입금 + 장기차입금 + 사채) 비중을 나타내는 지표이다.

차입금의존도가 높은 기업은 금융비용에 대한 부담이 크므로 수익창출이 떨어지고 장기적인 지급능력이 저하되어 안정성을 해치게 된다. 우리나라 기업의 경우 차입금의존도가 30% 이하이면 양호하고, 60% 이상이면 불량기업이다.

비율의 계산	표준비율
차입금의존도 = $\dfrac{\text{단기차입금 + 장기차입금 + 사채}}{\text{총자본(총자산)}} \times 100$	30% 이하이면 양호

9　매출채권 대 매입채무

기업 간 신용관계를 나타내는 매출채권과 매입채무를 대비시킨 것(매출채권/매입채무)으로 기업의 자금관리에 중요한 지표로 이용된다. 이 비율이 높을수록 기업의 유동비율은 높게 나타나지만, 매출채권의 과다한 보유는 오히려 자금 사정의 악화를 초래하는 요인이 될 수도 있다.

어떠한 이유에서든 매출채권 또는 매입채무에 과다하게 초과 잔액이 존재하는 경우 매출채권의 과다 보유는 상대적으로 현금보다는 회전이 늦은 외상이나 어음이 많다는 것을 나타내므로 자금을 압박하는 원인이 되며, 매입채무의 과다 보유는 상대방에게 조기에 지급해야 할 외상이나 어음금이 많다는 것을 나타내므로 자금을 이미 압박받고 있음을 나타낸다. 이 비율은 일반적으로 300% 이하를 표준비율로 본다.

비율의 계산	표준비율
매출채권 매 매입채무 = $\dfrac{\text{매출채권}}{\text{매입채무}} \times 100$	300%이하면 양호

활동성 분석

자산과 부채 및 자본의 회전율은 기업에 투하된 자본이 기간 중 얼마나 활발하게 운영되었는가? 를 나타내는 비율로서 활동성 분석이라고도 한다. 회전율이 높을수록 자산을 활발하게 활용하였음을 나타낸다.

예를 들어 총자산회전율이 2회라면 총자산이 100인 경우 매출이 최소 200이 되어야 한다는 의미이다.

기업은 수익증대를 목적으로 투하된 자본을 끊임없이 회전시키는데 이에 따른 성과는 매출액으로 대표될 수 있다. 따라서 회전율을 측정하는 기본항목은 매출액이며, 기업의 활동성은 매출액과 각 자산 · 부채 · 자본 항목에 대한 회전배수로 측정된다.

1 │ 총자산회전율

총자산회전율은 연매출액을 총자산평균액으로 나눈 비율로서 기업에 투하된 총자산(부채 + 자본)이 1 기간에 매출액에 의해 회수되는 기간, 즉 자산의 이용도를 총자산과 매출액 간의 관계로 분석하는 것이다.

- 이 비율은 기업이 소유하고 있는 자산들을 얼마나 효과적으로 이용하고 있는가를 측정하는 활동성 비율의 하나로서 기업의 총자산이 1년에 몇 번이나 회전하였는가를 나타낸다.
- 총자산회전율이 높으면 유동자산·비유동자산 등이 효율적으로 이용되고 있다는 것을 뜻하며, 반대로 낮으면 과잉투자와 같은 비효율적인 투자를 하고 있다는 것을 의미한다.
- 자산을 회수하는데, 걸리는 기간을 회수기간이라고 하는데 자산의 회수기간은 회전율의 역수가 된다.

총자산회전율은 일정한 표준은 없으나 보통 2회전 이상을 양호한 상태로 보며, 재고자산, 외상매출금, 유형자산의 비율이 높아지면 총자산회전율이 높아지는 것이 일반적이다.

우리나라 기업의 경우 총자산회전율이 1.5회 이상이면 양호하고, 1회 이하면 불량기업이다.

비율의 계산	표준비율
총자산회전율 = $\dfrac{\text{연매출액}}{\dfrac{\text{전기말총자산 + 당기말총자산}}{2}}$ 총자산회전기간 = $\dfrac{\dfrac{\text{전기말총자산 + 당기말총자산}}{2}}{\text{연매출액}}$ 자산회수기간 = $\dfrac{1}{\text{총자산회전율}}$	1.5회 이상이면 양호

2 　자기자본회전율

자기자본회전율은 매출액을 1년간의 자기자본평균액으로 나눈 비율로서 출자자가 기업에 투하한 자본의 효율을 측정하는 지표이다.

· 자기자본회전율은 높을수록 자기자본의 이용도, 즉 자기자본의 활동성이 양호하다는 것을 나타낸다. 당해 기업의 과거기간의 평균비율 또는 동종, 동 규모 기업의 실제 평균비율과 대비 검사해서 자기자본의 활동성을 측정·판단해야 한다.

· 자기자본회전율이 높다는 것은 자기자본의 활동상태가 양호하다는 것을 의미할 뿐만 아니라, 수익성 증대의 가능성과 이익배당 및 내부유보의 증대 등을 의미하게 된다.

· 그러나 자기자본회전율이 현저하게 고율인 경우는 외상매출의 과대현상 또는 자기자본의 과소현상의 위험성을 내포하게 되는 경우가 많으므로(자기자본이 적을 경우나 외상매출금(매출채권)이 많은 경우 회전율이 높아지므로) 재무적 경계를 해야 한다. 따라서 매출액과 자기자본과의 사이에는 일정한 상관관계가 있다는 점에 유의해야 한다.

우리나라 기업의 경우 자기자본회전율이 3회 이상이면 양호하고, 2회 이하면 불량기업이다.

비율의 계산	표준비율
자기자본회전율 = $\dfrac{\text{연매출액}}{\dfrac{\text{전기말자기자본 + 당기말자기자본}}{2}}$	3회 이상이면 양호

3 경영자산회전율

경영자산회전율은 연매출액을 경영자본 평균액으로 나눈 비율로서 경영활동에 실제로 투하되어있는 자본이 일정 기간 어느 정도 매출액을 올렸는가 하는 자본운용의 효율을 나타낸다. 경영자산회전율의 향상은 투하된 자본(고정자본 및 운전자본)이 효율적으로 이용되었음을 나타낸다. 이 비율은 일정한 표준비율은 없으나 보통 2.5회전 이상을 양호한 상태로 본다.

365일/회전율 = 회전일수가 되며, 경영자본이 1회전 하는데 필요한 일수가 나온다. 빠른 쪽이 효율적 경영이라고 할 수 있는 것은 말할 필요가 없다.

비율의 계산	표준비율
경영자본회전율 = $\dfrac{\text{연매출액}}{\text{경영자본평균액}}$ (총자본 - 건설중인자산 - 투자자산)	2.5회 이상이면 양호

4 유형자산회전율

유형자산회전율은 매출액을 유형자산으로 나눈 비율로서 매출에 대해 유형자산의 활용도를 나타내는 비율이다. 즉, 유형자산을 이용해서 1년간 매출을 얼마나 창출했는가를 나타내는 비율이다. 따라서 이 비율에 의해서 유형자산의 활용도 또는 과대 투자 여부를 판단할 수 있다.

· 유형자산회전율이 높으면 높을수록 유형자산에 투자한 기업자본이 효율적으로 운용되었다는 것을 의미(유형자산 1원당 매출의 증대효과가 크다는 것)하기 때문에, 유형자산과 관계되는 고정비, 예를 들면 감가상각비, 이자, 보험료, 수선비 등의 부담이 절감된다.

따라서 제품단위당 원가절감으로 인해서 경쟁시장에서 유리한 입장에 서게 되므로, 기업의 수익성을 증대시키게 된다.

· 그러나 반대로 이 비율이 저율인 경우는 설비 운용의 비능률 또는 유형자산에의 과대 투자를 의미하기 때문에, 고정비의 증가로 인해서 수익성과 유동성이 저하되어 재무적 위험성을 초래하게 될 것이다.

우리나라 기업의 경우 유형자산회전율이 3회 이상이면 양호하고, 2회 이하면 불량기업이다.

비율의 계산	표준비율
유형자산회전율 = $\dfrac{연매출액}{유형자산}$	3회 이상이면 양호

5 재고자산회전율

재고자산회전율은 매출액을 재고자산으로 나눈 비율로서 재고자산이 현금 등 당좌자산으로 변화하는 속도를 나타낸다.

· 이 비율에 의해서 재고자산의 적정도를 파악할 수 있는데 회전율이 높을수록 재고기간이 짧고, 재고자산의 현금화 속도가 빠르며, 투하된 자금은 감소해서 자본의 운용효율은 높아진다. 즉, 매입채무가 감소되며, 상품의 재고 손실을 막을 수 있고, 보험료·보관료를 절약할 수 있어 기업 측에 유리하게 된다.

• 그러나 과다하게 높을 경우는 원재료 및 제품 등의 부족으로 계속적인 생산 및 판매활동에 지장을 초래할 수도 있는 반면, 재고자산회전율이 낮아지게 되면 그만큼 재고보유기간이 길어진다는 것을 의미하므로 이에 대한 손실이 증대해서 유동성과 수익성이 낮아지게 된다. 재고자산회전율은 보통 6회전 이상이면 양호한 상태로 본다.

우리나라 기업의 경우 재고자산회전율이 6회 이상이면 양호하고, 4회 이하면 불량기업이다.

비율의 계산	표준비율
재고자산회전율 = $\dfrac{\text{연매출액}}{\dfrac{\text{전기말재고자산 + 당기말재고자산}}{2}}$	6회 이상이면 양호

• 재고를 정상적인 영업활동에 필요한 적정수준 이하로 유지해서 수요변동에 적절히 대처하지 못하는 경우에도 적은 재고자산으로 인해 이 비율은 높게 나타날 수 있으므로 해석 시 유의해야 한다.

• 또한, 원재료의 가격이 상승추세에 있는 기업이나 재고자산의 보유수준이 크게 높아지는 기업들의 경우에는 주로 후입선출법에 의해 재고자산을 평가함으로써 재고자산회전율이 높게 나타나는 경우가 있다.

따라서 재고자산회전율에 대한 상대적인 차이에 대해서는 실제로 재고자산이 효율적으로 관리되는지, 생산기간이 단축되어 재공품이 감소하였는지, 또한 재고자산평가 방법을 다르게 채택하고 있는지를 비교·분석해서 판단해야 한다.

$$재고자산\ 평균회수기간 = \frac{365일}{재고자산회전율}$$

6 \ 매출채권회전율

매출채권회전율은 매출액을 1년간의 매출채권의 평균액으로 나눈 비율로서 매출액에 대해 매출채권이 현금화되는데, 걸리는 시간을 나타낸다.

• 이 비율이 높을수록 매출채권의 현금화 속도가 빠르다는 것을 의미한다.

• 매출채권회전율은 매출채권에 투하된 자산이 많지는 않은가? 능률적으로 운용되고 있는가? 회수상황이 어떤가를 알 수 있다.

• 이는 회전율이 높을수록 회수기간이 짧고 투하된 자금은 감소하며, 자본의 운용효율은 높아진다.

이 비율의 대소는 매출채권에 소요된 비용으로서 금리, 수금비, 대손, 관리비용에도 영향을 주며, 일정한 표준비율은 없으나, 보통 6회전 이상을 양호한 상태로 보고 이를 표준비율로 삼고 있다.

우리나라 기업의 경우 매출채권회전율이 6회 이상이면 양호하고, 4회 이하면 불량기업이다. 365/매출채권회전율은 매출채권회수기간이 된다.

비율의 계산	표준비율
$매출채권회전율 = \dfrac{연매출액}{\dfrac{전기말매출채권 + 당기말매출채권}{2}}$ 매출채권은 대손충당금을 차감하기 전의 금액을 말한다.	6회 이상이면 양호

• 한편 1년 즉, 365일을 매출채권회전율로 나누면 매출채권이 한번 회전하는데 소요된 기간 즉 매출채권 평균회수기간을 나타낸다. 이 기간이 짧을수록 매출채권이 효율적으로 관리되어 판매대금이 매출채권에 오래 묶여 있지 않음을 의미한다.

• 그러나 기업이 시장점유율 확대를 위해 판매전략을 강화하는 경우 매출채권회전율이 낮게 나타날 수 있으므로 기업의 목표회수기간이나 판매조건과 비교해서 평가해야 한다.

$$매출채권\ 평균회수기간 = \frac{365일}{매출채권회전율}$$

 재고자산의 회수기간과 매출채권의 회수기간과의 관계

재고자산의 회수기간과 매출채권의 회수기간을 더하면 재고자산이 판매되어 매출채권으로 바뀐 후 매출채권이 최종적으로 현금으로 회수될 때까지의 기간이 산출된다.

$$\frac{365일}{재고자산회전율}(재고자산\ 평균회수기간) + \frac{365일}{매출채권회전율}(매출채권\ 평균회수기간)$$
$$= 평균영업주기$$

7 ｜ 매입채무회전율

매입채무회전율은 매출액을 1년간의 매입채무의 평균액으로 나눈 비율로서 매입채무의 지급 속도를 측정하는 지표이다. 즉, 기업의 부채 중에서도 특히 매입채무가 원활히 결제되고 있는가의 여부를 나타낸다.

- 매입채무회전율은 매입채무에 투하된 부채가 많지는 않은가, 능률적으로 운용되고 있는가, 지급상황이 어떤가를 알 수 있다.
- 이는 회전율이 높을수록 기업의 단기적 지급능력이 양호함을 의미하나 회사의 신용도가 저하되어 신용 매입 기간을 짧게 제공받는 경우에도 이 비율이 높게 나타날 수 있다는 점을 유의해야 하며, 매출채권회전율과 함께 분석함으로써 자금압박 가능성 등을 검토해야 한다.
- 반면, 회전율이 낮을수록 지급기간이 길고 지급하는 자금은 감소하며, 부채의 운용효율은 높아진다. 이 비율은 보통 8회전 이상을 양호한 상태로 보고 이를 표준비율로 삼고 있다.

우리나라 기업의 경우 매입채무회전율이 8회 이상이면 양호하고, 6회 이하면 불량기업이다.

비율의 계산	표준비율
매입채무회전율 = $\dfrac{\text{연매출액}}{\dfrac{\text{전기말매입채무 + 당기말매입채무}}{2}}$	8회 이상이면 양호

8 타인자본회전율

타인자본회전율은 타인자본의 이용도를 표시하는 비율로서 타인자본과 매출액의 관계를 나타내는 비율(연매출액/타인자본평균액)이다.

이 비율은 높을수록 양호하며, 부채의 변제가 확실하고 신속하게 이루어지고 있음을 나타낸다. 매출 1단위에 대한 이자부담율도 작아져 이익도 커지게 된다. 타인자본회전율은 내부보다도 외부채권자가 관심 있게 다

루며, 일정한 표준비율은 없고 높을수록 타인자본 이용도가 좋다고 본다.

비율의 계산	표준비율
타인자본회전율 $= \dfrac{\text{연매출액}}{\dfrac{\text{전기말타인자본} + \text{당기말타인자본}}{2}} \times 100$	높을수록 양호

성장성 분석

성장성 분석은 기업의 자산, 자본 등 경영규모와 기업활동의 성과가 당해연도 중 전년에 비해서 얼마나 증가했는가?를 나타내는 지표로서 기업의 경쟁력이나 미래의 수익창출능력을 간접적으로 나타낸다.

1 총자산증가율

총자산증가율은 당기 말 총자산을 전기 말 총자산으로 나눈 비율로서 기업에 투하 운용된 총자산이 당해 연도에 얼마나 증가했는지 기업의 전체적인 성장 규모를 측정하는 지표이다.

총자산증가율이 높다는 것은 투자활동이 적극적으로 이루어져 기업 규모가 빠른 속도로 증가하고 있다는 것을 의미한다.

그러나 자산재평가가 이루어진 경우는 새로운 자산의 취득이 없이도 재무상태표의 자산규모는 증가하게 되므로 특히 주의해야 한다.

우리나라 기업의 경우 총자산증가율이 20% 이상이면 양호하고, 10% 이하이면 불량기업이다.

비율의 계산		표준비율
총자산증가율 = $\dfrac{\text{당기말총자산}}{\text{전기말총자산}}$ × 100 - 100		20%이상이면 양호

② 유형자산증가율

유형자산증가율은 토지, 건물, 기계장치 등의 유형자산에 대한 투자가 당해 연도에 얼마만큼 활발하게 이루어졌는가를 나타내는 지표로서 기업의 설비투자 동향 및 성장잠재력을 측정할 수 있다.

• 통상 기업의 설비투자를 유형자산으로 볼 수 있는데, 유형자산이 증가했다는 것은 건물 토지 공장 기계 등에 대한 기업의 투자 규모가 늘어났음을 의미한다.

• 이러한 유형자산은 일시에 거액이 투입되고 회계상으로 장기간에 걸쳐 감가상각에 의해 소액단위로 회수된다. 설비투자가 경기상황에 따라 적절하게 이루어진 경우는 호황 시 추가 투자가 없어도 미래 수익창출 능력이 높아지며 성장성이 높아진다.

• 유형자산 공정가치와의 차이가 크면 유의해서 볼 필요가 있다.

• 인플레이션이나 수요급증으로 공장 신설 비용이 급증하는 경우 기존 공장의 대체원가가 급상승하며, 기업가치가 높아진다.

• 유형자산의 규모가 크면 경기 하락 시 위험하다.

• 유형자산의 감가상각방법은 가속상각법을 사용하는 기업이 우수하다.

우리나라 기업의 경우 유형자산증가율이 20% 이상이면 양호하고, 10% 이하면 불량기업이다.

비율의 계산		표준비율
유형자산증가율 = $\dfrac{\text{당기말 유형자산}}{\text{전기말 유형자산}}$ × 100 - 100		20%이상이면 양호

3. 유동자산 증가율

유동자산 증가율은 당기 말 유동자산을 전기 말 유동자산으로 나눈 비율로서 기업의 경상적인 영업활동을 위해서 소유하는 유동자산이 당해 연도에 얼마나 증가하였는가를 나타내는 지표이다.

우리나라 기업의 경우 유동자산 증가율이 20% 이상이면 양호하고, 10% 이하면 불량기업이다.

비율의 계산		표준비율
유동자산증가율 = $\dfrac{\text{당기말 유동자산}}{\text{전기말 유동자산}}$ × 100 - 100		20%이상이면 양호

4. 재고자산증가율

재고자산증가율은 당기 말 재고자산을 전기 말 재고자산으로 나눈 비율로서 기업이 판매 또는 제조를 목적으로 보유하는 상품, 제품, 원재료, 재공품 등의 재고자산이 얼마나 증가하였는가를 나타내는 지표이다.

• 매출과 재고자산이 동시에 증가하는 것이 일반적인 상황이다. 매출은 감소하나 재고자산이 증가하는 경우 위험신호라 볼 수 있다.

- 재고자산 가격이 급등하는 종목의 재고자산 보유 규모도 유의하게 봐야 한다.
- 변화가 심한 산업에서는 재고자산 규모와 진부화 정도를 체크해야 한다(의류업, 첨단업종 등).

우리나라 기업의 경우 재고자산증가율이 20% 이상이면 양호하고, 10% 이하면 불량기업이다.

비율의 계산	표준비율
재고자산증가율 = $\dfrac{\text{당기말 재고자산}}{\text{전기말 재고자산}} \times 100 - 100$	20% 이상이면 양호

5 자기자본 증가율

자기자본 증가율은 당기 말 자기자본을 전기 말 자기자본으로 나눈 비율로서 내부유보 또는 유상증자 등을 통해서 자기자본이 당해 연도에 얼마나 증가하였는가를 나타내는 지표이다.

자기자본 증가율의 원인을 유상증자, 자산재평가, 그리고 손익규모와 관련해서 파악한다.

우리나라 기업의 경우 자기자본 증가율이 20% 이상이면 양호하고, 10% 이하면 불량기업이다.

비율의 계산	표준비율
자기자본증가율 = $\dfrac{\text{당기말 자기자본}}{\text{전기말 자기자본}} \times 100 - 100$	20%이상이면 양호

6 매출액증가율

매출액증가율은 전년도 매출액에 대한 당해연도 매출액의 증가율(당기말 매출액/전기말 매출액)로서 기업의 외형적 신장세를 판단하는 대표적인 지표이다. 경쟁기업보다 빠른 매출액증가율은 결국 시장점유율의 증가를 의미하므로 경쟁력 변화를 나타내는 척도의 하나가 된다.

매출액증가율을 관찰할 때는 물가상승률과 경쟁기업 또는 산업 전반의 매출액증가율과 비교해야 한다. 명목적인 매출액증가율이 물가상승률보다 낮으면 오히려 (-)의 실질적 매출액증가율을 보인다고 판단할 수 있다.

그리고 매출액증가율이 경쟁기업이나 동종산업 전반의 매출액증가율보다 낮다면 이것은 시장점유율이 오히려 하락하고 있음을 나타내며, 매출액증가가 제품 수요의 전반적 상승추세에 기인한 것이지 그 기업의 성공적 영업활동에 기인한 것이 아님을 의미한다.

매출액증가율이 높게 나왔다고 반드시 영업활동을 잘한다고는 볼 수 없는데 재무제표상의 실적을 부풀리기 위해서 이른바 밀어내기 매출을 하는 회사들이 있기 때문이다.

밀어내기 매출을 하게 되면 재무제표상의 계정 및 지표는 아래와 같다.

(+) 증가 : 매출액, 매출채권, 매출액증가율

(-) 감소 : 재고자산, 총자산증가율

따라서 매출과 관련된 지표는 증가하였지만, 자산과 관련된 항목이 감소하게 되는데, 이러한 항목들이 위와 같이 회계연도 말 급변을 하거나 월별 손익계산서에서 매출이 늘어났음에도 영업이익률이 떨어진다면 이는 밀어내기 매출을 의심해 볼 만 하다.

우리나라 기업의 경우 매출액증가율이 20% 이상이면 양호하고, 10% 이하면 불량기업이다.

비율의 계산	표준비율
매출액증가율 = $\dfrac{\text{당기말 매출액}}{\text{전기말 매출액}} \times 100 - 100$	20% 이상이면 양호

수익성 분석

수익성 분석은 일정기간동안 기업의 경영성과를 측정하는 비율로서 투자된 자본 또는 자산, 매출 수준에 상응해서 창출한 이익의 정도를 나타내므로 자산 이용의 효율성, 이익창출 능력 등에 대한 평가는 물론 영업성과를 요인별로 분석, 검토하기 위한 지표로 이용된다.

참고로 저량 개념의 재무상태표 항목과 유량개념의 손익계산서 항목을 동시에 고려하는 혼합비율의 경우에는 재무상태표 항목은 기초잔액과 기말잔액을 평균해서 사용한다.

1 총자산세전순이익률

비율의 계산	표준비율
$총자산세전순이익률 = \dfrac{세전순이익}{\dfrac{기초총자산\ +\ 기말총자산}{2}} \times 100$	10% 이상이 면 양호

기업이 소유하고 있는 총자산운용의 효율성을 나타내는 지표로서, 법인세차감전순이익의 총자산에 대한 비율로 측정한다.

한편 이 비율의 변동요인을 구체적으로 파악하기 위해서는 이 지표를 매출액세전순이익률과 총자산회전율의 곱으로 분해해서 볼 수 있다.

총자산세전순이익율 = 매출액세전순이익률 × 총자산회전율

$$\text{총자산세전순이익률} = \frac{\text{세전순이익}}{\text{매출액}} \times \frac{\text{매출액}}{\text{총자산}}$$

예를 들어 매출액세전순이익률은 높으나 총자산회전율이 낮은 경우에는 판매마진은 높았으나 기업의 판매활동이 부진했음을 나타낸다.

2 총자산이익률(ROA)

총자산이익률은 당기순이익을 연평균 총자산으로 나눈 비율로, 기업에 투자된 총자본이 얼마나 효율적으로 운용되고 수익창출에 기여하였는가를 측정하기 위한 비율이다. 여기서 총자본이란 타인자본(부채)과 자기자본(자본)의 합계를 말하는 것으로 총자산과 같은 의미로 쓰인다.

· 동일한 순이익을 내기 위해 더욱 적은 자본이 투자되는 기업이 효율적이며, 수익성이 좋은 기업이다.

· 이 비율이 높을수록 수익성이 양호하다는 것을 의미하며, 자산규모가 다른 기업의 경영성과를 평가하는 유용한 수단이다.

· 반면 이 비율이 낮은 경우 회사에 투자된 총자산 대비 순이익이 너무 적거나 총자산 규모가 불필요하게 많은 경우이다. 따라서 각 자산의 수익성을 따져보고 수익이 나지 않는 자산에 대해서는 과감한 구조조정이

필요하다.

총자산액은 당해 연도 중에 실제로 투하된 자산액으로 해야 하므로 기초총자산액과 기말총자산액을 합계해서 2로 나눈 평균액을 사용한다.

비율의 계산	표준비율
총자산이익률 = $\dfrac{당기순이익}{\dfrac{기초총자산 + 기말총자산}{2}} \times 100$	10% 이상이 면 양호

특히 내부분석을 하는 경우 월차 재무상태표를 작성하고 있을 때는 각 월의 총자산액을 평균한 금액을 총자산액으로 한다.

· 이 비율은 기업 전체의 포괄적인 수익성과를 표시하는 기본적인 비율이지만, 투하자본의 경영활동과 운용의 효율성에 대해서는 엄밀히 나타내지 못한다. 왜냐하면 총자본 중에는 경영활동에 직접 참여하지 않은 자본도 포함되어 있기 때문이다.

· 이 비율은 원칙적으로 높을수록 수익률이 높은 것이므로 양호한 것으로 평가되며, 동일업종의 평균비율 또는 학자에 따라서는 10% 이상을 표준비율로 삼기도 한다.

이 비율의 분석에 있어 분석자가 유의해야 할 점은 보유하고 있는 자산의 시가가 상승한 경우 총자산이익률은 실제보다 과다하게 나타난다. 왜냐하면, 이 비율의 분자인 당기순이익은 대체로 현행원가로 측정되고 분모인 자산은 현행원가보다 낮은 취득원가로 측정되기 때문이다. 따라서 현행원가와 취득원가의 차이가 큰 자산을 보유하고 있는 기업(= 과거에 취득한 자산이 많은 기업)은 이와 같은 점에 유의해서 해석해야 한다.

3 ⧸ 자기자본이익률(ROE)

자기자본이익률은 자기자본이 얼마나 효율적으로 이용되고 있는지를 나타내는 재무비율이다. 이는 기업의 주주가 투자한 돈에 대한 성과를 표시하는 비율로서 주주는 이 비율에 의해서 자기가 투자한 돈에 대해서 얼마의 이익이 발생하였는가를 알 수 있다. 여기서 자기자본은 자본과 잉여금의 합, 즉 총자본에서 부채를 뺀 금액이다. 이 비율도 연율로 계산하기 때문에 당기순이익은 1년, 자기자본은 연평균액으로 계산한다. 예를 들어 자기자본이익률이 10%라면 주주가 연초에 1,000원을 투자했더니 연말에 100원의 이익을 냈다는 뜻이다.

비율의 계산	표준비율
자기자본이익률 = $\dfrac{\text{당기순이익(지배기업소유주지분)}}{\dfrac{\text{기초자기자본금 + 기말자기자본금}}{2}} \times 100$	20% 이상이면 양호

주주는 이를 통해 자기가 투자한 자본에 대해서 이익이 어느 정도 발생하며, 배당금과 적립금이 자기에게 얼마만큼 귀속되는가를 알 수 있다 그리고 자기자본이익률이 높다는 것은 주주가 투자한 돈에 대해 높은 수익을 올리고 있다는 것을 나타내므로 많은 투자가 이루어질 것이다. 반면 투자자 입장에서 보면 자기자본이익률이 시중금리보다 높아야 투자자금의 조달비용을 넘어서는 순이익을 낼 수 있으므로 기업투자의 의미가 있다. 시중금리보다 낮으면 투자자금을 은행에 예금하는 것이 더 낫기 때문이다.

자기자본이익율이 주주에게 중요한 지표라면 총자산이익율은 경영자에게 중요한 지표가 된다. 총자산이익율이 경영자에게 중요한 지표인 이유는 경영자는 자기자본뿐만 아니라 타인자본에 의해 조달된 모든 자산을 효율적으로 조달·운용해야 하는 책임이 있기 때문이다.

일반적으로 총자산이익률은 자기자본이익률보다 낮은 편이며, 타인자본과 자기자본과의 자본구성비율이 같다면, 총자산이익률이 높을수록 자기자본이익률도 높아지는 것이 보통이다.

총자산이익률이 낮고 자기자본이익률이 높은 것은 자본구성에서 타인자본의 비율이 크기 때문이며, 이것은 기업의 안전도가 약하다는 것을 의미한다.

그러나 총자산이익률이 높을 때, 즉 기업의 수익력이 타인자본의 이자율을 상회하는 때에는 가능한 한 타인자본을 이용하는 것이 좋을 것이다.

4 기업세전순이익률

자금 원천과 관계없이 기업에 투하된 총자본이 얼마나 효율적으로 운영되었는가?를 나타내는 지표로서 세전순이익에서 차입금에 대한 이자비용을 차감하기 전의 금액을 총자본과 대비한 것이다. 따라서 기업가의 경영능력을 측정하는 지표로 사용되고 있다.

비율의 계산	표준비율
기업세전순이익률 = $\dfrac{\text{세전순이익 + 이자비용}}{\dfrac{\text{기초총자산 + 기말총자산}}{2}} \times 100$	10% 이상이 면 양호

5 기업순이익률

당기순이익과 이자비용의 합계액을 총자본과 대비한 비율로서 기업에 투하된 총자본의 종합적인 최종 성과를 나타내는 비율이다.

비율의 계산	표준비율
기업순이익률 $= \dfrac{\text{당기순이익}}{\dfrac{\text{기초총자산 + 기말총자산}}{2}} \times 100$	5% 이상이면 양호

6 자기자본세전순이익률

세전순이익의 자기자본에 대한 비율로서 출자자 또는 투자자들이 투하자본에 대한 수익성을 측정하는데 중요한 지표로 이용된다.

비율의 계산	표준비율
자기자본세전순이익률 $= \dfrac{\text{세전순이익}}{\dfrac{\text{기초자기자본금 + 기말자기자본금}}{2}} \times 100$	20% 이상이면 양호

7 자본금세전순이익률자기자본세전순이익률

기업활동의 기초가 되는 납입자본금에 대한 세전순이익의 비율이다. 앞에서 설명한 자기자본세전순이익률 산출을 위한 자기자본에는 납입자본금 외에도 잉여금을 포함하고 있으므로 출자자의 지분에 상응하는 정확한 이익률의 산정이 어렵다. 따라서 자본금세전순이익률은 이에 대한 보조지표로 널리 이용되고 있다.

비율의 계산	표준비율
자본금세전순이익률 = $\dfrac{세전순이익}{\dfrac{기초자본금\ +\ 기말자본금}{2}} \times 100$	20% 이상이면 양호

8 자본금순이익률(경영자본이익률)

자본금에 대한 당기순이익의 비율로서 영업활동에 사용된 경영자본과 영업이익과의 관계이다. 기업의 배당능력 판단을 위한 기초자료로 중요시되고 있어 투자자들의 투자결정 시에 참고지표로 널리 이용되고 있다.

비율의 계산	표준비율
자본금순이익률 = $\dfrac{당기순이익}{\dfrac{기초자기자본금\ +\ 기말자기자본금}{2}} \times 100$	10% 이상이면 양호

9 매출액영업이익률

기업의 주된 영업활동에 의한 성과를 판단하기 위한 지표로서 제조 및 판매 활동과 직접 관계된 순수한 영업이익만을 매출액과 대비한 것으로 영업 효율성을 나타내는 지표이다.

이 비율은 매출액과 영업비용에 의해서 좌우되므로 비율의 고저는 매출액과 영업비용에 원인이 있게 된다. 따라서 매출액과 영업비용 그 자체의 증감 원인을 분석할 필요가 있다. 뚜렷한 표준비율은 없으나 높을수록 영업활동의 운용이 합리적이라는 것을 나타낸다. 따라서 영업자의 입장에서는 어느 비율보다도 매출액영업이익률이 기업수익성을 판단하기에 적합한 비율이라고 할 수 있다. 만약 매출액영업이익률이 매출총이익률(매출총이익/매출액)보다 현저히 낮다면 판매비와관리비에 문제가 있다는 것을 나타낸다.

비율의 계산	표준비율
매출액영업이익률 = $\dfrac{영업이익}{매출액} \times 100$	20% 이상이면 양호

10 \ 매출액세전이익률

기업 경영활동 성과를 총괄적으로 표시하는 대표적 지표로서 기업의 주된 영업활동뿐만 아니라 재무활동 등 영업활동 이외의 부문에서 발생한 경영성과를 동시에 측정할 수 있다.

비율의 계산	표준비율
매출액세전순이익률 = $\dfrac{세전순이익}{매출액} \times 100$	10% 이상이면 양호

11 매출액순이익률

매출액에 대한 당기순이익의 비율을 나타내는 지표이다.

이 비율은 높을수록 전반적인 경영활동의 효율이 높은 것임을 나타낸다.

비율의 계산	표준비율
매출액세전순이익률 = $\dfrac{당기순이익}{매출액} \times 100$	5% 이상이면 양호

12 매출원가 대 매출액매출액순이익률

매출원가 대 매출액은 매출액 중 매출원가가 차지하는 비중을 나타내는 비율로서 기업원가율 또는 「마진」율을 측정하는 지표이다.

비율의 계산	표준비율
매출원가 대 매출액 = $\dfrac{매출원가}{매출액} \times 100$	특정기준이 없음

13 이자보상비율

이자보상배율은 기업이 영업활동으로 벌어들인 이익으로서 이자비용을 어느 정도 부담할 수 있는지 기업의 이자부담능력을 평가하는 지표로서 영업이익을 이자비용으로 나누어 계산한다.

비율의 계산	표준비율
이자보상비율 $= \dfrac{\text{영업이익}}{\text{이자비용}} \times 100$	2배 이상이면 양호

1배 이하면 당해연도 영업에서 벌어들인 이익으로 그해 이자도 다 못 갚는다는 것을 의미한다. 이런 기업의 경우에는 투자를 위한 부채조달은 두 번째치고, 우선 부도가 나지 않으려면 또 다른 차입을 통해 기존의 차입금 이자를 갚아나가야 하는 악순환에 직면하게 된다. 특히 이자보상배율이 2~3년간 1배 이하(기업구조조정 부실기업 판정기준 : 3년 연속 이자보상비율 1배 미만)에 머무르면 해당 기업이 도산의 위기에 직면해 있음을 알 수 있다.

이러한 점에서 이자보상배율은 기업의 재무 건전성에 이상을 알리는 최후의 적신호라 할 수 있다.

14 배당률이자보상비율

주식발행총액(납입자본금)에 대한 배당금지급액의 비율로서 투자자에 대한 배당 수준을 나타내는 지표이다. 투자자에게는 수익률에 해당하는 것이 되므로 투자결정에 중요한 지표로 이용되고 있다.

비율의 계산	표준비율
배당률 $= \dfrac{\text{배당금}}{\text{자본금}} \times 100$	특정기준은 없다.

배당금은 이를 현금으로 받는 경우는 실제로 기업의 자금이 사외로 나가는 것이 되나, 주식으로 받는 경우는 결국 재투자한 것과 같은 결과가 되어 기업의 잉여금이 자본으로 그 형태만을 바꾸는 것에 불과한 것이 된다. 따라서 기업으로써는 자본이 튼튼해지는 효과를 기대할 수 있으나 주주로서는 별다른 실익이 없을 수도 있다는 것이다.

그리고 배당금을 결정하는 것은 주주총회이며, 상법에서는 그 지불한도를 정해 놓고 있다.

기업은 배당금을 제외한 모든 자산을 기업에 준비금 또는 적립금의 형식으로 남겨두게 되는 데 이때 유의해야 할 점은 이 모든 내역이 반드시 현금의 보유로 이어지는 것은 아니라는 점이다. 즉, 장부상의 조작일 수도 있다는 점에 유의해야 한다.

15 배당 성향

기업이 당기순이익 중 어느 정도를 배당금으로 지급하였는가를 나타내는 지표로 사외배당률(payout ratio)이라고도 한다. 기업의 배당률만으로는 배당지급능력의 대소를 알 수 없으므로 배당률의 보조지표로 이용된다.

배당은 이익이 나야 주주총회의 결의로 상법상의 한도 내의 금액에서 배당이 이루어지는 것이다.

그래서 얼마의 배당이 가능하고 얼마의 배당이 적당한가를 판단하는 수단으로 흔히 배당성향을 활용하는데 배당성향(배당금/당기순이익)이란 당기순이익 중 배당금으로 얼마를 지급하였느냐를 나타낸다.

일반적으로 배당성향이 낮으면 기업의 배당에는 여유가 생기고 내부에 남아있는 돈이 늘어나므로 자산의 내용이 좋아진다. 따라서 기업의 배당성향이 낮다는 것은 장래에 높은 배당을 기대할 수도 있다는 것이고 배당성향이 높다는 것은 장래에 배당을 줄이거나 배당이 없을 가능성이 크다는 것이다.

비율의 계산	표준비율
배당성향 $= \dfrac{\text{배당금}}{\text{당기순이익}} \times 100$	특정 기준은 없다.

66 이익률을 올리기 위한 방법 99

$$\text{자본이익율} = \dfrac{\text{매출}}{\text{자본}}(\text{자본회전율}) \times \dfrac{\text{이익}}{\text{매출}}(\text{매출이익율}) \times 100$$

자본에 대한 이익률을 높이려면 매출을 늘리거나 자본을 적게 하면 된다. 일반적으로 매출이 늘면 받을어음이나 외상매출금이 증가하고, 재고도 현재 보유한 것 이상으로 필요하다. 자본을 늘리지 않고 매출을 늘리는 것은 당연히 어렵지만 적어도 회사를 경영할 때는 매출신장률보다 자본신장률이 낮아지도록 노력해야 한다.

최근 감량경영이라는 말을 자주 듣는데 유휴설비, 불필요한 투자, 대여금 등을 줄이는 프로그램을 사용하면 차입금도 줄고 따라서 이자 부담도 줄어 자본이익률을 향상시킬 수 있다. 그러나 이로 인해 경영이 소극적이 되면, 오히려 마이너스 결과를 가져올 수도 있으므로 주의해야 한다.

매출이익율은 이익이 늘거나 매출을 줄이면 향상된다. 왜냐하면, 매출이 늘어도 고정비는 그다지 변동이 없다면 매출신장률보다 이익성장율이 훨씬 커지기 때문에 매출이익률이 향상되는 것이다. 매출 증가 정책이 그저 매출액의 숫자만을 크게 하는 것이어서는 안 되며, 이익을 계속 확보하면서 매출을 늘리는 방법을 모색해야 한다. 판매담당자는 이점을 명심해야 한다. 총자본순이익률은 총자본에서 차지하는 타인자본의 비율을 줄이면 향상된다. 더불어 차입금에 따르는 이자비용도 줄어든다. 뿐만아니라 회사가 내는 세금이 줄어든다면 역시 총자본순이익율은 향상된다.

생산성 분석

생산성 분석은 기업활동의 성과 및 효율을 측정하고 개별 생산요소의 기여도 및 성과 배분의 합리성 여부를 규명하기 위한 지표이다. 이는 경영합리화의 척도라고 할 수 있으며, 생산성 향상으로 얻은 성과에 대한 분배기준이 된다. 근래에는 기업경영의 성과를 부가가치 생산성이란 개념으로 측정하는 것이 일반적이다. 또한, 최근에 임금은 업적에 따라 주고받아야 한다는 풍토로 바뀌어 가고 있는 것이 현실이다. 따라서 업적의 평가에 앞서 생산성 분석이 선행되어야 한다. 즉, 경영자에게는 생산성 향상이 임금 상승을 상회하고 있는가가 커다란 관심사가 된다.

운영자가 수익의 증대만을 도모할 때는 노동자의 생산의식은 감퇴되어 오히려 수익성을 저하시키는 결과가 되므로 생산이 합리적으로 이루어지도록 해서 출자자에게는 타당한 배당을 하고 노동자에게는 적정한 임금을 지급해야 한다. 또한, 소비자에게는 정당한 경로로 제품을 제공함으로써 성과를 거둘 수 있도록 해야 한다. 즉, 생산이 합리적으로 행해져서 생산성이 향상되었는가, 그 성과가 이해관계자 집단에 적정히 배분되었는가의 검토가 중요하게 된다.

1 노동장비율

노동장 비율은 생산과정에서 종업원 한 사람이 어느 정도의 노동장비를 이용하고 있는가를 나타내는 지표이다. 노동장비율이 높다는 것이 1인당 부가가치 증가율이 높다는 뜻이다.

일반적으로 중공업은 노동장비율이 높아 자본 집약적 성격을 갖은 데 비해, 경공업의 경우 노동장비율이 낮아 노동집약적인 성격을 갖는다. 즉, 일반적으로 노동장비율이 높아질수록 노동생산성은 올라간다.

$$\text{노동장비율} = \frac{\text{유형자산} - \text{건설중인자산}}{\text{종업원수}}$$

1

2 자본집약도

자본집약도는 종업원 한 사람이 어느 정도의 자본액을 보유하고 있는가를 나타내는 지표로서 노동장비율의 보조지표로 이용된다. 일반적으로 노동자 1인당의 자본량, 즉 자본집약도가 커지면 한 사람의 노동자가 만들어내는 산출량의 크기, 즉 노동생산성이 상승하는 경향이 있다.

$$\text{자본집약도} = \frac{\text{총자본}}{\text{종업원수}}$$

3 종업원 1인당 부가가치

종업원 한 사람이 창출한 부가가치를 산출한 지표로써 부가가치기준에 의한 노동생산성을 말하며, 임금 결정의 기준이 되기도 한다. 노동생산성이 높다는 것은 기업이 보유노동력을 효율적으로 이용해서 보다 많은 부가가치를 창출했음을 의미한다.

기업의 활동은 크게 노동과 자본의 결합으로 이루어지므로 그 성과도 노동요인과 자본요인으로 구분해서 볼 수 있다. 따라서 노동생산성만을 기준으로 생산성을 평가할 수는 없으며, 자본생산성을 함께 고려해야 한다.

$$\text{종업원 1인당 부가가치} = \frac{\text{부가가치}}{\text{종업원수}}$$

부가가치는 회사의 이익을 주주에게 귀속되는 순이익에 국한하지 않고 광범위한 이해관계자에게 귀속되는 이익을 측정한 것이라 할 수 있다. 이런 부가가치는 창출 측면과 분배 측면에서 측정할 수 있는데 한국은행의 기업경영분석통계는 분배 측면에서 접근해서 영업잉여(영업손익 + 대손상각비 - 금융비용), 인건비, 금융비용, 조세공과, 감가상각비 등으로 구성되어 있으며 손익계산서 및 제조원가명세서에 나타난 해당 항목들을 합산해서 산출한다.

구 분	내 용
영업잉여	영업손익에 대손상각비를 가산하고 금융비용을 차감한 잔액을 말한다.
인건비	판매비와 관리비 중 급여, 퇴직급여, 복리후생비 항목과 제조원가명세서 중 노무비, 복리후생비 항목의 합계액을 인건비로 한다.
금융비용	차입금이나 회사채발행 등에 대한 대가로 지급되는 이자비용을 말한다.
조세공과	판매관리 부문과 제조 부문에서 발생된 제세금과 공과를 말한다.
감가상각비	판매관리 부문과 제조 부문에서 발생된 감가상각비를 말한다.

4 부가가치율

부가가치율은 일정기간동안 기업이 창출한 부가가치액을 같은 기간중의 산출액으로 나눈 비율로서 산출액 중 생산활동에 참여한 생산요소에 귀속되는 소득의 비율을 나타내므로 소득률이라고도 한다. 부가가치액은 산출액에서 다른 기업이 생산한 중간투입물인 재료비 등을 차감한 것이 므로 기업의 생산 효율성이 높을수록 부가가치율은 높아지게 된다.

부가가치율이 높다는 것은 기업활동의 이해관계자들에게 분배되는 몫이 크다는 것을 의미한다.

$$부가가치율 = \frac{부가가치}{산출액} \times 100$$

* 산출액 = 매출액 + 제품재고증감 ** - 외주가공비

** 제조비용 - 매출원가

5 노동소득분배율

노동소득분배율은 기업이 창출한 요소비용 부가가치 중에서 노동력을 제공한 근로자에게 분배된 몫의 비중을 나타낸다.

$$노동소득분배율 = \frac{인건비}{요소비용\ 부가가치} \times 100$$

* 요소비용 부가가치 = 영업 잉여 + 금융비용 + 인건비

현금흐름표를 이용한 재무분석

현금흐름표는 영업활동, 투자활동, 재무활동별 현금유출·입 액의 분석을 통한 기업의 부문별 성과평가 및 효율성을 제고하고 기업의 유동성 파악에 가장 중요한 정보를 제공하며, 기업의 부실 및 도산과 관련해서 현금흐름 분석의 중요성이 계속 증대되고 있다.

1 현금흐름과 주가비율

주당 현금흐름비율(CPS)

주당 현금흐름비율은 주당순이익의 대체적인 비율로서 영업활동현금흐름을 회사의 총유통 보통주식 수로 나눈 비율을 말한다. 보통주 1주당 귀속되는 영업활동으로 인한 현금흐름으로 많을수록 주주의 부가 크다.

$$주당현금흐름 = \frac{(영업활동으로\ 인한\ 현금흐름 - 우선배당금)}{총유통보통주식수}$$

주가현금흐름비율(PCR)

주가현금흐름비율은 주당현금흐름비율과 마찬가지로 기업의 성장 가능성을 가늠하는 지표로 사용되며, 주식투자에서는 PCR이 낮은 기업의 주식을 사도록 권유하는 경향이 있다. 즉, 보통주 주가가 1주당 현금흐름의 몇 배인지를 평가하는 상대적 가치비율로 낮을수록 주식가치가 저평가, 높을수록 주식가치가 고평가되었음을 의미한다.

PCR이 낮다는 것은 회사가 영업활동에서 현금을 창출하는 능력에 비해서 주가가 상대적으로 낮다는 것을 의미하므로 장기적으로는 주가의 상승이 기대된다는 주장이다.

$$주가현금흐름비율 \ = \ \frac{보통주\ 1주당\ 시가}{주당현금흐름(CPS)}$$

배당지급능력배수

배당금과 영업현금흐름의 관계를 측정하는 비율로 영업현금흐름이 배당금의 몇 배인지 측정한다. 비율이 높을수록 배당지급능력이 우수하다는 것을 의미한다.

$$배당지급능력배수 \ = \ \frac{영업활동으로\ 인한\ 현금흐름}{배당금}$$

현금흐름 대 단기차입금 비율

영업활동으로 인한 현금흐름을 1년 이내에 상환이 도래하는 단기차입금과 비교함으로써 기업의 단기 지급 능력을 측정하는 비율이다. 높을수록 지급 능력이 우수하다.

$$\text{현금흐름 대 단기차입금 비율} = \frac{\text{영업활동으로 인한 현금흐름}}{\text{단기차입금}}$$

현금흐름 대 총부채 비율

영업활동으로 인한 현금흐름과 총부채를 비교하는 비율로 높을수록 기업의 부채 상환능력이 높다는 의미이며, 기업의 장기지급능력 비율이라고도 한다.

$$\text{현금흐름 대 총부채 비율} = \frac{\text{영업활동으로 인한 현금흐름}}{\text{총부채}}$$

금융비용보상비율

영업활동으로 인한 현금흐름으로 금융비용을 충분히 보상하고 있는지를 측정하는 비율로서 기업의 실질적인 부채 수용 능력을 판단하는 지표가 된다.

$$\text{금융비용보상비율} = \frac{(\text{영업활동으로 인한 현금흐름} + \text{금융비용})}{\text{금융비용}}$$

특수한 사례별 회계처리

국고보조금(정부보조금)의 회계처리

1 국고보조금과 잡이익의 차이

기업회계기준에 의한 처리

기업회계기준에 의하면 자산의 취득에 사용될 국고보조금을 받았을 때는 관련 자산을 취득하기 전까지 받은 자산의 차감 계정으로 처리한 다음, 자산의 취득에 충당한 국고보조금은 취득자산에서 차감하는 형식으로 표시한다.

해당 국고보조금은 자산의 내용연수에 걸쳐 감가상각 금액과 상계처리하며, 자산의 취득에 사용하지 않는 기타의 국고보조금은 국고보조금으로 영업외수익으로 처리한다.

외부감사대상이 아닌 사업자의 자산취득 관련 국고보조금 처리

외부회계감사를 받지 않는 중소기업의 경우 국고보조금 교부통지를 받은 날 국고보조금 전액을 잡이익 등 영업외수익으로 처리한 다음, 기술

개발의 성공으로 출연금 일부의 반환통지 또는 기술료의 납부통지를 받은 날 잡손실 등 영업외비용으로 처리해도 무방하다. 이 경우 상환해야 하는 금액은 장기차입금 등 적절한 계정과목으로 처리한다. 또한 전액 무상으로 지원받는 교육훈련보조금, 고용촉진장려금, 고용유지지원금 등 소액의 국고보조금은 국고교부금 통지를 받은 날 전액 잡이익으로 처리한다.

분개 사례 ··

국고보조금 1억원 중 30%는 상환의무가 있는 보조금인 경우

보통예금	100,000,000	/	국고보조금	70,000,000
			장기차입금	30,000,000

---

2 자산 관련 국고보조금 : 자산차감법

자산차감법은 국고보조금(정부보조금) 수령시 자산의 장부금액에서 차감하고, 내용연수에 따라서 감가상각비를 감소시키는 방법으로 수익을 인식한다. 즉 보조금을 받으면 자산의 (-)계정으로 인식하고, 내용연수에 따라서 감가상각비를 인식할 때, 그 내용연수에 따라서 감가상각비와 상계하는 것으로 수익으로 인식한다.

보조금 수령 및 집행시

분개 사례 ··

20×1년 1월 1일 기계장치를 현금 1,000만 원을 지급하고 취득하였으며, 기계장치의 내용연수는 5년이고, 정액법으로 감가상각을 한다. 취득일에 1,000만 원 전액을 국고보조금으로 받았다.

1. 당기 보조금 수령 후 자산취득

기계장치	10,000,000	/	보통예금	10,000,000
보통예금	10,000,000		국고보조금(자산 차감)	10,000,000

2. 당기 결산 감가상각비

감가상각비	2,000,000	/	감가상각누계액	2,000,000
국고보조금	2,000,000		감가상각비	2,000,000

1,000만 원 ÷ 5년 = 200만 원

3. 20×2년 1월 1일 해당 자산을 900만 원에 처분했다.

보통예금	9,000,000	/	기계장치	10,000,000
감가상각누계액	2,000,000		유형자산처분이익	9,000,000
국고보조금	8,000,000			

··

보조금 정산 시 - 불인정금액(집행완료 후) 반환

구 분	회계처리				
동일 과세 기간 정산	국고보조금	100 /	보통예금		100
	손상차손 국고보조금(기계장치)	100 / 100	기계장치 보통예금		100 100
다음 과세 기간 정산	국고보조금	100 /	보통예금		100
	손상차손 국고보조금(기계장치) <전기 감가상각비수정> 감가상각비	100 / 100 20 /	기계장치 보통예금 국고보조금(기계장치)		100 100 20

3	자산 관련 국고보조금 정산 : 이연수익법

이연수익법은 정부로부터 보조금 수령시 이연국고보조금수익 부채로 인식하고 자산의 내용연수에 따라서 수익으로 인식하는 방법이다.

분개 사례

20×1년 1월 1일 기계장치를 현금 1,000만 원을 지급하고 취득하였으며, 기계장치의 내용연수는 5년이고, 정액법으로 감가상각을 한다. 취득일에 1,000만원 전액을 국고보조금으로 받았다.

1. 당기 보조금 수령 후 자산취득

기계장치	10,000,000	/	보통예금	10,000,000
보통예금	10,000,000		이연국고보조금수익	10,000,000

2. 당기 결산 감가상각비

감가상각비	2,000,000	/	감가상각누계액	2,000,000
이연국고보조금수익	2,000,000		국고보조금수익	2,000,000

1,000만 원 ÷ 5년 = 200만원

이연국고보조금수익은 부채이고, 국고보조금수익은 수익에 해당한다. 보유기간 중에 부채를 수익으로 대체하는 회계처리를 한다.

3. 20×2년 1월 1일 해당 자산을 900만 원에 처분했다.

보통예금	9,000,000	/	기계장치	10,000,000
감가상각누계액	2,000,000		유형자산처분이익	1,000,000
이연국고보조금수익	8,000,000		국고보조금수익	8,000,000

4 ▸ 수익 관련 국고보조금 정산 : 수익인식법

자산취득이 아닌 특정 비용을 보전받는 경우는 정부보조금을 수령하고 비용과 상계하는 연도에 해당 금액만큼 비용을 감소시켜주는 효과가 있다.

📀 분개 사례 ···

급여 200만 원 중 100만 원(상환의무 없음)을 정부보조금으로 충당 받는 경우

1. 국고보조금 수령 : 20X3년 4월 10일

급여	1,000,000	/ 이연국고보조금수익	1,000,000

2. 급여 지급 : 20X3년 4월 25일

급여	2,000,000	/ 보통예금	2,000,000
이연국고보조금수익	1,000,000	국고보조금수익	1,000,000

---

5 ▸ 수익 관련 국고보조금 정산 : 이연수익법

📀 분개 사례 ···

급여 200만 원 중 100만 원(상환의무 없음)을 정부보조금으로 충당 받는 경우

1. 국고보조금 수령 : 20X3년 4월 10일

급여	1,000,000	/ 이연국고보조금수익	1,000,000

2. 급여 지급 : 20X3년 4월 25일

급여	2,000,000	/ 보통예금	2,000,000
이연국고보조금수익	1,000,000	급여	1,000,000

리스 이용자 회계처리

1 리스와 렌트의 성격 구분

리스와 렌트는 차량을 빌리는 개념이기는 하나, 리스는 단순히 빌린다기보다는 일종의 금융상품이라고 할 수 있다. 리스사가 금융회사이기 때문이다.

따라서 리스는 금융상품이며, 면세상품이라고 할 수 있다. 총금액 일부를 내고, 나머지 금액은 계약기간 동안 매달 내게 된다.

비용으로는 월 이용에 따른 리스료 외에 보험료를 별도로 내야 한다.

운전자가 직접 따로 보험에 가입할 수도 있으며, 계약에 따라 월 리스료에 보험료를 포함해서 이용료를 내는 경우도 있다.

번호판은 일반 번호판을 사용한다.

그리고 대출로 볼 수 있으므로 다른 대출을 받을 시 부채가 있는 것으로 확인될 여지가 있다.

반면 렌트의 경우, 차량의 소유주는 렌터카 회사이다. 리스와는 달리, 실제 매장이나 사무실을 임대하여 쓰듯이 차량을 임대하는 개념으로 생각하면 된다.

차량 렌트 비용에는 월 렌털료에 자동차와 관련된 세금, 보험료가 모두 포함되어 있다.

리스와는 달리 별도로 보험료를 부담하는 경우는 없다.

은행 쪽에서는 대출로 인지되지 않는다.

하지만 허, 하, 호로 시작하는 렌트카 전용 번호판을 사용해야 한다.

2 법인차량의 리스에 의한 구입시 회계처리

차량을 법인 명의로 소유권 이전 등록을 하지 않고 리스에 의해서 취득하는 경우가 있는데, 리스는 리스회사가 차량의 사용권을 리스 이용자에게 이전하고, 리스 이용자는 사용료를 지급하는 계약이다. 이는 리스 이용자 입장에서 초기 거액의 돈이 소요되는 자산을 취득하기는 법인의 재무 상태상 불가능할 때 매달 소정의 사용료 지급만으로 필요로 하는 자산을 이용할 수 있다는 점이다.

리스의 방식에는 금융리스 방식과 운영리스 방식이 있다.

금융리스란 일반적으로 리스계약의 해지가 불가능하고, 리스계약 기간이 끝나게 되면 그 자산의 소유권이 리스 이용자(임차인)에게 이전되거나 리스 기간이 리스자산의 사용 가능 기간보다 긴 계약을 말한다.

금융리스는 소유권 이전, 염가구매선택권 등 만료 시점에 법인의 자산이 되는 것으로 리스 이용자는 리스자산을 자산으로 계상해서 감가상각 할 수 있고, 리스료는 원금상환 부분과 이자비용 부분으로 구분해서 부채상환과 이자비용으로 비용처리 할 수 있다. 금융리스의 경우 자산과 부채가 계상되고 재무제표의 부채비율 등에 영향을 준다(K-IFRS).

반면, 운용리스란 일정한 기간(리스계약 기간) 사용 후에 그 해당 자산을 리스회사에 반환하는 순수한 의미의 리스(임차)를 말한다.

운영리스는 소유권 이전 등은 하지 않고 렌탈처럼 사용만 하는 것으로 법인의 자산 계상 없이 리스료 전액에 대해서 비용처리 할 수 있다. 즉, 별도로 자산과 부채로 계상되지 않고 비용만 발생하게 된다.

간단히 금융리스는 신차를 할부로 구매하는 것으로, 운용리스는 렌트카 (임대차 거래) 처럼 빌려서 사용하는 것으로 생각하면 이해하기 쉽다.

구 분	금융리스	운용리스
형태	할부	임대
가입시	선납금	보증금
만기시	인수 또는 재리스	인수 또는 재리스, 반납(보증금 환불)
소유에 따른 위험과 효익	리스이용자	리스제공자
중도 해약	불가능(장기간의 리스)	가능(단기간의 계약)
리스이용자 회계처리	재무제표에 자산, 부채로 반영	재무제표에 미반영, 리스료 전액 손비 처리

3 일반기업회계기준에 의한 회계처리

금융리스 회계처리

1. 금융리스는 자산의 취득과 비슷한 성격을 가진다.
(리스 이용자가 자산을 빌려 사용하지만, 실질적으로 자산을 취득한 것과 동일한 효력이 있다.)

2. 회계적으로도 자산의 구입과 같은 처리를 한다.

3. 만기까지 줄 금액을 상황에 따라 단기차입금 또는 장기미지급금으로 처리한다.

4. 리스료에 대해서 감가상각도 리스 이용자가 직접 해야 한다.

5. 계약 종료 후, 리스 이용자가 인수 또는 재리스를 해야 한다.

📋 분개 사례 ··

1. 선급금 (계약금) 지급 시

| 선급금 | 20,000,000 | / 보통예금 | 20,000,000 |

2. 차량 인수 시

차량을 인수하면 먼저 지급했던, 금액인 선급금과 장기차입금으로 구분하여 분개한다.

| 차량운반구 | 56,000,000 | / 선급금 | 20,000,000 |
| | | 장기차입금 | 36,000,000 |

3. 매월 리스료 납부 시

리스료 납부시 장기차입금 계정을 사용하여 상계하며, 할부금 외에 발생한 비용에 대해서는 이자비용으로 처리한다(36개월 계약).

| 장기차입금 | 1,000,000 | / 보통예금 | 1,100,000 |
| 이자비용 | 100,000 | | |

4. 해당 자산을 5년간 정액법 상각 시

| 감가상각비 | 11,200,000 | / 감가상각누계액 | 11,200,000 |

주 5,600만 원 ÷ 5년 = 1,120만 원

···

운용리스 회계처리

1. 리스 이용자가 단순히 빌려 쓰는 것

2. 리스 이용자는 감가상각이나 회계처리에 대해 할 필요가 없다(리스 회사에서 하니깐).

3. 리스 이용자 회사의 부채비율을 낮추고 자기자본비율을 높일 수 있는 수단이다. (리스회계기준이 개정되면서 2019년부터는 운용리스도 금융리스로 회계처리 한다.)
4. 렌터카처럼 사용료를 지불하고 리스료 또는 지급임차료 등으로 회계처리
5. 계약 종료 후 인수, 반납, 재대여가 모두 가능하다. 차량을 인수했다면 부대비용(이전 대행수수료, 취등록세)을 포함해 차량운반구 계정으로 유형자산으로 등록한다. 차량의 취득가액은 인수가액과 돌려받지 못한 보증금 및 선납금을 합한 금액이다.

🌀 분개 사례

1. 보증금 2천만 원 지급 후 계약 시

보증금	20,000,000	/ 보통예금	20,000,000

2. 매월 리스료 납부 시(계산서 수취)

리스료	1,100,000	/ 보통예금	1,100,000

3. 보험료 납부 시 회계처리

보험료	1,000,000	/ 보통예금	1,000,000

🈯 운용리스와 관련하여 리스 사용자가 보험료를 부담해야 하는 경우 보험료 계정으로 처리한다.

운용리스 자산의 경우 일반적으로 세금계산서를 수취하지 않으므로 매입세액공제와는 무관하다. 다만, 사업자가 인가받은 시설대여회사로부터 시설 등을 임차하고 당해 시설 등을 공급자 또는 세관장으로부터 직접 인도받는 경우는 리스 이용자가 공급자로부터 재화를 공급받거나 외국으로부터 재화를 직접 수입한 것으로 보아 공급자 또는 세관장으로부터 세금계산서를 발급받을 수 있다. 이 경우 매입세액은 리스 이용자가 부담해야 하고 매입세액에 대하여만 회계처리를 한다.

1. 매입세액공제 대상 리스 차량에 대하여 세금계산서를 수취한 경우

부가가치세대급금	100,000	/ 보통예금	100,000

2. 매입세액불공제 리스차량에 대하여 세금계산서(공급가액 3천만원, 세액 3백만원)를 수취한 경우(리스기간 36개월 가정)

선급비용	3,000,000	/ 보통예금	3,000,000

3. 회계기말에 선급비용 3,600만 원 중 총리스기간(36개월 가정)에서 당해 연도 리스 기간(6개월)에 상당하는 금액을 지급임차료로 대체하는 경우

리스료	500,000	/ 선급비용	500,000

주 3,600만 원 ÷ 36개월 × 1/2

··

일반적인 운용리스의 경우에는 차량의 명의가 리스회사 명의로 되지만, 부가가치세 환급 대상 차량의 경우는 이용자(고객) 명의로 차량이 등록되고, 부가가치세 환급을 받을 수 있는 리스 상품이다. 즉 사업자가 매입세액공제 대상 차량을 구입하는 경우 부가가치세 환급이 자동차 리스에서도 적용된다.

부가가치세 매입세액공제 대상 차종은 다음과 같다.

① 모닝, 스파크, 레이, 다마스, 라보 등 경차

② 카니발, 스타렉스, 코란도 투리스모 등 승합차

③ 봉고, 포터, 코란도 스포츠 등 화물차

부가가치세 환급 리스의 진행은 다음의 방법으로 진행된다.

① 차량 가격에서 부가가치세를 뺀 나머지 금액으로 리스를 진행하게 된다.

② 부가가치세 금액은 차량회사(리스일 경우, 리스회사)에 입금하여 세금계산서를 받게 된다.

③ 매입 세금계산서는 해당 분기에 부가가치세 신고를 하여 매입세액공제를 받는다.

참고로 리스차량을 인수한 경우 중고자산의 감가상각 내용연수를 적용할 수 있다. 내용연수는 기준내용연수인 5년에서 50%를 적용하면 2.5년이나 소수점은 올림으로 보므로 3년이 적용된다.

4 K-IFRS에 의한 회계처리

구 분	처리방법
리스의 분류	금융리스, 운용리스와 관계없이 사용권자산과 리스부채로 계상
용어 변경	사용권자산(자산), 리스부채(부채)
리스부채 계산 시 유의 사항	개정 후 기준서는 리스부채 산정 시 보증이 예상되는 금액을 포함 ➔ 리스 개시일 당시 보증이 예상되는 금액이 없다면 리스부채 계산에서도 반영하지 않음 ➔ 보증이 예상되는 금액은 변동될 수 있으므로 주기적으로 리스부채를 재검토함 ➔ 리스부채에 보증 잔존가치를 무조건 포함하지 않으므로 감가상각비 계산이 아래와 같이 변경 감가상각비 = 사용권자산 ÷ MIN[리스기간, 경제적 내용연수] 즉, 보증 잔존가치를 감가상각비 계산 시 차감하지 않음.
리스부채 재검토	리스부채에 대하여 주기적으로 재검토한다. 재검토 결과 리스부채가 변동되면 리스부채와 사용권자산을 조정.

최초 측정

사용권자산	XXX	/ 리스부채	XXX

■ 리스부채의 최초 측정

리스 이용자는 리스 개시일에 그날 현재 지급되지 않은 리스료의 현재 가치로 리스부채를 측정한다. 즉, 리스 이용자는 리스계약에 따라 리스 개시일에 리스료를 지급할 의무를 부담하므로 리스료의 현재가치로 리스부채를 최초 측정한다.

리스료의 현재가치를 측정할 때, 그 리스의 내재이자율을 쉽게 산정할 수 있는 경우에는 그 이자율로 리스료를 할인하며, 내재이자율을 쉽게 산정할 수 없는 경우에는 리스 이용자의 증분차입이자율을 사용한다.

리스부채의 최초 측정에 포함되는 리스료는 다음 금액으로 구성된다.

---

① 고정리스료
② 지수나 요율(이율)에 따라 달라지는 변동 리스료
③ 잔존가치보증에 따라 리스 이용자가 지급할 것으로 예상되는 금액
④ 리스 이용자가 매수선택권을 행사할 것이 상당히 확실한 경우 그 매수선택권의 행사가격
⑤ 리스기간이 리스 이용자의 종료 선택권 행사를 반영하는 경우 그 리스를 종료하는 데 드는 위약금

■ 사용권자산의 최초 측정

리스 이용자는 리스 개시일에 사용권자산을 원가로 측정한다. 사용권자산의 원가는 다음의 항목으로 구성된다.

① 리스부채 최초 측정금액
② 리스 개시일이나 그 전에 지급한 리스료(받은 리스 인센티브는 차감)
③ 리스 이용자가 부담하는 리스개설직접원가
④ 리스 기초자산의 원상복구에 소요될 원가 추정치

① 선급한 리스료 또는 받은 리스 인센티브

리스 개시일이나 그전에 지급한 리스료가 있다면 이를 사용권자산으로 인식한다.

예를 들어 리스 개시일 전에 지급한 리스료를 선급비용으로 회계처리 했다면, 리스 개시일에 선급비용을 사용권자산으로 대체한다. 반면에 받은 리스 인센티브가 있다면 사용권자산에서 차감한다.

② 리스 이용자가 부담하는 리스개설직접원가

리스개설직접원가란 리스를 체결하지 않았더라면 부담하지 않았을 리스 체결의 증분원가를 말한다. 리스 이용자가 리스개설직접원가를 부담하였다면 이는 자산의 취득부대비용이나 다름없으므로, 사용권자산의 최초 측정금액에 포함시킨다.

③ 원상복구에 소요될 원가 추정치

마지막으로 리스 조건에서 기초자산을 해체 또는 제거하거나, 기초자산이 위치한 부지를 복구하거나 기초자산 자체를 복구하도록 요구하는 경우, 리스 이용자가 부담하는 원가 추정치를 사용권자산의 최초 측정금액에 포함시킨다. 이와 같은 회계처리는 유형자산 취득시 원상회복의무를 부담할 경우 복구충당부채를 인식하면서 그만큼 유형자산의 취득원가에 가산하는 것과 동일한 회계처리라고 보면 된다.

1. 차량에 대한 금융리스계약을 체결하기 위해 수수료 50만원이 발생한 경우

리스개설직접원가	500,000	/	보통예금	500,000

2. 리스회사에서 5천만 원에 해당 차량을 구입했다는 통보를 받았다.

회계처리 없음

3. 해당 차량의 리스기간은 5년, 5년 후에 1천만 원의 보증가치를 약정했는데, 현재가치는 700만 원이다. 리스부채의 최초 측정금액은 5천만 원이다.

사용권자산	57,500,000	/	리스개설직접원가	500,000
			복구충당부채	7,000,000
			리스부채	50,000,000

🈂 5천만 원 + 700만 원 + 50만 원

··

후속측정

🔳 리스부채

리스부채를 최초 측정한 후에는 유효이자율법에 따라 리스부채의 이자비용을 인식하고, 장부금액을 조정하는 회계처리를 한다. 이때 유효이자율은 당초 리스부채를 최초 측정할 때 사용한 할인율(내재이자율 또는 리스 이용자의 증분차입이자율)을 말한다.

이자비용	XXX	/	현금	XXX
리스부채	XXX			

🔳 사용권자산

리스 이용자는 리스 개시일 후에 원가모형을 적용하여 사용권자산을 측정한다.

그러나 리스 이용자는 판단에 따라 재평가모형 또는 투자부동산의 공정가치 모형을 적용할 수 있다.

사용권자산의 상각비를 인식할 경우 반환할 리스자산의 잔존가치를 고려할 필요 없이 장부금액 전부를 리스기간에 걸쳐 상각하면 될 것이다. 기준서 제1116호는 보증 잔존가치가 아니라 잔존가치 보증으로 인하여 리스 종료 시 지급할 것으로 예상되는 금액을 리스부채와 사용권자산의 최초 측정에 포함하였기 때문에 보증 잔존가치를 고려하여 상각비를 계산할 이유가 없다.

🎯 분개 사례 ···

㈜이지는 20X1년 1월 1일 ㈜경리리스와 다음과 같은 조건으로 리스계약을 체결하였다.

① 리스자산은 기계장치로 기계의 공정가치는 271,224원이다.

② 리스기간은 3년이며, 리스료는 매년 말 100,000원씩 지급한다.

③ 기계의 내용연수는 5년, 정액법으로 상각하며, 잔존가치는 없다.

④ 리스기간 종료시 30,000원에 소유권을 이전하는 조건이며, 리스약정일 현재 해당 염가매수선택권은 행사가 확실시된다.

⑤ 리스 제공자의 내재이자율은 10%이며, 리스이용자는 내재이자율을 알고 있다(단, 3년 10%, 연금현가계수는 2.48685, 3년 10% 현가계수는 0.75131이다.).

···

[해설]

리스부채 = 100,000원 × 2.48685 + 30,000원 × 0.75131 = 271,224

[리스 상환스케줄 표]

일자	정기리스료	이자비용 (10%)	상환액	장부금액
20X1.01.01				271,224원
20X1.12.31	100,000원	27,122원	72,878원	198,346원
20X2.12.31	100,000원	19,835원	80,165원	118,181원
20X3.12.31	100,000원	11,819원	88,181원	30,000원
	300,000원	58,776원	241,224원	

20X1.01.01	(차) 사용권자산	271,224	(대) 리스부채	271,224
20X1.12.31	(차) 이자비용	27,122	(대) 현 금	100,000
	(차) 리스부채	72,878		
	(차) 감가상각비	54,245	(대) 감가상각누계액	54,245
20X2.12.31	(차) 이자비용	19,835	(대) 현 금	100,000
	(차) 리스부채	80,165		
	(차) 감가상각비	54,245	(대) 감가상각누계액	54,245
20X3.12.31	(차) 이자비용	11,819	(대) 현 금	100,000
	(차) 리스부채	88,181		
	(차) 감가상각비	54,245	(대) 감가상각누계액	54,245
	(차) 리스부채	30,000	(대) 현 금	30,000

주 감가상각비 = (271,224 - 0) ÷ 5년(경제적 내용 연수) = 54,245

리스부채의 재평가

리스 이용자는 리스 개시일 후에 리스료에 변동이 생기는 경우 수정 리스료를 산정하여 리스부채를 다시 측정한다. 이때 리스부채의 재평가금액으로 리스부채의 장부금액을 조정하면서 사용권자산의 장부금액을 조정한다.

그러나 사용권자산의 장부금액이 0으로 줄어들고, 리스부채의 측정치가 그보다 많이 줄어드는 경우, 리스 이용자는 나머지 재측정 금액을 당기손익으로 인식한다. 리스부채 재평가일에 다음과 같이 회계처리한다.

| 리스부채 | 1,000 | / 사용권자산 | 900 |
| | | 리스부채조정이익 | 100 |

중도해지된 리스계약

재계산할 필요 없이, 중도해지된 리스계약 관련 연차 재무제표 자체가 이미 작성된 상황이라면 최초 측정했던 가치 그대로 두고 중도해지 시점에 전부 상계처리 해준다.

즉, 사용권자산/리스부채를 상계시키고 차액은 사용권자산처분손익으로 영업외손익 처리한다.

단 회기말 연차 재무제표가 작성되기 전 발생된 거래의 변경이라서 회사 측에서 아예 리스회계처리 자체를 취소해도 크게 상관은 없을 듯하다.

리스 승계에 따른 차손익

리스기간이 종료되지 않은 리스를 승계하면서 차액이 발생하는 경우는 리스이용차손익 등으로 처리하나 잡이익이나 잡손실로 처리해도 큰 문제는 없다.

리스 이용자의 표시 및 공시

리스 이용자는 재무상태표에 사용권자산을 다른 자산과 구분하여 표시하거나, 주석으로 공시한다. 또한 리스부채를 다른 부채와 구분하여 표시하거나, 주석으로 공시한다. 리스 이용자는 현금흐름표에서 리스부채의 원금에 해당하는 현금 지급액을 재무활동으로 분류한다.

- 최초 적용일에 자산·부채·자본에 인식되는 누적효과, 사용권자산과 리스부채 인식 금액 등을 각각 공시(K-IFRS 1008.28)
- 최초 적용일의 리스부채 측정 시 사용된 리스이용자의 실제 가중평균 증분차입이자율을 공시(K-IFRS 1116.C12⑴)
- '18년 말 공시한 운용리스 약정액 및 이를 할인한 금액에서, 종전 금융리스부채, 단기·소액리스 등의 조정사항을 반영하여 최초 적용일의 리스부채 금액을 산출하는 과정을 상세하게 공시(K-IFRS 1116.C12⑵)
- 기초자산의 각 유형별(예 : 토지, 건물, 기계장치, 선박, 항공기 등)로 구분하여 사용권자산의 장부금액 및 감가상각비를 각각 공시(K-IFRS 1116.53⑴,⑽)
- 리스부채에 대한 이자비용과 다른 부채(차입금 등)에 대한 이자비용을 각각 구분하여 공시(K-IFRS 1116.53⑵)
- 리스부채 상환 뿐 아니라, 단기·소액 리스료, 변동 리스료 등을 포함한 리스의 총 현금 유출액을 공시(K-IFRS 1116.53⑺)
- 잔여기간별(예: 1개월 이하, 3개월 이하, 1년 이하, 5년 이하 등) 리스부채의 만기 분석 내용을 공시(K-IFRS 1116.58)
- 사용권자산과 리스부채를 구분 표시하지 않은 경우, 재무상태표의 어떤 항목에 포함되어 있는지 공시(K-IFRS 1116.47)

법인세비용과
이연법인세 회계

1 법인세비용 회계처리

선납법인세와 법인세비용의 회계처리

선납법인세는 회계기간 중 법인세를 미리 납부한 금액으로서 법인세 중간예납액, 이자소득에 대해 원천징수 당한 원천징수액을 처리하는 계정이다. 반면 미지급법인세는 당해연도 소득에 대해 산출된 법인세 산출세액에서 미리 납부한 선납법인세를 차감한 후 실제로 납부해야 할 납부세액이다.

🔖 분개 사례 ··

1. 원천징수 당한 세액

은행예금 이자수익 10만 원에 대해 원천징수 15,400원(선납법인세 14,000원, 선납지방소득세 1,400원 가정)을 공제한 84,600원을 수령한 경우

보통예금	84,600	/ 이자수익	100,000
선납법인세	14,000		
선납지방세	1,400		

2. 법인세 중간예납액

법인세 중간예납세액 10만 원을 납부한 경우

선납법인세	100,000	/ 보통예금	100,000

3. 법인세 납부(법인세비용 〉 선납법인세)

연말 결산 결과 법인세 산출세액이 220,000원인 경우

법인세비용	220,000	/ 선납법인세	100,000
		미지급법인세	120,000

실제 법인세 납부시

미지급법인세	100,000	/ 보통예금	100,000

4. 법인세 납부(법인세비용 〈 선납법인세)

연말 결산 결과 법인세 산출세액이 80,000원인 경우

법인세비용	80,000	/ 선납법인세	100,000
미수금	20,000		

실제 법인세 납부시

보통예금	20,000	/ 미수금	20,000

㈜ 장부상 미수금 또는 선납세금에 반영되지 않는 환급금의 경우 보통예금 XXX / 잡이익 XXX(또는 (–)법인세비용)로 처리한다.

··

법인세 환급액 또는 추납액의 회계처리

전기이전분에 대한 법인세에 대하여 경정청구를 하여 환급받거나, 수정신고 또는 세무조사 시에 추징으로 법인세를 추가 납부하는 경우 영업외수익이나 전기오류수정이익으로 회계처리하는 것이 아니라 법인세비용에서 모두 조정한다.

간혹, 이를 영업외수익의 법인세 환급액이나 추납액으로 회계처리하거

나, 전기오류수정이익 또는 손실, 그것도 아니면 전기이월이익잉여금을 수정하는 경우가 있는데, 현행 회계기준에 따르면 전기 이전의 기간과 관련된 법인세 부담액(환급액)을 당기에 인식한 금액(법인세 추납액 또는 환급액)은 당기 법인세 부담액(환급액)으로 하여 법인세비용에 포함하는 것으로 규정하고 있다(일반기업회계기준 22.46).

즉 추가납부액은 법인세비용 XXX / 보통예금 XXX으로 환급액은 보통예금 XXX, (-)법인세비용 XXX으로 처리한다.

법인세비용으로 회계처리한 경우 세무조정 시에는 법인세비용을 당연히 손금불산입(환급액은 익금불산입)하게 되므로 추가로 조정할 사항은 없다.

물론, 재무제표의 신뢰성을 심각하게 손상할 수 있는 매우 중요한 오류의 경우 전기재무제표를 재작성해야 하며, 이 경우 해당 기간의 법인세비용에 반영하여 전기 이전 재무제표를 재작성하고, 당기 재무제표 작성 시에는 누적효과를 전기이월잉여금에 반영하여 조정하면 된다.

2. 이연법인세 회계처리

이연법인세 회계란 향후 법인세를 줄여줄 수 있는 효익이 있는 (+)유보, 이월결손금, 이월세액공제를 이연법인세자산으로 계상하고, 향후 법인세를 늘릴 수 있는 (-)유보를 이연법인세부채로 계상하는 회계처리를 말한다.

기업회계기준 상으로는 현재 중소기업특례로 중소기업법상 중소기업의 경우는 이연법인세 회계를 하지 않을 수 있도록 하고 있고, 많은 중소기업은 이러한 특례를 이용하고 있다.

그러나 이연법인세 회계를 통해서 자산 및 자본을 증가시킬 수 있고, 이를 통해서 부채비율을 낮추어 은행 금리를 낮추거나 추가 한도를 받을 수 있다면 검토할 만한 가치가 있다고 생각한다.

이연법인세 대상이 되는 항목

세무조정계산서의 "자본금과 적립금조정명세서(을)"은 회계와 법인세의 차이를 정리한 표로 (+)유보는 향후 손금산입되어 법인세를 줄여주는 항목이고, (-)유보는 향후 익금산입되어 법인세를 늘려주는 항목이다. 또한 "세액공제조정명세서(3)"에는 공제받지 못한 이월세액공제금액이 정리되어 있고, "자본금과 적립금조정명세서(갑)"에는 공제받지 못한 이월결손금이 정리되어 있다.

이연법인세 금액의 계산과 절차

> 이연법인세자산으로 계상할 수 있는 한도 = ((+)유보 - (-)유보) × 법인세율 + 이월결손금 잔액 × 법인세율 + 이월세액공제 × 세액공제율

■ 이연법인세 계산 절차

법인세비용의 계산 절차는 다음과 같은데, 실무상 어떠한 과정을 거쳐 업무가 이루어지는지를 간략하게 살펴본다.

① 당기 법인세 계산

② 결산일 현재 일시적 차이에 대한 이연법인세 계산

③ 이연법인세 = 기말이연법인세 - 기초이연법인세

④ 법인세비용 = 당기 법인세 ± 이연법인세

⑤ 자본에 대한 법인세비용 배분

■ 당기 세무조정 사항의 분석

당기 세무조정 사항의 분석 절차는 법인세비용차감전순이익에서 출발하여 과세소득을 산출하기까지의 세무조정 사항을 일목요연하게 파악하여 정리하는 단계이다. 이 절차는 당기 법인세를 계산하는 기초자료로 활용될 뿐만 아니라 영구적차이와 일시적 차이의 구분을 통하여 이연법인세를 계산하는데, 있어서도 꼭 필요하다.

■ 당기 법인세비용을 파악하기 위한 서류

① 법인세 과세표준 및 세액조정계산서

② 소득금액조정합계표 및 동 부표 1, 부표 2

③ 자본금과 적립금조정명세서 갑과 을

④ 법인 지방소득세 과세표준 및 세액신고서

■ 이연법인세 관련 자료의 파악

세무조정이 완료되면 먼저 소득금액조정합계표의 소득금액 조정 내역 중 일시적 차이와 영구적차이를 구분해야 하며, 당해 사업연도까지 누적되어 온 일시적 차이의 해소(소멸) 시기를 합리적으로 예측하여야 한다. 여기서 유보와 관련된 일시적 차이의 내용은 대부분 자본금과 적립금조정명세서(을)에 일목요연하게 정리되어 있다.

이월결손금이나 이월세액공제 등이 있는 경우에는 그 공제 가능 기한을 파악하여야 하는바, 이월결손금과 이월세액공제와 관련된 내용은 자본금과 적립금조정명세서(갑)와 세액공제조정명세서(3) 서식을 참조한다.

■ 미래 과세소득의 발생 가능성 검토

차감할 일시적 차이((+)유보, 세무상 결손금, 이월세액공제)의 법인세 효과 즉, 이연법인세자산은 그 실현가능성이 높은(또는 매우 높은) 경우에만 자산으로 인식할 수 있으며, 실현가능성이 낮은 경우에는 자산으로 인식할 수 없다. 이는 미래에 발생할 과세소득이 미래에 소멸되는 일시적 차이로 인한 법인세 효과를 상쇄하여 실질적으로 미래 법인세부담액의 감소라는 경제적 효익이 있을 경우만 이연법인세자산으로 인식할 수 있음을 의미한다.

미래 과세소득의 발생 가능성에 대한 검토는 사업계획 등을 검토하여 작성된 미래 추정 재무계획 자료를 통하여 이루어진다. 반면 가산할 일시적 차이의 경우에는 예외적인 경우를 제외하고는 과세소득과 무관하게 이연법인세부채로 인식한다.

■ 세법 및 세율의 변경 여부 파악

이연법인세는 일시적 차이가 소멸될 것으로 예상되는 회계연도의 법인세율을 고려하여 계산된다. 그 이유는 자산 또는 부채란 과거의 거래나 사건의 결과로서 특정 기업 실체가 미래에 인식할 경제적 효익 또는 경제적 효익의 희생이므로, 법인세의 기간배분에 의하여 재무상태표에 표시할 이연법인세자산(부채)도 일시적 차이가 소멸되는 회계연도의 법인세율을 적용하여야 하기 때문이다.

법인세부담액에 대한 10%만큼은 법인지방소득세로 납부하고 있으므로 기업의 실질적인 세액 부담은 법인세와 법인지방소득세를 합산한 금액이라 할 수 있다. 따라서 동 법인지방소득세액까지 고려하여 적용세율을 산정한다.

다만, 법인지방소득세율이 공제 및 감면 전 세액의 10%로 산정되므로 (법인지방소득세 공제 및 감면, 가산세, 토지양도소득에 대한 지방소득세가 없는 경우), 이월세액공제에 대한 이연법인세 효과 산정 시에는 법인지방소득세율을 제외한 법인세율을 적용하여야 할 것이다.

■ 확정 세무조정 결과와 비교

법인세비용을 계산하는데 근거가 된 세무조정 자료는 실제로 법인세를 납부하기 위한 목적으로 확정한 세무조정 자료와 다소 상이할 수 있다. 따라서 결산 이후에는 법인세비용의 계산과정에서 사용한 세무자료와 실제 신고한 세무자료를 비교하고 그 차이를 분석하여야 한다. 만일 그 차이가 중요하지 않다면 차기 법인세비용에 그 효과를 반영하나, 그 차이가 중대하다면 기존에 공시한 자료를 재작성한다.

이연법인세 계산 시 고려해야 하는 사항

이연법인세자산으로 계상한다는 것은 (+)유보, 이월결손금, 이월세액공제가 자산적인 가치가 있다는 것이다. 이는 다시 말해 과거에는 손익이 안 좋아서 결손도 나고, 세액공제도 다 못 받았지만, 향후에는 이익이 많이 나서 이를 써먹을 수 있어야 한다는 것이다. 이를 실현가능성이라고 하며, 외부감사를 받는 회사의 경우에는 이에 대한 검토가 필요하다.

이연법인세 회계처리

이연법인세 회계처리와 관련해서는 132페이지를 참고하기를 바란다.

유상·무상증자의 회계처리

일반적인 회계처리

현금 납입이 이루어지는 일반적인 유상증자의 경우 주금 납입 시 회사의 현금이 증가하고, 자본금 및 주식발행초과금으로 계상하는 단순 회계처리를 한다.

주식발행 전에 현금 수령이 이루어지면 신주청약증거금으로 처리하고 향후 주식이 발행되는 때 자본금과 주식발행초과금으로 계상한다.

🌀 분개 사례 ···

주식 1,000주(액면금액 5,000원)를 주당 9,000원에 발행한 경우

1. 주식발행 전

별단예금   9,000,000 / 신주청약증거금   9,000,000

2. 주식발행 후

| 신주청약증거금 | 9,000,000 | / 자본금 | 5,000,000 |
| | | 주식발행초과금 | 4,000,000 |

🔅 주식발행 전에는 별단예금으로 처리 후 주식발행 후 일반예금으로 전환

신주발행비의 회계처리

신주발행 시 소요 비용은 신주발행비로 신주발행과 관련된 직접비용을 말한다. 예를 들어 주관회사의 인수수수료, 광고비 등과 같은 주주모집 비용 및 등록비, 기타 규제 관련 수수료, 법률·회계 자문 수수료, 주권 인쇄비 및 인지세 등이 포함되며, 간접비용은 포함하지 않는다.

이러한 신주발행비는 주식발행초과금에서 차감하거나 주식할인발행차금에 가산하며, 중도에 포기한 자본거래 비용은 당기손익으로 인식한다.

구 분	처리 방법
신주발행 직접비용	주식발행초과금에서 차감하거나 주식할인발행차금에 가산
신주발행 간접비용	당기 비용처리

액면가액으로만 주식을 발행하는 것은 아니고, 액면가액을 초과하여 할증 발행할 수도 있고, 액면 가액보다 낮은 가액으로 할인발행 할 수도 있다.

📌 분개 사례

1. 할증발행 시 신주발행비의 회계처리

| 주식발행초과금 | 1,000 | / 현금 | 1,000 |

2. 액면발행, 할인발행 시 신주발행비의 회계처리

주식할인발행차금	1,000	/ 현금		1,000

현물출자 회계처리

현물출자가 있는 경우 취득한 자산의 공정가치를 취득원가로 회계처리해야 하며, 자산의 공정가치와 신주의 액면가액과의 차이를 주식발행초과금 또는 주식할인발행차금으로 처리한다.

💮 분개 사례

공정가치 6천만 원의 건물을 출자받아 신주 1만 주(액면가 5,000원)를 발행하는 경우

건물	60,000,000	/ 자본금		50,000,000
		주식발행초과금		10,000,000

---

2 무상증자의 회계처리

무상증자란 주주의 실질적 출자(현금 또는 현물)가 없이 신주를 발행하고 자본금을 증가시키는 것이며, 실무상 주식발행초과금이나 재평가적립금 등 법정적립금을 재원으로 하여 발행이 이루어진다. 따라서 이를 잉여금의 자본전입에 의한 주식발행이라고 한다.

무상증자의 경우 자본잉여금이나 이익잉여금 계정을 자본금계정으로 대체하는 것이며, 추가로 대가를 받지 않고 기존 주주에게 주식을 발행하

므로 자본은 증가하지 않고, 주식 수만 증가하게 된다.

🏵 분개 사례

재평가적립금 5천만 원, 이익잉여금 5천만 원을 재원으로 하여 무상증자를
결의하고 신주 2만 주(액면 5,000원)를 발행하여 주주에게 교부한 경우

재평가적립금	50,000,000	/ 자본금	100,000,000
이익잉여금	50,000,000		

한 권으로 끝장내자 계정과목 재무제표 회계원리 실무설명서

지은이 : 손원준

펴낸이 : 김희경

이론과 실무가 만나 새로운 지식을 창조하는 곳

펴낸곳 : 지식만들기

인쇄 : 해외정판 (02)2267~0363

신고번호 : 제251002003000015호

제1판 1쇄 인쇄 2023년 05월 15일

제1판 1쇄 발행 2023년 05월 30일

제2판 1쇄 발행 2024년 07월 29일

값 : 24,000원

ISBN 979-11-90819-28-2 13320

Korea Good Books

본도서 구입 독자분들께는 비즈니스 포털

이지경리(www.ezkyungli.com)

2개월 이용권(2만원 상당)을 무료로 드립니다.

구입 후 구입영수증을 팩스 02-6442-0760으로 넘어주세요.

네이버 카페(https://cafe.naver.com/aclove)

K.G.B

지식만들기

이론과 실무가 만나 새로운 지식을 창조하는 곳

서울 성동구 금호동 3가 839 Tel : 02)2234~0760 (대표) Fax : 02)2234~0805